PACTO Y CONVERSACIÓN: UNA LECTURA SEMANAL DE LA BIBLIA JUDÍA

GÉNESIS: EL LIBRO DE LOS COMIENZOS

מגיד
MAGGID

Otras obras del autor

Ceremonia y Celebración

Hagadá de Pesaj

Rabino Jonathan Sacks

PACTO Y CONVERSACIÓN

Una lectura semanal de la Biblia Judía

GÉNESIS: EL LIBRO DE LOS COMIENZOS

Edición Chomer

Maggid Books

Pacto y Conversación:
Una Lectura Semanal de la Biblia Judía
Génesis: El Libro de los Comienzos

Primera edición en inglés: 2009
Primera edición en español: 2021

Maggid Books
Una publicación de Koren Publisher Jerusalem Ltd.

Edición en español traducida por Ethel y Yerahmiel Barylka

La publicación de este libro ha sido posible por el generoso apoyo de The Jewish Book Trust

ISBN 978–1-59264–583–1, *tapa dura*

Impreso y encuadernado en los Estados Unidos

La traducción de este libro es dedicada a la memoria de nuestro amado padre

Simón Chomer Achar *z"l*

לעילוי נשמת

סימון בן לטיפה ז"ל

כ' בשבט תשע"ז

Hombre incansable en su afán de construir
un mundo de justicia y generosidad
Preocupado siempre por el bienestar de todo aquel
que se encontrase a su alrededor;
Enérgico e intransigente frente al abuso,
noble y desinteresado ante la necesidad del prójimo
Hijo, hermano, esposo, padre, abuelo
y amigo incondicional cuyo paso
por esta vida dejo una huella profunda.

תהא נשמתו צרורה בצרור החיים

Para nuestra hija Guila y nuestro yerno Elliot

יָשִׂישׂ עָלַיִךְ אֱלֹהָיִךְ
כִּמְשׂוֹשׂ חָתָן עַל־כַּלָּה

Se regocijará por ti tu Dios
como el alborozo del novio por la novia

J.S.

Contenido

Viviendo con el Tiempo: La Parashá 1

Génesis: Una Introducción 5

BERESHIT

El Libro de las Enseñanzas 15

La Esencia del Hombre 19

Las Etapas de la Creación 23

Violencia en Nombre de Dios 29

Vestiduras de Luz 33

NOAJ

Más Allá de la Obediencia 43

Babel: Una Historia de Cielo y Tierra 49

La Objetividad de la Moralidad 57

Drama en Cuatro Actos 63

LEJ LEJÁ

El Largo Caminar Hacia la Libertad 69

Un Nuevo Tipo de Héroe 75

Cuatro Dimensiones del Recorrido 79

Padres e Hijos 83
Promesa y Cumplimiento 89

VAYERÁ
Dios y Extraños 99
Desafiando a Dios 105
El Judío Ambivalente 111
El Milagro de un Hijo 119

JAYE SARA
Tierra e Hijos 125
Plegaria y Conversación 131
Autoridad Parental y la Elección de la Pareja Matrimonial 137
Sobre el Judaísmo y el Islam 143

TOLDOT
Acerca de Clones e Identidad 149
Mirando Hacia Atrás 155
El Valor de la Perseverancia 161
El Otro Rostro de Esaú 169

VAYETZÉ
Encontrando a Dios 181
La Escalera de la Plegaria 187
Cuando el "Yo" Calla 193
Sobre el Amor y la Justicia 197
Escuchando la Torá 205

VAYSHLAJ
Miedo Físico, Angustia Moral 215

Luchando Cara a Cara 221
Sobrevivir a la Crisis 231
El Destino de Jacob, el Nombre de Israel 237

VAYESHEV

La Tragedia de Rubén 247
Rechazando el Consuelo, Manteniendo la Esperanza 255
Llamas y Palabras 261
Un Relato de Dos Mujeres 267

MIKETZ

El Hombre Propone, Dios Dispone 275
Entre Libertad y Providencia 281
Lo Universal y lo Particular 287
Detrás de la Máscara 297

VAYGASH

En Busca del Arrepentimiento 305
El Hombre Penitencial 313
¿Mi Padre me Ama? 317
Perdón 325

VAYEJÍ

La Mentira Blanca 333
Olvido y Fecundidad 339
El Futuro del Pasado 343
Tiempo Judío 353

Sobre el Autor 359

Viviendo con el Tiempo: La Parashá

"Debemos vivir con los tiempos" dijo el Rebe.

Los discípulos sentados alrededor de la mesa esperando ansiosamente las palabras del maestro, estaban perplejos. "¿Vivir con los tiempos?

¿Acaso no es esto lo que los enemigos de la fe dicen todo el tiempo – el pasado ha muerto, ¡Viva el futuro!? Nosotros, sin duda, creemos lo contrario, que la palabra de Dios es eterna, que ciertas cosas no cambian, que los valores y los principios y las leyes son constantes. Ser judío, es ser más allá del tiempo. ¿Qué es entonces lo que quiso decir el Rebe cuando dijo "debemos vivir con los tiempos"?

"A lo que me refiero", dijo el Rebe, "es que debemos vivir con la *parashat hashavúa,* la porción semanal de la Torá".

Como muchos otros relatos judíos, antiguos y modernos, este, pronunciado por el sexto Rabino de Lubavitch, tiene una profundidad oculta. Sea donde se encuentren a través del mundo, los judíos leen una porción semanal de los libros mosaicos – la *parashat hashavúa.* La *parashá* semanal compone la música del año judío. Otoño es Génesis (*Bereshit*), con los relatos de los comienzos, el nacimiento del mundo, de la humanidad y del pueblo judío. Invierno es Éxodo (*Shemot*), la historia del exilio y la redención, esclavitud y libertad y el comienzo de la larga travesía a través del desierto en pos de la Tierra Prometida. Primavera es Levítico (*Vaykrá*), con sus leyes de sacrificios, a veces muy lejanas para el oído moderno, pero atravesado por una grandeza ética y en su fulcro, los dos mayores imperativos morales – amar a nuestro prójimo como a nosotros mismos, y el sin duda mucho más difícil pero fundamentalmente más importante mandamiento de amar al extranjero, al otro, el que no se parece a nosotros mismos. Números (*Bemidbar*) marca el comienzo con Shavuot, la fiesta de la revelación y lo hace con el relato acerca de los israelitas en el desierto, una tensa narración de retrocesos y rebeliones, tal vez la narrativa más realística del nacimiento de una nación alguna vez contada. Verano es Deuteronomio (*Devarim*), este magnífico libro de los discursos de Moisés en el último mes de su vida, su visión – nunca superada – de la historia judía y del destino como pueblo del pacto, demandado a vivir en fidelidad a Dios.

El tiempo judío es cíclico y linear. Somos parte de la naturaleza y su ritmo – el ciclo de las estaciones y de la vida humana- mientras pasamos del nacimiento a la madurez, hasta el envejecimiento y la sabiduría, y la tristeza al ver la nueva generación, aquellos que continuarán la historia cuando nosotros ya nos estemos más aquí. Pero somos también parte de la historia – el tiempo como una secuencia no repetitiva de eventos, un viaje en el que ninguna etapa se parece exactamente a otra que haya habido o que habrá. El tiempo judío es como una fuga entre esos dos temas, lo eterno y lo efímero, lo atemporal y lo temporal. Esto, imagino, es lo que el Rebe quiso decir cuando expresó que debemos vivir con la porción bíblica semanal. Es este encuentro semanal entre el ahora y el entonces, el momento y la eternidad, que enmarca la conciencia judía y nos da esa sensación única de vivir una narrativa, el relato bíblico, en el que nosotros mismos estamos escribiendo el último capítulo.

Así es, en todo caso, como he tratado de vivir. Una y otra vez, en medio de tiempos difíciles o enfrentando decisiones difíciles, he encontrado las palabras de la *parashá* dándome una guía – o, a la inversa, los eventos mismos brindándome una perspectiva más profunda del texto de la Torá. Porque esto es lo que significa Torá: enseñanza, instrucción, guía. La Torá es un comentario sobre la vida, y la vida es un comentario sobre la Torá. Juntas constituyen una conversación, cada una arrojando luz sobre la otra. La Torá es un libro no sólo para ser leído sino para ser vivido. Una de las cosas que nos da el valor y la sabiduría de trazar nuestro camino por el desierto de la vida es saber que no estamos solos, que Dios va delante nuestro en una columna de nube o de fuego, señalando el camino. La forma en que Él lo hace para nosotros es a través de las palabras de la Torá, de la cual cada vida judía es un comentario, y cada uno de nosotros tiene su anotación que hacer.

Los ensayos siguientes, cortos y espero que simples, son el registro de cómo he intentado vivir con los tiempos a través de un diálogo con la Torá. Cada uno es independiente, pero tomados todos juntos constituyen el encuentro de una persona con el texto que formó la identidad de un pueblo y modeló su sentido de destino. Los judíos, son, por encima de todas las cosas, el pueblo del Libro. Ellos encuentran a Dios menos en los misterios del cosmos o los rincones secretos del alma que en las palabras, Dios nos habla, y desde que fueron dichas la primera vez hemos intentado descifrarlas y aplicarlas a nuestras vidas. Donde los judíos estaban llevaban la Torá con ellos. Ellos la cargaban y ella los cargaba a ellos. La Torá se convirtió, en la amorosa frase de Heinrich Heine, en la "patria portátil" del judío.

Si hay alguna característica en común en estos artículos, es que he tratado de establecer el texto bíblico en un amplio contexto de ideas. Muchos comentaristas tradicionales miran a la Torá con un microscopio; el detalle, la fragmentación del texto aislado. Yo he intentado mirarla a través de un telescopio: el panorama general y su lugar en la constelación de conceptos que hacen del judaísmo una imagen tan convincente del universo y nuestro lugar dentro de él.

He llamado *Pacto y Conversación* a estos estudios, porque esa es para mí la esencia del estudio de la Torá – a través de las épocas, y para nosotros, ahora. El *texto* de la Torá es nuestro pacto con Dios. Nuestra constitución escrita como nación bajo Su soberanía. La *interpretación* de este texto ha sido objeto de una conversación continua desde que los judíos han estudiado la palabra divina, una conversación que comenzó en el Sinaí hace treinta y tres siglos y no ha cesado desde entonces. Cada época ha sumado sus comentarios, y así deben ser los nuestros. Participar en esta conversación es una parte central de lo que significa ser judío. Porque somos el pueblo que nunca ha dejado de estudiar el Libro de la Vida, nuestro más preciado regalo del Dios de la Vida.

Génesis: Una Introducción

Génesis, el libro de *Bereshit,* como su nombre sugiere trata sobre comienzos: el nacimiento del universo, los orígenes de la humanidad y los primeros capítulos de la historia del pueblo que sería conocido como Israel o (después del exilio babilónico) como el de los judíos. Nos cuenta cómo este pueblo comenzó, primero con un individuo, Abraham, que escuchó el llamado a abandonar su tierra, su lugar de nacimiento, la casa de su padre, y comenzar una travesía; después como familia, y finaliza cuando la familia extendida se encuentra al umbral de convertirse en una nación. El viaje se torna inesperadamente complicado y lleno de obstáculos. De alguna forma, eso continúa hasta el día de hoy. Esto es parte de lo que hace que Génesis sea tan vívido. Podemos identificarnos con sus personajes y sus dilemas. Somos parte de su mundo, como lo son ellos del nuestro. Ninguna otra literatura antigua tiene un sentir tan contemporáneo. Esta es nuestra historia; es de aquí que venimos; este es nuestro recorrido.

Pero Génesis no es solo esto, y al leerlo podemos correr el riesgo de perder todo su significado. Maimónides señala el punto fundamental que *Reshit* no significa "comienzo" en el sentido de ser "el primero de una secuencia cronológica"[1]. Para eso el hebreo bíblico dispone de otros términos. *Reshit* implica el factor más significativo, la parte de un todo, el fundamento, el principio. Génesis es la obra fundacional del judaísmo, la filosofía de la condición humana bajo la soberanía de Dios.

Este es un punto difícil de entender porque no hay ningún otro libro semejante. No es un mito[2]. No es historia en el sentido convencional, un mero registro de eventos[3]. Tampoco es teología: Génesis trata sobre los seres humanos y su relación con Dios más que sobre Dios. La teología está casi siempre implícita más que explícita. De hecho, Génesis *es filosofía escrita en forma deliberadamente no-filosófica.* Trata sobre todas las cuestiones centrales de la filosofía: qué es lo que existe (ontología), qué es lo podemos conocer (epistemología), si somos libres (psicología filosófica), y cómo debemos comportarnos (ética). Pero lo hace de una forma bastante distinta a la de los clásicos de la filosofía, desde Platón a Wittgenstein. Para expresarlo de manera más sencilla: la filosofía es *la verdad como sistema.* Génesis es *la verdad como narrativa.* Es una obra única: filosofía en modo narrativo[4].

1. Maimónides, *Guía para los perplejos* (*Moré Nevujim*) libro II, capítulo 30. Ver también Maimónides, Comentario a Génesis, Introducción, que dice que la Torá comienza con las historias de Génesis "porque enseña a la gente los caminos de la fe".
2. Ver Ernst Cassirer, *Philosophy of Symbolic Forms,* vol. 2, (New Haven, Yale University Press, 1955) 119–20, 240, acerca de la diferencia entre la conciencia mítica y la histórica. El mito trata primariamente sobre el origen de las cosas que son rasgos eternos de la naturaleza. Es una especie de ciencia primitiva. No trata, como lo hace la Torá sobre el tiempo como una arena del cambio. Ver también Mircea Eliade, *Cosmos and History* (New York, Harper and Row, 1959) y El Mito del eterno retorno, Arquetipos y Repetición, (Editorial: Alianza Año de edición: 2011).
3. "El concepto de que dentro de la historia de la humanidad había un proceso en marcha que podía moldear su futuro y conducir al hombre a situaciones totalmente distintas a las del pasado, parece haber encontrado su primera expresión entre los judíos… Por lo tanto, con los judíos el pasado se convirtió en más que una colección de narrativas, una proyección de la experiencia humana, o un sistema de ejemplos morales." J. H. Plumb, *The Death of the Past,* (Harmondsworth: Penguin, 1973), 56–57. La idea de la historia como desarrollo de la relación entre Dios y la humanidad encuentra su expresión clásica, no en Heródoto o Tucídides, sino en el Tanaj.
4. Ciertamente, otras grandes obras literarias tratan temas filosóficos; sobre esto, ver los trabajos de Martha Nussbaum y Stanley Cavell. Sobre la diferencia entre los dos modos, sistema y narrativa, ver *Actual Minds, Possible Worlds* de Jerome Bruner (Cambridge, MA: Harvard University Press, 1986).

De esta forma aprendemos qué existe por medio de la narración de la creación. Aprendemos acerca del conocimiento, a través de un relato enmarañado del primer hombre, la primera mujer, la serpiente y el árbol. Empezamos a entender la libertad humana y su abuso a través de la historia de Caín. Aprendemos cómo comportarnos a través de las vidas de Abraham y Sara y sus hijos. Es esto lo que ha ayudado a hacer que el Tanaj, la Biblia hebrea, sea el libro más leído y el más influyente de la historia de la civilización. Solo unos pocos elegidos pueden entender un clásico de la filosofía, pero todos pueden comprender una historia.

En la Torá, la función precede a la forma. El hecho de que un fragmento de información se transmita de una forma determinada nunca es accidental. El género elegido, el medio literario, está ahí por un motivo, y ese motivo nunca es meramente estético. ¿Por qué entonces la Torá adopta una modalidad narrativa en Génesis, libro de los principios primarios?

En parte por la razón ya expuesta: un relato es universal. La Torá es un libro escrito para todos. Uno de los grandes temas del Tanaj es su batalla constante contra las élites, especialmente las del conocimiento. La Torá define a Israel como "un reino de sacerdotes y una nación santa" (Éxodo 19:6) – un reino donde todos sus miembros aspiran a ser, por lo menos metafóricamente, sacerdotes; una nación en la que todos sus miembros son santos. Cada religión tiene sus élites: sacerdotes, obispos, gurúes, santos, místicos, hombres y mujeres consagrados que constituyen una clase aparte de la sociedad. El judaísmo trata sobre la democratización de la santidad, la creación de una sociedad en la que todos puedan tener acceso al conocimiento religioso. De ahí la importancia de las narraciones que puedan ser comprendidas por todos.

Pero esto no significa comprender todo al mismo nivel: esa es otra de las características de Génesis. Cada una de las historias tiene capa sobre capa de sentido y significación, que solo puede captarse mediante lecturas repetidas. Nuestra comprensión del libro crece a la par de nuestro crecimiento. A cada edad se agregan nuevas percepciones, comentarios e interpretaciones propias. El estilo literario del libro permite una lectura renovada en cada generación. Eso también afirma algo significativo sobre de la visión de la Torá acerca del conocimiento humano: las verdades de la condición humana son sencillamente demasiado profundas para ser comprendidas de una vez y en forma superficial. Solo las historias tienen esa profundidad, esa ambigüedad, esa multiplicidad intencional de significados.

Aún más importante, sólo la narrativa refleja adecuadamente lo que es ser humano. Si cuentas un cuento, incluso a niños pequeños, instantáneamente estarán prestando atención. Quieren saber qué pasará. En este aspecto en los sistemas lógicos no hay sorpresas: todos los hombres son mortales, Sócrates es hombre, luego Sócrates es mortal. La conclusión ya está implícita en la premisa. Pero en un cuento, como en la vida, nunca se sabe qué va a pasar porque los seres humanos son libres. ¿Comerá Eva el fruto del árbol prohibido? ¿Ignorará Caín la advertencia de Dios? ¿Esaú matará a Jacob cuando se encuentren mucho tiempo después de su separación? ¿Los sueños de Josef se harán realidad?

Más que un recurso narrativo, el elemento de incertidumbre refleja un tema central de Génesis, el regalo de Dios a la humanidad: la libertad. Dios creó el universo; por lo tanto, Dios es libre. Dotando a los seres humanos con "Su imagen y semejanza", también les dio la libertad. Tal vez seamos, como el primer ser humano "polvo de la tierra", pero también tenemos dentro nuestro "el hálito de Dios". Estamos modelados por el medio ambiente, pero también nosotros podemos modelar al medio ambiente. Fuimos creados, pero también somos creativos. A diferencia de cualquier otro ser viviente conocido, podemos elegir cómo actuar y reaccionar. Esa es una buena noticia, pero también mala, como descubriremos en la narrativa de la Torá. Podemos obedecer, pero también lo contrario; podemos crear armonía o discordia. La libertad para hacer el bien viene de la mano de la libertad de hacer el mal. La resultante es la totalidad del drama humano tal como lo comprende el judaísmo.

Nuestro destino no está en las estrellas, en el genoma humano ni en ninguna otra forma de determinismo. Somos lo que elegimos ser. Por lo tanto, no sabemos qué ocurrirá. Si alguna forma de determinismo fuera cierta, el destino humano podría ser resumido en un sistema: marxista, freudiano, darwiniano u otro. Nosotros creemos que el determinismo *no* es la verdad, y la mejor forma de demostrarlo es mediante las historias, en todas las cuales el resultado es incierto. No sabemos qué ocurrirá hasta que sucede. Y en Génesis, las cosas nunca transcurren como uno espera.

La historia comienza con la narrativa de la creación. Descubrimos el universo como un lugar de orden y bondad, el resultado de una sola voluntad creativa. Los seres humanos son presentados como la única excepción a esta regla. Pueden hacer el mal y crear caos. A veces – como en la generación del Diluvio – pueden hacer peligrar el futuro de toda la vida sobre la tierra. La Torá lo revela por medio de una serie de viñetas breves y agudas. Con Adán y Eva aparece el primer pecado; con Caín, el primer asesinato. Al llegar a la época de Noaj, la tierra está "llena de violencia". En la de Babel, la humanidad peca de soberbia. Apenas descubren cómo fabricar ladrillos y construir en escala monumental, tratan de "llegar hasta el cielo" transgrediendo en el dominio de Dios.

A medida que se desarrolla la humanidad, así también su capacidad de hacer el mal. Habiendo revelado la interminable expansión del ámbito de la corrupción- desde la propia, a la del otro, al mundo en su totalidad y hasta al cielo mismo – la narrativa cambia de foco. De toda la humanidad pasamos a una familia. Abraham, Sara y sus descendientes. Dios, digamos, ya no espera que la humanidad alcance las alturas de la moralidad. En lugar de eso, le asigna a una familia la tarea de llevar a cabo vidas ejemplares de las cuales otros puedan aprender[5]. Desde el capítulo 12 hasta el final, el libro es un juego de sutiles variaciones sobre el tema de las relaciones familiares entre esposos y esposas, padres e hijos, hermanos y hermanas a lo largo de cuatro generaciones.

No es por accidente que Génesis sea un libro sobre la familia. Es en la familia donde experimentamos la inteligencia emocional y espiritual. No hay nada sencillo ni idealizado en las familias de Abraham y Sara, Isaac y Rebeca, Jacob, Lea y Raquel. Hay tensiones, rivalidades, contratiempos y esperanzas frustradas, como así también amor, alianzas y lealtades. Solo mucho más adelante descubriremos en el Tanaj que la familia contendrá las metáforas más convincentes acerca de la relación entre los seres humanos y Dios. Él es nuestro padre, nosotros, Sus hijos. Él es nuestro esposo, nosotros Su prometida. Sin embargo, hay algo que aparece claramente en uno de los pasajes más inquietantes de Génesis, que es cuando Jacob lucha con el ángel y recibe el nombre que luego

---

5. Sólo en el libro de Éxodo los hijos de Abraham se convierten en nación. A través de todo Génesis son, primero un núcleo familiar y luego una familia extendida.

sus hijos llevarán para siempre: Israel, "el que luchó con Dios y con el hombre y prevaleció": las tensiones en la familia patriarcal son sintomáticas de las grandes batallas posteriores de Israel: con Dios, con la humanidad y consigo mismo[6].

Existe otra significación al foco de Génesis sobre la familia. A diferencia del dios de los filósofos, el Dios de Abraham es un Dios *personal.* Él no es un concepto abstracto: la primera causa, la fuerza de las fuerzas, el primer motor, el puro Ser. Él es un Dios que se relaciona con nosotros como personas, percibiendo nuestro sufrimiento, escuchando nuestros rezos, es una presencia en nuestras vidas. Y es en nuestras relaciones personales – primero y principal en la familia – que Él espera que Lo honremos honrando a otros, que son a Su imagen, no menos que nosotros.

Los protagonistas de Génesis son sorprendentemente humanos. Son totalmente diferentes a los héroes y heroínas del mito. No son poderosos guerreros ni hacedores de maravillas. No son gobernantes comandando ejércitos y obteniendo legendarias victorias. Son personas comunes transformadas en seres extraordinarios por su deseo de seguir a Dios. Percibimos sus vacilaciones y dudas, sus temores y aprensiones. En el mundo del mito no hay un límite definido entre dioses y seres humanos: los dioses son demasiado humanos y los humanos son descritos frecuentemente como semidioses. En la Torá, por contraste, es como si la trascendencia de Dios hiciera lugar a lo humano de la humanidad. Insistiendo en la absoluta diferencia entre el cielo y la tierra – la distancia que los constructores de Babel quisieron eliminar – la Torá permite vernos como somos en realidad, infinitesimales, falibles y frágiles, pero tocados por las alas de lo infinito.

Al colocar las historias de Génesis antes del libro de Éxodo, con la historia del nacimiento de Israel como nación, la Torá nos está hablando implícitamente acerca de la *primacía de lo personal sobre lo político.* Éxodo trata sobre los grandes temas – esclavitud y libertad, milagros y liberaciones, el rescate de todo un pueblo de la opresión y su fabulosa

---

6. Los sabios reconocen el principio 'lo que les pasó a los padres es presagio de lo que ocurrirá a los hijos' ver *Génesis Raba* 40: 6 para notar el paralelo entre los destinos de Abraham y Sara en Egipto (Génesis 12:10–20) y lo que más adelante ocurrirá con sus descendientes en el libro Éxodo.

travesía a través del mar y el desierto. Trata sobre ley, libertad y justicia, y la naturaleza de Israel como nación bajo la soberanía de Dios. Pero al centrarse primordialmente en los individuos y sus relaciones, Génesis resalta la complejidad del corazón humano, que ningún orden político en sí puede resolver. "¡Cuán pequeña, de todo lo que el corazón humano aguanta/Esa parte que leyes o reyes pueden curar o causar!" (Oliver Goldsmith). Si no somos capaces de crear paz, justicia o compasión dentro de la familia, tampoco lo podremos hacer dentro de nación o del mundo. Hasta que Josef no perdona a sus hermanos y se reconcilia con ellos, la narrativa no puede continuar en el lienzo mayor de la historia.

Enmarcando le historia de Abraham, Sara y sus descendientes, hay tres promesas: hijos, una tierra y una influencia sobre toda la humanidad.

Repetidamente le fue prometido a Abraham que tendría hijos – tantos como las estrellas del firmamento, la arena a la orilla del mar, y el polvo de la tierra. Siete veces se le prometió la tierra. Cinco veces en todo Génesis, con ligeras variaciones terminológicas, los patriarcas recibieron la certeza de que "a través vuestro todas las familias de la tierra serán bendecidas".

Pero cuanto más leemos, más nos damos cuenta de que estas promesas no serán cumplidas de inmediato. Tres de las matriarcas, Sara, Rebeca y Raquel tienen dificultades para concebir. La posesión de la tierra es una posibilidad distante. La relación de la familia de Abraham con sus vecinos es con frecuencia tirante. No hay un camino sencillo desde el punto de partida hasta el destino. Ninguna de las historias de Génesis concluye con un simple "vivieron y fueron felices para siempre". Porque estos no son cuentos para niños. Son profundamente adultos. Nos cuentan que la travesía vale la pena emprenderla – nada menos – pero no comenzó con nosotros y tampoco finalizará con nosotros. "No es para ti completar la tarea, pero tampoco estás libre de apartarte de ella"[7].

Así, casi sorprendentemente, miles de años después las tres promesas de Génesis siguen siendo los temas más acuciantes de la agenda judía: los hijos (la continuidad judía), la tierra (el Estado de Israel y sus vecinos) y la relación de Israel con el mundo (filo y antisemitismo). Génesis continúa siendo lo que fue al comienzo, un libro sobre los

7. Mishná, *Avot* 2:16.

primeros principios, en cuyas palabras, si nos abrimos auténticamente a ellas, descubriremos no solo a nuestros antepasados sino a nosotros mismos.

La Torá es el libro de Dios sobre la humanidad y cada uno de nosotros un capítulo en su historia inconclusa. Sus palabras forman nuestro pacto con el cielo. Y a medida que escuchamos y respondemos, sumamos nuestra voz a la conversación ininterrumpida entre el pueblo judío y su destino.

Bereshit
בראשית

El Libro de los libros comienza con el principio de los principios: la creación del universo y la vida. La historia es contada desde dos diferentes perspectivas, primero como una cosmogonía (los orígenes de la materia), luego como una antropología (el nacimiento de la humanidad).

La primera narrativa (1:1–2:3) enfatiza la armonía y el orden. Dios crea el universo en seis días y el séptimo lo dedica como un día de santidad y descanso. El segundo (2:4–3:24) se centra en la humanidad, no como una especie biológica sino como seres-en-relación. Dios modela al hombre, ve que "no es bueno que el hombre esté solo", y entonces modela a la mujer. La serpiente los tienta; pecan y son desterrados del Jardín.

De ahí en más, el drama humano se desarrolla como una tragedia. Caín asesina a su hermano. Para el final de la *parashá* Dios ve "cuán grande era la maldad de los hombres en la tierra" y "se arrepintió de haber hecho al hombre en la tierra". Dios crea orden, el hombre crea caos. ¿Cuál prevalecerá?

En los cuatro ensayos siguientes, el primero indaga la libertad humana y divina, el segundo las tres etapas de la creación. El tercero examina loa orígenes de la violencia humana, y el cuarto descubre una oculta historia de amor, nacida de la conciencia de nuestra mortalidad.

El Libro de las Enseñanzas

En el principio, creo Dios los cielos y la tierra… (1:1)

Es la más famosa y majestuosa apertura de cualquier libro en la literatura. Habla acerca de los principios primordiales, creación y ontología, y para muchos es un emblema de la Torá en su totalidad. Pero no para todos. Consideremos la forma sorprendentemente extraña en la que Rashí – el más amado de todos los comentaristas judíos – comienza su comentario:

> Dice Rabí Isaac: La Torá debía haber comenzado con el versículo (Éxodo 12:12) "Este mes será para vosotros el principio de los meses" que fue la primera *mitzvá* dada a Israel (Rashí 1:1).

¿Qué tenemos que hacer con esto? No es una cuestión meramente estética. ¿Acaso Rabí Isaac, y en este asunto Rashí, sugiere seriamente que el Libro de los libros debía haber comenzado en el medio – a un tercio del camino, en Éxodo? ¿Qué se debía hacer pasado en silencio la creación del universo- que es, después de todo, uno de los fundamentos de la fe judía?

¿Podemos entender la historia de Israel sin su prehistoria, las historias de Abraham y Sara y sus hijos? ¿Podemos entender esas narrativas sin conocer qué les precedieron: La repetida desilusión de Dios de Adán y Eva, Caín, la generación del diluvio y los constructores de la Torre de Babel?

Los cincuenta capítulos de Génesis junto con el inicio del Éxodo son los libros básicos de la fe judía. Son lo más cercano que tenemos a una exposición de la filosofía del judaísmo. ¿Entonces, a qué se refiere Rabí Isaac?

Alude a algo profundo, algo que muchas veces olvidamos. Para entender un libro debemos de pensar a qué género pertenece, ¿es historia o leyenda? ¿crónica o mito? ¿A qué preguntas responde? Un libro de historia responde a la interrogación *¿Qué pasó*? Un libro de cosmología –sea ciencia o mito- responde a la pregunta: *¿cómo aconteció*?

Lo que Rabí Isaac está diciendo sucintamente en su enigmático planteo es que, si queremos entender la Torá, debemos leerla como *Torá* – como ley, instrucción, enseñanza, guía. La Torá es una respuesta a la pregunta-, *¿cómo debemos vivir*? Eso es el motivo por el que elevó la cuestión de por qué no comienza con la primera *mitzvá* dada a Israel.

La Torá no es un libro de historias, aún si incluye historia. No es un libro de ciencia, aún si el primer capítulo del Génesis – como lo notó Max Weber, sociólogo del siglo diecinueve, – es el preludio necesario a la ciencia: representa la primera vez que los hombres vieron el universo como producto de un deseo creativo, y por lo tanto como inteligible más que como caprichoso y misterioso[1].

Más bien es, antes que todo, un libro acerca de cómo vivir. Todo lo que contiene – no sólo *mitzvot* sino también narrativas, incluida la narración de la creación misma – están ahí solamente para el bien de la educación ética y espiritual. La ética judía no está confinada a la ley. Incluye las virtudes del carácter, principios generales y modelos a seguir. Es transmitida no sólo por mandamientos sino también por relatos, expresándonos cómo individuos particulares respondieron a situaciones específicas.

La Torá va desde los más minúsculos detalles a las más majestuosas visiones del universo y nuestro lugar en él. Pero nunca se desvía

1. Max Weber, *Ancient Judaism* (New York: Free Press, 1952); Ver también Peter Berger, *The Sacred Canopy* (Garden City, New York: Doubleday and Company, Inc., 1967).

de su intensa focalización sobre las preguntas: ¿Qué es lo que uno debe hacer? ¿Cómo debe uno vivir? ¿Qué clase de persona debe uno luchar por ser? Abre en el Génesis 1, con la más fundamental de todas las preguntas. Como lo expresa el Salmo (8:4) "¿Qué es el hombre para que tengas de él memoria?".

La Esencia del Hombre

La *Oración del Hombre* de Pico della Mirandola del siglo quince, fue uno de los puntos decisivos de la civilización occidental, el "manifiesto" del Renacimiento Italiano. En él se le atribuye la siguiente declaración de Dios dirigida al primer hombre:

No te he dado una forma, ni una función específica, a ti, Adán. Por tal motivo, tendrás la forma y función que desees. La naturaleza de las demás criaturas la he dado de acuerdo a mi deseo. Pero tú no tendrás límites. Tú definirás tus propias limitaciones de acuerdo con tu libre albedrío. Te colocaré en el centro del universo, de manera que te sea más fácil dominar tus alrededores. No te he hecho mortal, ni inmortal; ni de la Tierra, ni del Cielo. De tal manera, que podrás transformarte a ti mismo en lo que desees. Podrás descender a la forma más baja de existencia como si fueras una bestia o podrás, en cambio, renacer más allá del juicio de tu propia alma, entre los más altos espíritus, aquellos que son divinos"[1].

El Homo sapiens, esa síntesis única de "polvo de la tierra" y aliento de Dios, es único entre los seres creados al no tener esencia fija: al ser

1. Pico della Mirandola, *Discurso sobre la dignidad del hombre*, Traducción de Adolfo Ruiz Díaz, México, UNAM, 2004.

libre de ser lo que él o ella elija. La *Oration* de Mirandola fue una ruptura con las dos tradiciones dominantes de la Edad Media: la doctrina cristiana que los seres humanos son irremediablemente corruptos, manchados por el pecado original, y la idea platónica de que la humanidad está limitada por formas fijas.

También es un reporte sorprendentemente judío -casi idéntico al dado por el rabino Joseph Soloveitchik en *El Hombre Halájico*- "El principio más fundamental de todo es que el hombre debe crearse a sí mismo. Esta es la idea que el judaísmo introdujo en el mundo"[2]. Es por lo tanto con un escalofrío de reconocimiento que descubrimos que Mirandola tenía un maestro judío, Rabí Elijah ben Moses Delmedigo (1460–1497), con quien estudió Tanaj en el hebreo original, junto con Talmud y Kabalá[3].

El énfasis en la elección, la libertad y la responsabilidad es una de las características más distintivas del pensamiento judío. Es proclamado en el primer capítulo del Génesis de la forma más sutil. Todos estamos familiarizados con la afirmación de que Dios creó al hombre "a Su imagen y Su semejanza". Raramente nos detenemos a reflexionar en esta paradoja. Si hay algo que es enfatizado en la Torá una y otra vez es que *Dios no tiene imagen*. De ahí también la prohibición de hacer imágenes de Dios. Porque Dios está más allá de toda representación, de toda categorización. "Seré el que seré", le respondió a Moisés cuando Moisés le preguntó Su nombre. Todas las imágenes, formas, conceptos, categorías son intentos de delimitar y definir. Dios no puede ser delimitado o definido; el intento de hacerlo es una forma de idolatría.

Por lo tanto "imagen" debe referirse a algo diferente que la posesión de una forma específica. El punto principal de Génesis I es que Dios trasciende la naturaleza. Él es libre, no está sujeto a las leyes de la naturaleza. Al crear a los seres humanos "a Su imagen", Dios nos dio una libertad similar, creando un ser capaz de ser él mismo creativo. La visión

2. Joseph B. Soloveitchik, *Halakhic Man*. Traducido del Hebreo por Lawrence Kaplan. Philadelphia: The Jewish Publication Society of America, 1983.
3. Nacido en Creta, Delmedigo fue un prodigioso talmudista, designado a edad muy temprana como Jefe de la Yeshivá de Padua. Al mismo tiempo estudiaba filosofía, particularmente la obra de Aristóteles, Maimónides y Averroes.

sin precedentes de la persona humana en el capítulo de inicio de la Torá conduce a una visión sin precedente acerca de la persona humana y su capacidad de auto-transformación. Ese es el punto de Mirandola. Todo lo demás en la creación es lo que es, ni bueno ni malo, está sujeto a la naturaleza y a las leyes naturales. Sólo la persona humana tiene la posibilidad de auto-trascendencia. Podemos ser un puñado de polvo, pero tenemos anhelos inmortales.

El humanismo de Mirandola de finales del siglo quince, no era secular, sino profundamente religioso. Esa fue una de las últimas épocas en la cultura europea, en que religión, ciencia y arte caminaron de la mano, dando origen a figuras tales como Brunelleschi, Miguel Ángel y da Vinci. Es fascinante especular qué hubiera pasado si el Renacimiento hubiera continuado en esa dirección. Sin embargo, una serie de gobernantes y papas corruptos, seguida por el enfrentamiento entre la Iglesia y Galileo, condujeron a una ruptura gradual de esta síntesis entre religión y humanismo científico. El avance de la Reforma señaló el dominio de una muy diferente visión de Lutero y Calvino, mientras que el humanismo nadaba en la dirección opuesta, volviéndose progresivamente más secular.

En ese estado de cosas, la gran verdad de Génesis I permanece como la más poderosa declaración de un humanismo de base religiosa, basado en la idea de la persona humana como imagen de Dios, la única creación que es también creativa, la única forma de vida capaz de dialogar con el Autor mismo de la vida. Como enseñan los sabios:"¿Por qué el hombre fue creado último?" Para decir: si es merecedor, toda la Creación fue hecha para él; pero si no es merecedor, se le dice, incluso un mosquito fue creado antes que tú"[4].

Esta es la simple respuesta a la pregunta de Rabí Isaac: ¿Por qué la Torá, un libro de leyes, no comienza con la primera ley? Porque la ley presupone libertad. Como lo escribió Maimónides en sus "Reglas de Arrepentimiento", si no tenemos libertad, si todo lo que hacemos está determinado por fuerzas más allá de nuestro control, ¿cuál sería el sentido de ordenar a las personas a actuar de una manera y no de otra? ¿Dónde estaría la justicia en recompensar la obediencia y castigar

---

4. *Génesis Raba* 8:1; *Sanedrín* 38a.

el pecado? Sin libertad, todo el edificio de la ley y la responsabilidad se derrumba[5].

La Torá es una exploración sostenida de la libertad humana, el regalo más grande que Dios le dio al hombre, así como el más fatídico, porque la libertad puede ser usada o abusada. Puede conducir a las alturas más altas o a las profundidades más bajas: a amor o a odio, a compasión o a crueldad, a bondad o a violencia. Todo el drama de la Torá fluye desde este punto de partida. El judaísmo permanece como el llamado supremo de Dios a la humanidad a la libertad y la creatividad, por un lado, y por el otro, a la responsabilidad y la moderación – convirtiéndose en socio de Dios en la obra de creación.

5. Maimónides, *Mishné Torá*, Hiljot Teshuvá, capítulo 5.

Las Etapas de la Creación

"Entonces dijo Dios: Sea… Y fue… y vio Dios que era bueno"

Así se despliega el más revolucionario e influyente relato de la creación en la historia del espíritu humano.

En el capítulo anterior vimos que Rashí cita a Rabí Isaac que se pregunta por qué la Torá debe comenzar con el relato de la creación. Dado que es un libro de leyes – los mandamientos que sujetan a los hijos de Israel como una nación – debería haber comenzado con la primera ley que se les dio a los israelitas, que no aparece sino hasta el capítulo doceavo de Éxodo.

La respuesta de Rabí Isaac fue que la Torá comienza con el nacimiento del universo para justificar la entrega de la Tierra de Israel al Pueblo de Israel. El Creador del mundo es *ipso facto* dueño y gobernante del mundo. Su regalo confiere titularidad. El reclamo del pueblo judío sobre la tierra es diferente al de cualquier otra nación. No se deriva de hechos arbitrarios de asentamiento, asociación histórica, conquista o acuerdo internacional (aunque en el caso del actual estado de Israel, se aplican los cuatro). Deriva de algo más profundo: la palabra de Dios mismo – el Dios reconocido por los tres monoteísmos: judaísmo, cristianismo e islam. Esta es una lectura política del capítulo. Dejadme sugerir otra interpretación (no incompatible sino adicional).

Una de las propuestas más llamativas de la Torá es que somos convocados, como imagen de Dios, a imitar a Dios. "Sed santos, porque Yo, el Señor, vuestro Dios, soy santo" (Levítico 19:2).

> Así enseñan los sabios: Tal como Él es compasivo, también tú serás compasivo; así como Él es misericordioso, así también tú serás misericordioso; tal como Él es santo así tú también serás santo. Así también, los profetas describieron al Todopoderoso con todos estos calificativos: lento para la ira y de inmensa bondad, justo y recto, íntegro, poderoso, fuerte, etc. para hacernos saber que son sendas positivas y rectas que el hombre debe cultivar de acuerdo a su capacidad, para imitar a Dios"[1].

Implícito en el primer capítulo de Génesis hay por tanto un desafío trascendental; así como Dios es creativo, tú debes ser creativo. Al hacer al hombre, Dios dotó a una criatura – por ahora la única conocida por la ciencia – con la capacidad no meramente de adaptarse a su entorno, sino de adaptar su entorno a él, de moldear el mundo, ser activo, no meramente pasivo, en relación a las influencias y circunstancias que lo rodean:

> Por tratarse de una existencia carente de recursos, la existencia del animal carece completamente de dignidad. La existencia humana se dignifica, porque es gloriosa, majestuosa y poderosa… En la antigüedad, el hombre que no podía luchar contra las enfermedades y sucumbía en multitudes a la fiebre amarilla o a cualquier otra plaga en medio de una falta degradante de recursos, no podía pretender la dignidad. Sólo el hombre que construye hospitales, descubre técnicas terapéuticas y salva vidas está dotado de dignidad… El hombre civilizado ha obtenido un limitado control sobre la naturaleza y se ha convertido, en ciertos aspectos, en su dominador, y con su dominio ha conseguido la dignidad también. Gracias a su

1. Maimónides, *Mishné Torá, Hiljot Deot* 1:6.

> dominación le ha sido posible actuar en proporción a su responsabilidad[2].

El primer capítulo de Génesis por lo tanto contiene una enseñanza. Nos dice cómo ser creativos – concretamente en tres etapas. La primera es la etapa de decir "Sea". La segunda es la etapa de "y entonces hubo". La tercera es la etapa de ver "que es bueno".

Incluso una mirada superficial sobre este modelo de creatividad nos enseña algo profundo y contra-intuitivo; lo que es verdaderamente creativo no es la ciencia ni la tecnología per se, sino la palabra. Eso es lo que forma todo ser.

En efecto, lo que singulariza al Homo Sapiens de otros animales es la habilidad del habla. *Targum Onkelos,* traduce el versículo de Génesis 2:7, "Entonces el Señor Dios formó al hombre del polvo de la tierra, y sopló en su nariz el aliento de vida; y fue el hombre un ser viviente" como "y el hombre se convirtió en *ruaj memalelá,* un espíritu *hablante* o una inteligencia lingüística". Porque podemos hablar, podemos pensar y por lo tanto imaginar un mundo diferente al existente actualmente. La creación comienza con la palabra creativa, la idea, la visión, el sueño. El lenguaje – y con él la habilidad de recordar un pasado distante y conceptualizar un futuro distante – reside en el corazón de nuestra unicidad como imagen de Dios. Así como Dios hizo el mundo natural por la palabra (Y Dios dijo... y fue) así nosotros hacemos el mundo humano por las palabras, y esto es por qué el judaísmo toma las palabras tan seriamente: "La muerte y la vida están en poder de la lengua", dice el libro de Proverbios (18:21). Ya en el inicio de la Torá, en el mismo comienzo de la creación, es prefigurada la doctrina judía de la revelación: Dios se revela a la humanidad no en el sol, ni en las estrellas, ni en el viento, o la tormenta, sino en y a través de la palabra – palabras sacras que nos hacen copartícipes con Dios en el trabajo de la redención.

"Entonces dijo Dios: Sea... Y fue... "– este es la segunda etapa de la creación, que es para nosotros la más difícil. Una cosa es concebir una idea, y otra, ejecutarla. "Entre la idea y la realidad, entre el movimiento

2. Joseph B. Soloveitchik, *The Lonely Man of Faith (La Soledad del hombre de Fe),* (New York: Doubleday 1992) 16–17.

y el acto cae la Sombra"[3]. Entre la intención y el acto, el sueño y la realidad, luchan las mentiras, la aposición y la falibilidad de la voluntad humana. Es muy fácil llegar a la conclusión de que nada puede ser alcanzado, que el mundo sea como es, y que todo esfuerzo humano está destinado a fracasar, después de haberlo intentado y fallado.

Sin embargo, esta es una idea griega, no una idea judía; esta hibris termina en némesis, el destino es inexorable y tenemos que resignarnos a él. El judaísmo sostiene lo contrario, que, si bien la creación es difícil, laboriosa y llena de contratiempos, estamos llamados a ella como nuestra vocación humana esencial: "No depende de ti terminar la obra" dice Rabí Tarfón "pero no estás libre para desentenderte de ella"[4]. Hay una hermosa expresión que dice "*majshavá tová Hakadosh Baruj Hu metzarfá lemaasé*"[5], Dios considera una buena intención como si fuera la obra. Yo lo traduzco un poco diferente: "cuando una persona tiene una buena intención, Dios lo ayuda para convertirla en obra", significando que Él nos da la fuerza, si no ahora, entonces en algún momento, para convertirla en un logro.

Si la primera etapa de la creación es la imaginación, la segunda es la voluntad. La santidad de la voluntad humana es una de las características más destacadas de la Torá. Ha habido muchas filosofías – su nombre genérico es determinismo – que sostienen que la voluntad humana es una ilusión. Estamos determinados por otros factores –instintos genéticamente codificados, fuerzas sociales o económicas, reflejos condicionados– y la idea de que somos los que elegimos ser, es un mito. El judaísmo es una protesta en nombre de la libertad y la responsabilidad humana en contra del determinismo. No somos maquinas pre-programadas, somos personas dotadas de voluntad. Así como Dios es libre, así somos libres, toda la Torá es un llamado a la humanidad para ejercer su libertad responsable para crear un mundo social que honre la libertad de otros. La voluntad es el puente entre "*Sea...*" y "*Y fue...*".

---

3. T. S. Eliot, *Los hombres Huecos*. Recogido en T. S. Eliot: Poesías Reunidas, 1977 *Traducción de José María Valverde*, Reedición de Alianza Literaria, 2006.
4. Mishná, *Avot*, 2:16.
5. *Tosefta*, *Peá* 1:4.

¿Qué hay con la tercera etapa?: "Y vio Dios que era bueno". Esta es la más difícil de las tres de entender. ¿Qué significa decir que "Dios vio que era bueno"? Seguramente es redundante. ¿Qué es lo que Dios hace y no es bueno? El judaísmo no es gnosticismo, ni es un misticismo oriental. Nosotros no creemos que este mundo sensorial sea malo. Por el contrario, creemos que es un espacio de bendición y bien. Tal vez sea esto lo que el versículo viene a enseñarnos: que la vida religiosa no tiene que ser buscada en el abandono del mundo y sus conflictos en un rapto místico o el nirvana. Dios quiere que seamos parte del mundo, luchando sus batallas, saboreando su placer, celebrando su esplendor. Pero hay más.

En el curso de mi trabajo, he visitado prisiones y centros de rehabilitación de delincuentes juveniles. Muchas de las personas con las que me encontré allí son potencialmente buenas. Tienen sueños, esperanzas, ambiciones, pretensiones, igual que tú y yo. No aspiraban volverse criminales. Su tragedia fue que muchas veces procedían de familias disfuncionales y condiciones difíciles. Nadie se tomó el tiempo de encargarse de ellos, apoyarles, enseñarles como barajarse con el mundo, cómo lograr lo que querían a través del trabajo duro y la persuasión más que con la violencia y el quiebre de la ley. Carecían del respeto básico a sí mismos, del sentido de su propio valor. Nadie les dijo nunca que eran buenos.

Ver que alguien es bueno y decirlo es un acto creativo – uno de los mayores actos creativos. Habrá algunos individuos que son inaudiblemente malos, pero son pocos. Dentro de la mayoría de nosotros hay algo positivo y único, pero que es muy fácil dañarlo, y que crece únicamente cuando está expuesto a la luz del reconocimiento de otra persona y su aprecio. Ver la bondad en otros y permitirles verse en el espejo de nuestra mirada es ayudar a alguien a convertirse en lo mejor que puede ser. Dice el Talmud "Es mejor alguien que estimula al otro a hacer el bien que el que hace el bien en sí mismo"[6]. Ayudar a otros a ser lo que pueden ser es dar nacimiento a la creatividad en otra alma. Esto no se hace con criticismo y negatividad sino buscando el bien en los otros, y ayudándoles a verlo, a reconocerlo, a apropiarse de él, a vivirlo.

6. *Bava Batra* 9a.

"Y Dios vio que era bueno" – eso también es parte del trabajo de la creación, el más sutil y bello de todos. Cuando reconocemos la bondad en otro, hacemos más que crearlo, lo ayudamos a ser creativo. Eso es lo que Dios hace para nosotros, y lo que Él no ha llamado a hacer.

Violencia en Nombre de Dios

La violencia inspirada en la religiosidad ha vuelto a hostigar al mundo.

Secuestros y asesinatos de rehenes, atentados suicidas y masacres como las de la matanza de los alumnos en la escuela de Beslan (septiembre 2004) son la cara del terror en nuestra era. Mucho se ha hablado de las armas de destrucción masiva. Sin embargo, Beslan fue llevado a cabo por nada más sofisticados que rifles y explosivos. Las atrocidades del 9–11 fueron cometidas usando una simple navaja y aviones, no considerados generalmente armas. Todo el tiempo, estuvimos mirando en la dirección incorrecta: a los medios en lugar de los motivos. La mayor arma de la destrucción masiva es el corazón humano.

Las más elocuentes palabras sobre nuestro tiempo son las de las últimas palabras de la primera *parashá* de la Torá. Habiendo creado un universo de orden, Dios ve a los seres humanos, su más preciada creación, convertirlo en un caos. Dice la Torá entonces: "Y se arrepintió Dios de haber hecho hombre en la tierra, y le pesó en su corazón" (6:5–6). Esta es la respuesta definitiva para quienes sostienen que al asesinar a un inocente están actuando en nombre de Dios.

La conexión entre religión y violencia se establece al comienzo de la historia bíblica de la humanidad. Los dos primeros hijos humanos,

Caín y Abel, traen una ofrenda. La de Abel es aceptada, la de Caín no. El primer acto de culto registrado conduce al asesinato, al primer fratricidio. La Torá insinúa que la religión, es todo, menos segura. En lo mejor de sí lleva al hombre a ser "poco menos que los ángeles" (Salmos 8:5). En lo peor, conduce a los hombres a ser los seres más destructivos de la tierra.

¿Cuál es la conexión entre religión y violencia? En los últimos cien años ha habido tres grandes teorías al respecto. La primera fue la Freud. Freud creía que la patología social replicaba la psicología del individuo, específicamente el complejo de Edipo. En los tiempos antiguos, los hijos de la tribu, envidiosos del poder del jefe tribal, lo asesinaban. Luego se sentían perseguidos por la culpa – lo que Freud llamó – "el retorno de lo reprimido". El fantasma de la víctima se convertía, como si fuera, la voz de Dios, y la religión surgió a través de un acto de violencia[1].

La segunda teoría fue la de Rene Girard, que argumentó que la religión nació en un intento desviar la violencia del grupo volviéndola contra un extraño. Los grupos sociales, especialmente aquellos que no están gobernados por leyes, están desgarrados por *vendettas*. "X" mata a "Y". Un miembro de la familia de "Y" mata a "X" en venganza. La familia de "X" responde con violencia. El odio inveterado continua, y la única manera de ponerle fin es desviándolo hacia alguien fuera del grupo. La ira justa es purgada y el orden restituido. Para Girard, el acto religioso primario es el sacrificio humano. Su objeto es el chivo expiatorio[2].

Los posmodernos van más allá. Sostienen que el mismo acto de la autodefinición involucra la creación de un "otro". Por lo tanto, para que haya un "nosotros" debe haber un "ellos", las personas no como nosotros. La humanidad es dividida entre amigos y extraños, hermanos y otros. Las personas distintas a nosotros se convierten en la pantalla en la que proyectamos nuestros miedos[3]. Ellos son vistos como amenazantes, hostiles, demoníacos. La identidad involucra exclusión que conduce a la violencia y la religión, como una de las piedras fundacionales de la identidad, es por definición construida por la hostilidad.

1. Ver en especial, Sigmund Freud, *Tótem y Tabú*. Ed. Alianza, 2011.
2. La obra central es Rene Girard, *La violencia y lo Sagrado*, Ed. Anagrama, 2006.
3. Ver, por ejemplo, Vamik Volkan, *Killing In the Name of Identity* (Pitchstone, 2006).

La visión de la Torá es tanto más simple como más profunda. Leyendo la historia de Caín y Abel, nos preguntamos: ¿Por qué Dios aceptó la ofrenda de Abel y no la de Caín? ¿Acaso no fue este acto de preferir a uno por sobre el otro el que condujo a la violencia en un primer lugar?

La razón por la cual Dios rechaza la ofrenda de Caín queda clara en las palabras inmediatamente posteriores: "Y Caín se enojó mucho y su semblante se demudó" (Génesis 4:5). Imagina lo siguiente: Le ofreces a alguien un regalo. Lo rechaza, muy educadamente. ¿Cómo reaccionarías? Hay dos posibilidades. Puedes preguntarte a ti mismo: "¿Qué es lo que hice mal?" o puedes enojarte con el destinatario de tu intento. Si respondes de la primera manera, estabas genuinamente tratando de complacer a la otra persona. Si actúas de la segunda, queda claro retrospectivamente, que estás preocupado por ti mismo y no por la otra persona. Estabas tratado de imponer tu propia dominación colocando al otro en deuda contigo; la así llamada "relación-regalo"[4]. Incluso entre los primates, el macho alfa ejerce su poder distribuyendo alimento, dando regalos. Cuando el rechazo de un regalo lleva al enojo, demuestra que el acto inicial no fue por altruismo sino por egoísmo: yo doy, por lo tanto, yo domino.

En el mundo pagano los sacrificios eran intentos de apaciguar, aplacar o sobornar a los dioses, por lo tanto, era cohecharles, corromperlos o manipularlos para que hagan la propia voluntad – sea enviando lluvia, victoria en la batalla, o restaurando las glorias imperiales pasadas. Esto es exactamente opuesto a lo que la Torá ve como fe verdadera; humildad frente a Dios, respeto por la integridad de la Creación y reverencia por la vida humana, la única que lleva la imagen de Dios.

No hay manera de notar externamente la diferencia. Puede haber dos ofrendas – la de Caín y la de Abel – que se ven iguales. Los dos son actos de culto, superficialmente las dos son iguales, sin embargo, hay entre ellas una enorme diferencia. Una es un acto de auto-supresión ante la presencia del Creador. La otra es un deseo nietzscheano de poder. ¿Cómo se nota la diferencia? Por la presencia del enojo cuando las cosas no salen como querías.

4. Richard Titmuss, *The Gift Relationship* (New York: Pantheon, 1971).

La historia de Caín y Abel es el comentario más profundo que conozco acerca de la conexión entre religión y violencia. La violencia es el intento de imponer la voluntad de uno por la fuerza. Hay solo dos maneras de vivir con la culpa que esto involucra: ya sea como Nietzsche, negando a Dios, o como Caín, diciéndose a sí mismo que uno está haciendo la voluntad de Dios. Las dos terminan en tragedia. La única alternativa – la alternativa de la Torá – es ver la vida humana como sagrada. Esta es la esperanza final y única de la humanidad.

Vestiduras de Luz

Y el hombre le puso por nombre Eva a su mujer, porque ella era la madre de todos los vivientes. Y el Señor Dios hizo vestiduras de piel para Adán y su mujer, y los vistió (Génesis 3:20–21).

El contexto es una de las historias más conocidas de la Biblia. La primera pareja humana, en el Jardín del Edén, rodeados por la rica panoplia de la creación, tienen todo lo que pudieran posiblemente querer, excepto una cosa: hay un árbol del que tienen prohibido comer. Es innecesario decir, que esos son los únicos frutos que quieren. "Dulces son las aguas hurtadas, y el pan comido en secreto es sabroso" dice el libro de Proverbios (9:17). Ellos comen, sus ojos se abren, pierden su inocencia, por primera vez sienten vergüenza. Cuando escuchan "la voz de Dios" (Génesis 3:8) tratan de esconderse, pero descubren que Dios es alguien del que uno no puede ocultarse. Dios les pregunta qué han hecho. Adán culpa a su mujer. Ella culpa a la serpiente. El resultado es la pérdida del paraíso.

El episodio es rico en sus incidencias, pero quiero que estudiemos una de sus características más extrañas. A la mujer le fue dicho "Cuando tengas tus hijos, ¡Haré que los tengas con muchos dolores!" (3:16).

Seguidamente. Adán es informado que "con fatiga sacarás de ella el alimento todos los días de tu vida". Entonces sigue una serie de tres versículos que parecen no tener conexión entre ellos. Dios le dice a Adán: "Con el sudor de tu rostro comerás el pan, hasta que vuelvas al suelo, pues de él fuiste tomado. Porque eres polvo y al polvo tornarás" y en seguida: "El hombre llamó a su mujer Eva, por ser ella la madre de todos los vivientes". "Dios hizo para el hombre y su mujer túnicas de piel y los vistió" (3:19–21).

Los problemas son obvios. Adán acaba de acusar a su mujer de haberlo conducido a pecar. Ha sido condenado a la mortalidad. ¿Por qué, en esta precisa coyuntura, regresa a ella y la de un nuevo nombre? ¿Y por qué inmediatamente después de esto, cuando van a ser expulsados del Edén, Dios comete un acto de bondad con la pareja– dándole dignidad al símbolo mismo de su pecado, la ropa con la que esconderán su vergüenza?

La disposición de ánimo parece haber pasado un cambio misterioso. Repentinamente desaparece la amarga acritud de los versículos anteriores, y en lugar de ella, hay una nueva sensibilidad – entre Adán y su mujer, y entre Dios y la pareja. Rashí está tan perplejo de esta transformación repentina que es motivado a sugerir que el versículo intermedio está fuera de la secuencia cronológica. Sostiene que no viene a finalizar la historia del pecado del fruto prohibido, sino la escena previa en la que Adán da nombres a los animales y no encuentra "compañía adecuada" (2:20).

La interpretación de Rabí Meir, sabio del siglo I, a la expresión "vestimentas de piel" – *bigdei or* – es aún más misteriosa. Rabí Meir lee la "*ain*" de la segunda palabra como una "*alef*" – *bigdei or* – e interpreta la frase como "vestimentas de luz"[1]. Esta es una sugerencia casi mística y muy intrigante. ¿Por qué la primera pareja fue bañada de resplandor divino, vestidos de luz, cuando abandonan el Edén y no mientras estaban en él?

1. *Génesis Raba*, 20:12.

Rabí Elazar ben Azarya dice "Es imposible que haya una sesión de la Casa de Estudio sin ninguna nueva interpretación"[2]. En ese espíritu veamos si podemos encontrar un nuevo significado a este pasaje.

Las palabras "porque polvo eres, y al polvo volverás", despiertan a Adán, por primera vez a la conciencia de su mortalidad. No hay mayor autoconocimiento que este – que el mundo seguirá algún día sin nosotros, y nosotros sin el mundo. Gran parte de la civilización se ha basado en el hecho, que nuestras vidas son finitas, un micro segundo en el contexto de la eternidad, por más tiempo que vivamos, nuestro tiempo es limitado y demasiado corto.

La Torá guarda silencio en relación al pensamiento de Adán en el despertar de este descubrimiento, pero podemos reconstruirlos. Hasta este punto, la muerte no ha ingresado a su conciencia, pero ahora ha sido traído cara a cara frente a ella. ¿Y si es mortal, seguiría viviendo? ¿Habrá una parte de él que continúe, aún si él mismo no estará más allí? Es ahí que Adán recuerda las palabras de Dios a la mujer – ella dará a luz a los hijos – con dolor, sin duda. Pero ella traerá nueva vida al mundo.

Repentinamente Adán entiende que aún si morimos, si tenemos el privilegio de tener hijos, algo de nosotros quedará vivo; nuestros genes, nuestra influencia, nuestro, ejemplo, nuestros ideales. Esa es nuestra inmortalidad. Esta fue una idea que eventualmente modeló todo el carácter del judaísmo en oposición a la mayor parte de las culturas en tiempos antiguos y modernos. La Torre de Babel y las grandes edificaciones de Ramsés II – los dos ejemplos más esplendorosos que la Torá nos da de imperios en la antigüedad, testifican la idea que uno vence la inmortalidad construyendo monumentos que sobreviven los vientos y la arena del tiempo. El judaísmo tiene una idea diferente, vencemos la mortalidad grabando nuestros ideales en el corazón de nuestros hijos y ellos en los suyos, y los suyos en los suyos, hasta el fin de los tiempos. Donde los mesopotámicos y los egipcios pensaban en construcciones, Abraham y sus descendientes pensaban en constructores (No los llames "tus hijos" sino "tus constructores"[3]). El judaísmo se convirtió en la fe más centrada en los hijos.

---

2. *Jaguigá* 3a.
3. *Berajot* 64a.

Pero hay una diferencia significativa entre la inmortalidad personal que ganamos y aquella que traemos a la vida y que vive después de nosotros. Esta última no puede ser lograda solo por nosotros. Hasta que fue consciente de su mortalidad; Adán podía pensar en su mujer como un mero "*ezer kenegdó*" usualmente traducido como una "ayuda adecuada" – un asistente, no una igual. "Ella será llamada varona [*ishá*] porque del varón [*ish*] fue tomada" (2:23) él dijo. A sus ojos, ella era una extensión de él mismo.

Ahora él sabía otra cosa. Sin ella, no podría tener hijos y los hijos eran su participación en la eternidad. Con esta advertencia dejó de pensar en ella como una asistente. Ella era una persona por derecho propio – aún más que él, ya que es ella, y no él, quien puede dar a luz. En ese sentido ella se asemejaba a Dios más que lo que él podría, porque Dios es quien trae la nueva vida a la existencia.

Cuando Adán experimentó estos pensamientos, terminó la recriminación, porque vio que el ser físico, la "desnudez" no era simplemente una fuente de vergüenza. La relación física entre el marido y mujer tiene una dimensión espiritual. A un nivel es el más animal de los deseos, pero en otro es lo más cercano a lo que podemos estar del principio de la creatividad divina, a saber, el amor crea vida. Esa fue la primera vez que se volvió hacia su mujer y la vio como una persona y le dio un nombre personal, Eva, o sea, "la que da vida".

La importancia de este momento no puede ser lo suficientemente enfatizada. No se trata de que anteriormente Adán le hubiera dado un nombre a su mujer y ahora le daba otro. Adán no le había dado ningún nombre previamente. La había llamado *ishá,* varona, que es un nombre genérico. Tampoco él había tenido un nombre propio hasta este momento. Sólo después de conferirle un nombre propio a la mujer él adquiere el suyo: Adán. Hasta entonces era simplemente llamado *haAdam,* "el hombre".

Con la aparición de los nombres propios, nace el concepto de "persona". Un sustantivo designa una clase, un grupo de cosas vinculadas por características comunes. Los sustantivos hablan de igualdad y por lo tanto de sustituibilidad. Si perdemos un reloj podemos comprar otro. Si nos roban el carro, podemos reemplazarlo. "Reloj" y "carro" son sustantivos, en ambos casos objetos, definidos por su función.

Un nombre es diferente. No se refiere a una clase o grupo de cosas sino a un individuo en su unicidad. El portador de un nombre es un ser humano. Solo por extensión le damos nombres a no-humanos por los que tenemos un afecto especial como una mascota, por ejemplo. Los conceptos de "nombre" y "persona" están íntimamente vinculados. No podemos tener uno sin el otro. La verdad ética más importante en relación a las personas es que no puede ser sustituida una por otra. Como personas, somos únicas. "Cuando un ser humano hace muchas monedas con el mismo molde" dicen los sabios "todas salen similares". [Por el contrario] Dios hizo a todos los seres humanos con la misma imagen, Su imagen, y son todos diferentes"[4].

Esto es lo que le otorga a la vida humana su dignidad y su belleza. Sin esto, no conoceríamos el amor, porque el amor en primera instancia siempre está dirigido a una persona: a este hombre, esta mujer, este niño, en su unicidad. Alguien que realmente ama, no lo hace abstractamente. Los amantes en el Cantar de los Cantares nunca se cansan de describirse uno al otro – su cabello, sus mejillas, sus ojos, sus bocas – lo que hace al amado único y no uno-en-general. El amor vive en la particularidad.

Eso es también lo que le da al amor humano su rasgo conmovedor y su vulnerabilidad. Sabemos que, como nosotros, nuestro amado eventualmente envejecerá y morirá, y que nunca podrá ser reemplazado. Si supiéramos que nunca moriríamos no necesitaríamos indicios de eternidad. Porque sabemos que un día moriremos, una de las mejores cosas que podemos experimentar es el momento más allá del tiempo (el que sabemos que nunca olvidaremos) cuando dos almas se tocan y forman entre ellos un puente sobre el abismo de la mortalidad.

Ese es el significado del verso, "porque es fuerte el amor como la Muerte, implacable como el *Sheol* la pasión" (Cantar de los Cantares 8:6), una idea que Dylan Thomas reiteraría en las palabras, "aunque se pierdan los amantes, no se perderá el amor; y la muerte no tendrá dominio"[5].

---

4. Mishná, *Sanedrín*, 4:5.
5. *"An Death Shall Have No Dominion"* in Dylan Thomas, *Collected Poems*. Versión española de Elizabeth Azcona Cranwel.

En otro nivel, esto es lo que le da su santidad a la vida humana. "una sola vida", enseñan nuestros sabios, "es como todo el universo"[6]. Sin embargo, aunque algún día haya robots que parezcan vivos, siempre habrá una diferencia fundamental entre una máquina y una persona. Las máquinas pueden ser reemplazadas. Las personas no.

El momento en que Adán se dirige a su mujer y le da un nombre propio, Eva, fue un punto de giro en la historia de la humanidad. Fue entonces cuando Dios vistió a la primera pareja con vestiduras de luz. Porque solo cuando nos relacionamos a los otros como personas poseedoras de una dignidad innegociable respondemos a la "imagen de Dios" en los otros. En cierto sentido, la totalidad del judaísmo – o por lo menos las *mitzvot bein adam lejaveró,* los mandamientos entre el hombre y su prójimo – es un extenso comentario de esta idea. Las normas de justicia, misericordia, caridad, compasión, preocupación por el pobre, amor al próximo y al extranjero, delicadeza al hablar, sensibilidad hacia los fácilmente agraviados sentimientos del otro, son todas variantes del tema del respeto hacia el otro humano en tanto imagen y semejanza del Otro Divino.

La idea tiene implicaciones más profundas aún. Existe una conexión profunda entre la manera que nos relacionamos a los otros y la manera que nos relacionamos a Dios – y esto también se expresa en la diferencia entre un sustantivo y un nombre.

Si bien Dios tiene muchas descripciones, dos son primarias: "*Elokim*", y el nombre de las cuatro letras que no debemos pronunciar, conocido generalmente como "*Hashem*", "el Nombre". Los sabios los distinguen diciendo que *Elokim* refiere a la justicia divina, *Hashem,* a la compasión divina. Yehuda Haleví poeta y filósofo del siglo XI, hace una distinción diferente[7]. La palabra "*el*" era generalmente usada por los paganos para designar a un dios, lo que entendían como una fuerza de la naturaleza (el sol, la tormenta, la tierra, el mar, y muchas otras divinidades adoradas en la antigüedad). El monoteísmo fue y es la insistencia que ninguna de estas fuerzas o poderes representa una realidad última. Cada una es una parte de ella. El Dios Uno es la totalidad de

6. Mishná, *Sanedrín* 4:5.
7. Yehuda Haleví, *Kuzari*, Libro IV, par. I.

todos los poderes. Esa es la idea representada por el término *Elokim*. Es un sustantivo colectivo, refiriéndose a la "fuerza de las fuerzas". *Elokim* es Dios tal como lo encontramos en la naturaleza, en la vastedad y la complejidad de la creación.

Hashem, por el contrario, no es un sustantivo sino un nombre. No se refiere a Dios como un poder, ni incluso como la totalidad de los poderes. Sino como una persona, un "Tú". *Hashem*, es El Uno que nos habla y al que le hablamos, que nos ama como ama una persona, que escucha nuestras plegarias, perdona nuestros errores, nos da fuerza en época de crisis, y nos enseña el camino de la vida. En uno de los más profundos juicios en la historia del pensamiento judaico, Yehuda Haleví nos enseñó que la diferencia entre *Elokim* y *Hashem* es la diferencia entre el Dios de Aristóteles y el Dios de Abraham. Un filósofo puede llegar a la conclusión que el universo tiene un autor, un creador, una causa primera, un "primer motor", pero sólo un profeta (o un hijo de Abraham y la nación de los profetas) puede relacionarse a Dios como una persona. *Hashem* es Dios tal como lo encontramos no en la creación sino en la revelación.

Si regresamos al texto bíblico, vemos un fenómeno destacable. En Génesis I, Dios es descripto como *Elokim*. En los capítulos 2 y 3 es llamado *Hashem-Elokim*. En el cuarto capítulo, por primera vez, es llamado sólo *Hashem*. Algo cambió en el transcurso de estos capítulos: no Dios que no cambia, sino más bien la percepción humana acerca de Dios.

En el primer capítulo que habla del nacimiento del universo y la lenta aparición del orden dentro del caos, el hombre es parte de la naturaleza. Esto es la verdad (parcial) en el descubrimiento que compartimos mucho de nuestro ADN con otros seres vivientes. Esa es la razón por la que Dios es descripto como *Elokim*, el Autor de la naturaleza. En los capítulos 2 y 3, el hombre comienza a utilizar el lenguaje. Se convierte en las palabras del Targum en "un ser hablante" (Génesis 2:7). Dios le trae al hombre los diferentes seres vivientes "para ver cómo los llamaría y como el hombre llamó a cada ser viviente, ése fue su nombre" (2:19). Pero para hasta ese momento sólo usaba sustantivos, primero para los animales, después para su mujer, a la que llamó *ishá*, varona. Se ha movido de la naturaleza a la cultura – en la cual el lenguaje es la primera etapa – pero aún no ha comprendido el concepto de persona. Sólo después que le da un nombre propio a su mujer, la Torá usa por su parte el nombre de *Hashem*. Sólo después que el hombre es consciente de su mujer como una persona, es capaz de comprender a Dios como "persona".

El judaísmo fue mucho más que el descubrimiento del monoteísmo, el descubrimiento de un único unificado Dios. Esa idea está contenida en el término *Elokim*. También fue el descubrimiento de que Dios es una "persona" – que el hecho que nosotros seamos personas, que amemos, temamos, tengamos esperanzas y sueños, no es una consecuencia accidental de la evolución (como pretenden algunos neo-darwinianos), sino un eco de la realidad última del cosmos. No somos máquinas productoras de genes sino individuos únicos, cada uno de nosotros, irremplazables aquí porque Dios nos quiere aquí. Este es el concepto transformador de *Hashem* – y sólo cuando Adán le respondió a Eva como a una persona, pudo verse a sí mismo como persona, y responderle como tal a Dios. Esta es la razón por la cual las *mitzvot* que regulan nuestra relación con Dios son inseparables de las *mitzvot* que definen nuestra relación con nuestros semejantes humanos.

Ahora entendemos la extraordinaria secuencia de estos versículos. Al descubrir su mortalidad Adán supo que podría vivir solo más allá a través de sus hijos, nacidos de un acto de amor. Fue cuando comprendió que la inmortalidad no puede conseguirse solo, sino con la unión de dos. Por primera vez miró a su mujer por derecho propio, y lo expresó dándole un nombre propio. Habiendo hecho esto, fue capaz de experimentar a Dios a través de Hashem, su propio nombre. En ese instante la humanidad dejó de ser una mera especie biológica y se trasformó en *Homo religiosus*, el- hombre-en-búsqueda-de-Dios que encuentra a *Hashem*, Dios-en- búsqueda-del-hombre. Este es el profundo mensaje de los tres primeros capítulos de Génesis. Una historia acerca del lenguaje, las relaciones y lo qué es ser una persona. El judaísmo es una historia de cómo el amor que sentimos hacia otra persona nos conduce al amor a Dios y nos cubre con vestiduras de luz.

Noaj
נח

La iniquidad del hombre lleva a Dios a provocar un diluvio. Solo Noé es encontrado justo. Se le ordena que lleve a su familia y animales a un arca.

Solos, sobreviven al Diluvio. Después de que las aguas bajan, Noé emerge y ofrece un sacrificio a Dios. Dios luego hace un pacto, con toda la humanidad, a través de Noé, imponiendo mandamientos básicos y prometiendo no destruir nunca más el mundo con un diluvio. Noé planta una vid, hace vino y se emborracha. Una nueva generación de humanos aspira a construir una ciudad cuya torre llegará al cielo. Dios frustra su plan confundiendo su idioma. La *parashá* termina con una genealogía que hace el rastreo de las diez generaciones desde Sem, el hijo de Noé, y Abraham.

El primero de los siguientes ensayos analiza los límites de Noé como personalidad religiosa. El segundo, pregunta cuál fue el pecado de los constructores de Babel. El tercero, examina la base moral del pacto con Noé a la luz de los recientes descubrimientos científicos. El cuarto, explora la conexión interna entre las diferentes historias que conducen al llamamiento de Abraham.

Más Allá de la Obediencia

Noé es una de las figuras más atractivas de la Torá, y en ninguna parte ello es más evidente que en los primeros y últimos destellos que captamos de él en la *parashá* que lleva su nombre. La apertura está llena de expectativas:

> Noé era un hombre justo, (íntegro) entre sus contemporáneos. Noé andaba con Dios (6:9).

Nadie más en la Torá recibe tantos elogios; ni Abraham, ni Isaac, ni Jacob, ni Josef, ni Moisés ni Josué. Aún más, la última escena de su vida está llena de patetismo:

> Noé comenzó a labrar la tierra, y plantó una vid. Bebió el vino y se embriagó, y se desnudó en medio de su tienda. Cam, padre de Canaán, vio la desnudez de su padre y se lo contó a sus dos hermanos que estaban afuera. Entonces Sem y Jafet tomaron un manto, lo pusieron sobre sus hombros, y caminando hacia atrás cubrieron la desnudez de su padre. Como sus rostros estaban vueltos, no vieron la desnudez de su padre (9:20–23).

El decoro del comportamiento de Sem y Jafet no puede esconder la vergüenza que sintieron al saber que su padre, el único ser humano digno de ser rescatado durante el Diluvio – se había degradado.

¿Cómo había caído tan bajo un hombre tan grande?

Ésta es la pregunta a la que los sabios del midrash buscaron respuesta, y dado que el midrash juega un papel importante en estos ensayos, vale la pena explicarlo aquí. Midrash es el nombre dado generalmente a las tempranas interpretaciones rabínicas de la Torá. Algunos, llamados *midrash halajá,* tienen que ver con la ley judía y la forma en que se esta deriva del texto bíblico. Otros, generalmente conocidos como *midrash agadá* le dan cuerpo a la narrativa bíblica, agregando detalles no especificados en el texto, u ofreciendo alguna percepción sobre su sentido más profundo. A través del midrash, los sabios hicieron un puente a través del tiempo, del texto antiguo a la aplicación contemporánea. La pregunta tácita a la cual el midrash responde es "¿Qué es lo que estas palabras significan, no cuando fueron dichas o escritas por primera vez, sino para nosotros, aquí y ahora?" El midrash toma con absoluta seriedad la idea de que la Torá, en tanto palabra de Dios, que está más allá del tiempo, posee un mensaje para cada generación y cada época. Ésa es la razón por la que el midrash rara vez es simple o literal; es a menudo atrevido y radical, porque mucho ha cambiado a lo largo de los siglos entre Moisés y los días de los sabios. El Midrash implica escuchar en la palabra de Dios para *todos* los tiempos, Sus palabras para *este* tiempo.

Hay muchos comentarios midráshicos sobre Noé y su lugar en la historia de la fe, pero uno no tiene rival en su agudeza:

> Una vez que las aguas se calmaron, Noé debería haber dejado el arca. Sin embargo, Noé se dijo a sí mismo: "Entré con el permiso de Dios, como está dicho: "Entra en el arca" (7:1). ¿Debo ahora salir sin permiso?" El Santo, bendito sea, le dijo: "¿Lo que estás buscando, entonces es permiso? Muy bien, entonces aquí está el permiso", como está dicho: [Entonces Dios le dijo a Noé] "Sal del arca" (8: 17). Rabí Yehudá bar Ilai dijo: Si hubiera estado allí, hubiera derribado el arca y me hubiera sacado de allí a mí mismo[1].

1. Solomon Buber, comp., *Tanjuma,* Noé 13–14 (Vilna, 1885). Estoy en deuda por el

Para comprender este midrash uno debe leer cuidadosamente la historia del Diluvio, con el oído en el ritmo de la narrativa. La historia comienza rápidamente. Dios anuncia la inminente destrucción de la vida sobre la tierra, le ordena a Noé construir un arca, especificando sus medidas precisas. Siguen los detalles de lo que Noé debe tomar consigo –su familia, dos (o en el caso de los animales puros siete) de todas las especies de vida y provisiones. Llega la lluvia; la tierra es inundada; Noé y quienes están con él son los únicos sobrevivientes. La lluvia cesa y las aguas descienden.

Esperamos leer entonces que Noé emerge. En lugar de eso la narrativa se desacelera y casi no sucede nada durante catorce versículos. Las aguas retroceden. El arca descansa. Noé abre una ventana y envía un cuervo fuera. Después libera a una paloma y no halló la paloma dónde sentar la planta de su pie y volvió. Espera siete días y vuelve a enviarla. Regresa con una hoja de olivo. Transcurren otros siete días. Envía la paloma por tercera vez. Esta vez, no regresa, pero Noé aún no pisa tierra firme. Finalmente, Dios dice: "Sal del arca". Sólo entonces Noé sale. El midrash es inconfundible en su tono de exasperación. Cuando se trata de reconstruir un mundo destrozado, no esperas permiso.

¿Qué le dijo Noé a Dios cuando fue dado el decreto que el mundo debía perecer? ¿Qué dijo cuando se le dice que haga un arca para salvarse a sí mismo y a su familia? ¿Qué dice cuando empieza a llover? La respuesta es: nada. Durante toda la secuencia de eventos, no se informa que Noé diga una sola palabra. En cambio, leemos, cuatro veces, sobre su silenciosa obediencia:

"Y así lo hizo Noé; conforme a todo lo que Dios le había mandado, así hizo" (6:2"); "Y Noé hizo conforme a todo lo que el Señor le había mandado" (7:5); llevó las parejas de animales al arca "como Dios había ordenado a Noé" (7:9,16). Noé es el paradigma bíblico de la obediencia. Hace lo que le es mandado. Su historia nos dice que *obediencia no es suficiente.*

Este es un fenómeno extraordinario. Es razonable pensar que, en la vida de fe, la obedecían es la virtud más elevada. En el judaísmo no lo es. Una de las más extrañas características de la Torá es que a pesar

idea de este ensayo a mi maestro, el rabino Dr. Najúm Rabinovitch.

de contener 613 mandamientos, no existe una palabra para "obedecer". En su lugar, la Torá usa el verbo *shemá/lishmoa* "escuchar, oír, atender, comprender, internalizar, responder". Tan particular es esta palabra que la traducción de la Biblia de King James al inglés tuvo que inventar un equivalente en el término "*hearken*". La palabra está fuera de circulación actualmente y no hay una traducción exacta. Del mismo modo el hebreo moderno tuvo que inventar una palabra que signifique obediencia y eligió *letzayiet* (de la raíz *tz-u-tz)* – y no *lishmoa* que significa algo más, una respuesta reflexiva.

Dios, en el judaísmo, no exige obediencia ciega: *Ein Hakadosh Baruj Hu ba Betrunyia im briotav* "El Santo, bendito sea, no vapulea [*betrunyia*] a Sus criaturas"[2]. Si Dios no buscara más que una sumisión sin sentido a la voluntad divina, habría creado robots, máquinas o personas genéticamente programadas que respondan automáticamente a las órdenes como perros a la campanilla de Pavlov. Dios quiere que seamos maduros, deliberativos, que hagamos Su voluntad porque entendemos o porque confiamos en Él cuando no entendemos. Él busca de nosotros algo diferente y mayor que la obediencia, es decir la *responsabilidad*.

Intuitivamente, los sabios entendieron que el héroe de la fe no era Noé, sino Abraham: Abraham, que peleó una guerra para rescatar a su sobrino, que oró por la gente de la llanura a pesar de que sabía que eran malvados; Abraham, que desafió al cielo mismo con palabras inigualables en la historia del encuentro humano con Dios: "El Juez de toda la tierra ¿no hará justicia?" (18:25).

¿Qué no habría dicho un Abraham cuando se enfrentó a la posibilidad de un diluvio? "Tal vez haya cincuenta justos dentro de la ciudad; ¿en verdad *la* destruirás y no perdonarás el lugar por amor a los cincuenta justos que hay en ella? Lejos de ti hacer tal cosa: matar al justo con el impío, de modo que el justo y el impío sean *tratados* de la misma manera"(18:24–25). Abraham podría haber salvado al mundo. Noé se salvó solo a sí mismo y a su familia. Abraham pudo haber fallado, pero Noé, al menos según la evidencia del texto, ni siquiera lo intentó (sin duda, hay tradiciones midráshicas que lo intentó, pero la mayoría prefiere aceptar que no lo hizo). El fin de Noé – borracho, desgreñado,

2. *Avodá Zará* 3a.

una vergüenza para sus hijos – nos dice elocuentemente que, si te salvas a ti mismo sin hacer nada para salvar el mundo, tampoco te salvarás a ti mismo. Noé, según parece sugerir la narración, no podía vivir con la culpa de haber sobrevivido.

La diferencia entre Noé y Abraham es elocuentemente resumida en el comentario midráshico de Rabí Yehudá:

> "Noé andaba con Dios" – el significado de esta frase puede ser entendido a través de una parábola. Un rey tiene dos hijos, uno mayor, el otro un niño. Al niño le dice: camina conmigo. Pero al hijo adulto le dice: camina delante de mí.
>
> Así fue que Dios le dijo a Abraham: "anda delante de mí, y sé perfecto" (17:1). Pero acerca de Noé la Torá dice que "andaba con Dios" (6:9)[3].

Se necesita valor para reconstruir un mundo destrozado. Ese fue el coraje mostrado por aquellos que construyeron y lucharon por el Estado de Israel en los años posteriores al Holocausto. Fue el mismo tipo de coraje que llevó al puñado de sobrevivientes de los grupos jasídicos y de las yeshivot de Europa Oriental a reconstruir sus devastados mundos de sabiduría y piedad en Israel, Estados Unidos y otros lugares. Eran diferentes tipos de personas, pero compartían ese conocimiento intuitivo que le faltó a Noé: cuando se trata de reconstruir las ruinas de una catástrofe, no esperas permiso. Asumes el riesgo y sigues adelante. Fe es más que obediencia. Es el coraje de crear.

3. *Génesis Raba* 30:10.

Babel: Una Historia de Cielo y Tierra

Situada entre la prehistoria de la humanidad en su conjunto y el pacto particular con Abraham, la historia de la Torre de Babel es uno de los puntos de inflexión de la narrativa bíblica, fundamental para su visión acerca de lo que puede salir mal en civilizaciones y sociedades.

La historia en sí, contada en apenas nueve versículos, es una compacta obra maestra de virtuosismo literario y filosófico. Lo primero a tener en cuenta es que su trasfondo histórico es excepcionalmente preciso. La torre o el zigurat era el gran símbolo de las antiguas ciudades-estado mesopotámicas del valle inferior del Tigris-Éufrates, la cuna de la civilización. Fue allí donde los seres humanos se asentaron, establecieron la agricultura y construyeron ciudades por primera vez.

La Torá presta una inusual atención a lo que parece un dato periférico, uno de los grandes descubrimientos de Mesopotamia (junto con la rueda, el arco y el calendario) fue la capacidad de fabricar materiales de construcción, especialmente ladrillos hechos vertiendo arcilla en moldes, secándolos al sol y, finalmente, cociéndolos en hornos: "Y se dijeron unos a otros: Vamos, fabriquemos ladrillos y cozámoslos bien. Y usaron ladrillo en lugar de piedra, y asfalto en lugar de mezcla" (11:3). Ello posibilitó la construcción de edificios a gran escala alcanzando mayores alturas que hasta ese momento. De allí surgió el zigurat, un edificio escalonado de muchos pisos, que llegó a tener un profundo significado religioso.

Esencialmente estas torres, de las cuales han sido descubiertos los restos de al menos treinta, – eran "montañas sagradas" hechas por el hombre, siendo la montaña el lugar donde el cielo y la tierra visiblemente se encuentran. Las inscripciones decodificadas por arqueólogos, en varios de estos edificios, se refieren, como lo hace la Torá, a la idea de que su cima "llega al cielo": "Y dijeron: Vamos, edifiquémonos una ciudad y una torre cuya cúspide llegue hasta los cielos" (11:4). El más grande -el gran zigurat de Babilonia al que la Torá se refiere – era una estructura de siete pisos, trescientos pies de alto, con una base de aproximadamente las mismas dimensiones[1].

La historia de Babel no solo es históricamente precisa, también está captada a través de recursos literarios: anástrofes, juegos de palabras, ironías y dobles sentidos. Uno de los más magistrales es que las dos palabras clave, *l-v-n*, "ladrillo" y *n-v-l*", confundir", son inversiones precisas entre sí. Como sucede tan a menudo en la Torá, la técnica literaria está estrechamente relacionada con el mensaje moral o espiritual que se transmite. En este caso, el juego de palabras atrae la atención al fenómeno de la inversión en sí. Los resultados del comportamiento humano son a menudo lo contrario de lo que se pretendía. Los constructores querían concentrar a la humanidad en un solo lugar: "Construyamos una ciudad... y no seamos esparcidos sobre la faz de toda la tierra" (11:4). El resultado fue que "desde allí el Señor los esparció sobre la faz de toda la tierra" (11:8). Querían "hacerse un nombre" (11:4) para ellos mismos, y lo hicieron, pero el nombre que usaron – Babel – se convirtió en un símbolo eterno de confusión.

Su orgullo radicaba en su nueva capacidad tecnológica para construir edificios de una grandeza sin precedentes. No se dieron cuenta de que el mayor poder creativo es el lenguaje: un mensaje señalado en los versículos de apertura de la Torá con la grandiosa sencillez de la fórmula repetida "Y Dios dijo... y hubo". Lo sagrado para la Torá no es el poder, sino el uso que le damos, y esto está intrínsecamente

1. Pueden verse más detalles en Nahum M. Sarna, *Understanding Genesis: The world of the Bible in the Light of History* (New York: Schoken, 1970).

ligado al lenguaje – el medio en el que enmarcamos nuestros ideales, construimos posibilidades imaginativas y llamamos a otros a unirse a nosotros para concretarlos. La palabra es anterior al trabajo. Con una gran justicia poética, no fue un problema técnico el que llevó a los constructores a abandonar el proyecto, sino la pérdida de la habilidad de comunicarse.

Sin embargo, ¿cuál fue el pecado de los constructores? La narrativa marca esto a través de una serie de señales verbales. La primera es la frase con la que comienza y termina el episodio, *kol ha-aretz,* "toda la tierra". El episodio abre "era entonces toda la tierra una lengua" (11:1) y cierra, "de allí el Señor los esparció sobre la faz de toda la tierra" (11:9). Un recurso de encuadre de este tipo es muy importante. De hecho, la frase *kol ha-aretz* aparece cinco veces en los nueve versículos, y tres, cinco y especialmente siete repeticiones en un pasaje bíblico, señalan la presencia de un tema clave.

La segunda señal es la repetición de un fonema (una unidad básica de sonido) *sh-m,* como *sham* "allí" o *shem,* "nombre", aparece siete veces en el pasaje. Está claramente vinculado a la palabra *shamayim,* cielo – el lugar que los constructores intentaban alcanzar construyendo la torre. Los elementos temáticos de la narrativa quedan claros. Esta es una historia acerca de los cielos y la tierra – devolviéndonos a la escena de Génesis y su descripción de *shamayim y aretz.*

Una de las palabras mejor marcadas en ese relato es *tov,* "bueno", que aparece siete veces. Dios dice: "Haya", hay, y Dios ve "que es bueno". La creación en Génesis I no trata en primer lugar del poder de Dios, sino acerca de la bondad de Dios y el universo que Él hizo. En el contexto histórico, esta es una declaración extraordinaria. En su mayor parte, los antiguos veían el mundo como un lugar peligroso y amenazante, lleno de peligros, desastres, hambrunas e inundaciones. No tenían sentido general para ellos. Eran el resultado de poderes en conflicto, personificados como conflictos entre los dioses. La religión era un intento de afirmar el poder humano sobre estos elementos a través de la magia y el mito, o un escape místico del mundo hacia un nirvana privado del alma. Contrariamente, el judaísmo hizo la asombrosa afirmación de que el mundo es bueno. Es inteligible. No es el resultado de colisiones ciegas y mutaciones aleatorias, sino de una única voluntad creativa. Esto solo es suficiente para destacar al judaísmo como la más esperanzada de las religiones del mundo.

Sin embargo, hay otra palabra clave en la narrativa de la creación, la raíz *b-d-l*, "separar, distinguir, dividir", que aparece cinco veces en Génesis I: La bondad del universo en sí misma es una cuestión de orden, límite y distinciones. Dios separa los diferentes dominios (día 1, luz y oscuridad; día 2; las aguas superiores y las inferiores, día 3, la tierra y el mar); y llena a cada uno con sus objetos o formas de vida apropiados (día 4, sol y luna; día 5, aves y peces; día 6, animales terrestres y la humanidad). Esta idea fue tan importante para el judaísmo que tenemos una ceremonia especial, la *havdalá* (diferenciación, de *b-l-d-),* que marca el fin del Shabat y el comienzo de cada ciclo de los "seis días de la creación". Como Dios, comenzamos la creación con *havdalá*: haciendo, notando y consagrando la distinción.

Esto es fundamental para la visión judía del mundo. La bondad es orden; el mal es desorden, un acto o persona o entidad en el lugar errado. La palabra *jet,* pecado, deriva de un verbo que significa "errar en el objetivo". La palabra *averá,* como su equivalente español "transgresión", significa cruzar la frontera, entrar en territorio prohibido. Muchas de los *jukim,* o "estatutos" del judaísmo, se refieren al inculcar respeto al orden inherente del universo, de ahí no mezclar leche (vida) con carne (muerte), lana (un producto animal) con lino (un producto vegetal) o sembrar un campo con "clases mezcladas" de semillas.

La Creación en sí es vista como un lento emerger del orden a partir del caos. Esto, tal como lo marcó el físico Gerald Schroeder, está implícito en las palabras hebrea *erev* y *boker*: "Y fue la noche (*erev*) y fue la mañana (*boker*)" (1:5, 8, 13, 19, 23, 31): *Erev* en hebreo significa una mezcla indiferenciada de elementos; *Boker* deriva de una raíz que significa reflejar, contemplar, buscar claridad"[2]. Muchas de las investigaciones recientes en física, biología y cosmología han convergido en el descubrimiento que el nacimiento de las estrellas, los planetas y la vida en sí misma es un asunto de un lento surgimiento de sistemas

2. Gerald L. Schroeder, *Genesis and the Big Bang: The Discovery of Harmony between Modern Science and the Bible* (New York: Bantam, 1991), 97.

de orden cada vez más complejos que nadan, por así decirlo, contra la marea de la entropía.

Un universo ordenado es un universo pacífico en el que todas las formas del ser, inanimado, animado y humano, tiene su propio lugar. Violencia, injusticia y conflicto son formas de desorden: un incumplimiento del respeto de la integridad de cada ser viviente o cada persona (en el caso de la humanidad, donde "cada vida es como un universo")[3]. Ese era el estado del universo antes del Diluvio, cuando "toda carne había corrompido su camino en la tierra" (6:12).

Esto no es una idea abstracta. En el mundo del mito, contra el cual el judaísmo es una protesta continua, los límites no son respetados. Hay allí seres humanos que son como dioses, y dioses que son como humanos. Hay extraños híbridos mitológicos – como la esfinge, medio animal, medio humana. El éxtasis religioso suele ir acompañado por una ruptura ceremonial de diversas formas de fronteras. Para la mente judaica esto es paganismo, y nunca es moralmente neutral. Dios crea orden; el hombre crea el caos... y el resultado es inevitablemente destructivo.

El límite más fundamental es el que se creó primero: la diferenciación entre "cielo" y "tierra". Dios no ha sido concebido de una manera tan radicalmente trascendente nunca antes ni desde entonces, excepto entre las religiones o culturas influenciadas por el judaísmo. Dios no se identifica con ninguna cosa en la tierra. "Los cielos son los cielos del Señor", dice el salmista, "y ha dado la tierra a los hijos de los hombres" (Salmos 115:16). Esta división ontológica es fundamental. Dios es Dios; la humanidad es la humanidad. Las fronteras no pueden desdibujarse.

Ese fue el pecado de los constructores de la torre. Su aspiración de "alcanzar el cielo" (11:4) era ridícula, y de hecho la Torá se burla de ella. Piensan que su construcción, de trescientos pies de altura, ha llegado al cielo, mientras que Dios tiene que "bajar" para mirarla (en general, lo único que hace reír a Dios en la Torá son las pretensiones de los seres humanos cuando se creen divinos).

Sin embargo, fue peor que ridículo. El Netziv (R. Naftalí Zvi Yehuda Berlín, 1817–1893), escribiendo en la Rusia zarista y previendo proféticamente los peores excesos del comunismo, ve a Babel como el

3. Mishná, *Sanedrín*, 4:5.

primer totalitarismo, en el que, al preservar a las masas como una sola entidad, suprime toda libertad de expresión (ese, para él, es el significado de "El mundo entero tenía un idioma y una sola lengua"). Embriagados por su destreza tecnológica, los constructores de Babel creían que se habían transformado en dioses y ahora podrían construir su propia cosmópolis, su universo en miniatura creado por el hombre[4]. No contentos con la tierra, querían construir una morada en el cielo. Es un error que muchas civilizaciones han cometido, y el resultado es una catástrofe.

En los tiempos modernos, la reinterpretación de Babel está más claramente asociada con el nombre de Nietzsche (1844–1890), quien, durante los últimos diez años de su vida, estaba clínicamente desequilibrado, pero poco antes de su colapso final tuvo una visión de pesadilla que se ha hecho justamente famosa:

> "¿No habéis oído hablar de ese hombre loco que, en pleno día, encendía una linterna y echaba a correr por la plaza pública, gritando sin cesar, "busco a Dios, busco a Dios"?... "¿Dónde se ha ido Dios? Yo os lo voy a decir", les gritó. ¡Nosotros lo hemos matado, vosotros y yo! ¡Todos somos sus asesinos!... ¡Dios ha muerto y nosotros somos quienes lo hemos matado! ¿Cómo nos consolaremos, nosotros, asesinos entre los asesinos? Lo que el mundo poseía de más sagrado y poderoso se ha desangrado bajo nuestro cuchillo. ¿Quién borrará de nosotros esa sangre?... ¿No es excesiva para nosotros la grandeza de este acto? ¿No estamos forzados a convertirnos en dioses, al menos para parecer dignos de los dioses?"[5].

Como señaló George Steiner, hubo menos de tres cuartos de siglo entre Nietzsche y el Holocausto, entre su visión del asesinato de Dios y el intento deliberado y sistemático de asesinar al "pueblo de Dios" (Hitler llamó a la conciencia "una invención judía")[6].

---

4. Netziv, *Haamek Davar a* –Génesis, *11:1–9.*
5. Friedrich Nietzsche, *La Gaya Ciencia*. Ediciones Bronte, 2019. Págs: 131–132. Barcelona, España.
6. George Steiner, *In Bluebeard's Castle: Some Notes Towards the Redefinition of Culture*

Cuando los seres humanos intentan volverse más que humanos, se convierten rápidamente en menos que humanos. Como señaló Lord Acton, incluso la gran ciudad-estado de Atenas que produjo a Sócrates, Platón y Aristóteles, se autodestruyó cuando "la posesión de un poder ilimitado, que corroe la conciencia, endurece el corazón y confunde el entendimiento de monarcas, ejerció su influencia desmoralizadora". Lo que salió mal en Atenas, escribe, fue la creencia de que "no hay ley superior a la del Estado – el legislador está por encima de la ley"[7].

Sólo cuando Dios es Dios el hombre puede ser hombre. Eso significa mantener el cielo y la tierra diferenciados, organizando la última bajo la soberanía consciente del primero. Sin esto, hay poco que pueda evitar que los seres humanos sacrifiquen a muchos por el bien de unos pocos, o pocos por el bien de muchos. Solo el respeto por la integridad de la creación impide que los seres humanos se autodestruyan. La humildad en presencia del orden divino es nuestra última y mejor salvaguardia contra la humanidad que se arroga a sí misma poder sin restricción, poder sin derecho. Babel fue la primera civilización, pero lamentablemente no la última en empezar con un sueño de utopía y terminar en una pesadilla del infierno. Un mundo de *tov*, bueno, es un mundo de *havdalá*, de fronteras y límites. Aquellos que cruzan esas fronteras y transgreden estos límites se hacen un nombre, pero el nombre que hacen es Babel, que significa caos, confusión y la pérdida de ese orden que es una condición previa tanto de la naturaleza – el mundo que Dios crea – como de la cultura – el mundo que nosotros creamos.

(New Haven, CA: Yale University Press, 1971).

7. Lord Acton, *Essays in the History of Liberty*, (Indianapolis: Liberty Classics, 1986).

La Objetividad de la Moralidad

Durante algún tiempo, en círculos seculares, parecía absurda la idea de una base objetiva para la moral. La moralidad es lo que elegimos que sea. Somos libres de hacer lo que queramos siempre que no dañemos a los demás. Los juicios morales no son verdades sino elecciones. No hay forma de pasar de "es" a "debería", de la descripción a la prescripción, de los hechos a los valores, de la ciencia a la ética. Esta fue la sabiduría aceptada por la filosofía durante un siglo después que Nietzsche había abogado por el abandono de la moralidad, que él veía como producto del judaísmo, a favor de la "voluntad de poder"[1].

Recientemente, sin embargo, se ha dado una base científica completamente nueva a la moralidad desde dos direcciones sorprendentes: el neodarwinismo por un lado y la Teoría del Juego, la rama de las matemáticas conocida que estudia las decisiones en las que para que un individuo tenga éxito tiene que tener en cuenta las decisiones tomadas por el resto de quienes intervienen en la situación, por el otro. Como veremos, el descubrimiento está íntimamente relacionado con la historia de Noé y el pacto hecho entre Dios y la humanidad después del Diluvio.

1. Nietzsche argumentó esto en sus libros, *La Gaya Ciencia*, *Así habló Zaratustra* y *Más allá del Bien y del Mal.*

La Teoría del Juego fue inventada por John von Neumann (1903–1957) una de las mentes más brillantes del siglo XX. Neumann se dio cuenta de que los modelos matemáticos utilizados en economía no eran realistas y no reflejaban la forma en que se toman las decisiones en el mundo real. La elección racional no es simplemente una cuestión de sopesar alternativas y decidir entre ellas. La razón es que el resultado de nuestra decisión a menudo depende de cómo reaccionan otras personas y, por lo general, no podemos saberlo de antemano. La Teoría del Juego, que Von Neumann inventó en 1944, fue un intento de producir una representación matemática de la elección en condiciones de incertidumbre. Seis años después, desarrolló su paradoja más famosa, conocida como el Dilema del Prisionero.

Imagina dos personas, arrestadas por la policía bajo sospecha de haber cometido un delito. No hay pruebas suficientes para condenarlas por una acusación grave; sólo hay pruebas suficientes para castigarlas por un delito menor. La policía decide alentar a cada una a declarar contra la otra. Los separan y les hacen la siguiente propuesta: si testifica contra el otro sospechoso, saldrá libre y él será encarcelado por diez años. Si él testifica contra ti y tú te quedas callado, serás condenado a diez años de prisión, y él quedará en libertad. Si ambos testifican el uno contra el otro, cada uno recibirá una sentencia de cinco años. Si ambos permanecen en silencio, cada uno será condenado por el cargo menor y enfrentará una sentencia de un año.

No lleva mucho tiempo comprender que la estrategia óptima para cada uno es declarar contra el otro. El resultado es que cada uno será encarcelado durante cinco años. La paradoja es que el mejor resultado sería si ambos guardan silencio. Entonces solo enfrentarían un año de prisión cada uno. La razón por la que ninguno optará por esta estrategia es que depende de colaboración. Sin embargo, dado que cada uno es incapaz de saber qué está haciendo el otro ya que no hay comunicación entre ellos, no pueden tomar el riesgo de guardar silencio. El Dilema del Prisionero es notable porque muestra que dos personas, ambas actuando racionalmente, producirán un resultado que es malo para ambos.

Hay, sin embargo, otra posibilidad: la razón para la paradoja es que los dos prisioneros se encuentran sólo una vez en esta situación. Si los prisioneros sabrían que volverían a estar en esta situación, podrían eventualmente elaborar un resultado cooperativo.

Mientras tanto, los biólogos estaban luchando con un fenómeno que desconcertó a Darwin. La teoría de la selección natural, conocida popularmente como la supervivencia de los más fuertes, sugiere que los individuos más despiadados de cualquier población sobrevivirán y transmitirán sus genes a la siguiente generación. Sin embargo, casi todas las sociedades han observado individuos valiosos que son altruistas, que sacrifican su propia ventaja para ayudar a los demás. Parece haber una contradicción directa entre estos dos hechos.

El Dilema del Prisionero sugiere una respuesta. El interés personal individual a menudo produce malos resultados. Cualquier grupo que aprenda a cooperar, en lugar de competir, tendrá una ventaja en relación con los demás. Pero como demuestra el dilema del prisionero, se necesitan encuentros repetidos para que tal cooperación se desarrolle – el llamado "Dilema del Prisionero Iterado".

A finales de la década de los noventa, se anunció un concurso para encontrar el programa informático que mejor se adaptaba para jugar contra sí mismo y otros oponentes al Dilema del Prisionero Iterado. El programa ganador fue diseñado por un canadiense, Anatol Rapoport, y fue llamado *Tit-for-Tat-* y en español Toma y Daca. Fue deslumbrantemente simple: comenzaba cooperando y luego repetía el último movimiento de su oponente, trabajando en la regla de "Lo que me hiciste, te haré a ti" o "medida por medida". Esta fue la primera vez un principio moral tenía una demostración científica.

Lo fascinante de esta cadena de descubrimientos es que refleja precisamente el principio central del pacto que Dios hizo con Noé.

> "Quien vertiere sangre de hombre, por otro hombre será su sangre vertida, porque a imagen de Dios hizo Él al hombre" (9:6).

Esto es medida por medida (en hebreo, *midá kenegued midá*), o justicia retributiva: como lo hagas, así se te hará. De hecho, la Torá utiliza un sutil recurso poético para enfatizar el punto. Las seis palabras en que se enuncia el principio son una imagen en espejo entre sí: [1] derrama [2] la sangre [3] del hombre, [3a] por el hombre [2a] será su sangre

[1a] derramada. Este es un ejemplo perfecto de estilo que refleja la sustancia: lo que se hace para nosotros es un reflejo de lo que hacemos. El hecho extraordinario es que el primer principio moral establecido en la Torá es también el primer principio moral demostrado científicamente en la historia. *Toma y Daca* es el equivalente informático de justicia (retributiva): Quien derrama la sangre de un hombre, por un hombre su sangre sea derramada.

La historia tiene una secuela. En 1989, el matemático polaco Martin Nowak produjo un programa que supera a Toma y Daca. Lo llamó Altruismo. Superó una debilidad de Toma y Daca, es decir, que cuando te encuentras con un oponente particularmente desagradable, te ves arrastrado a un potencial ciclo interminable y destructivo de represalias, lo que es malo para ambas partes. Altruismo, evitó esta posibilidad olvidando aleatoria pero periódicamente el último movimiento de su oponente, permitiendo así a la relación empezar de nuevo. Lo que Nowak había producido, de hecho, era una simulación de *perdón* por computadora.

Una vez más, la conexión con la historia de Noé y el Diluvio es directa. Después del Diluvio, Dios juró: "Nunca más volveré a maldecir la tierra por causa del hombre, porque la intención del corazón del hombre es mala desde su juventud; nunca más volveré a destruir todo ser viviente como lo he hecho" (8:21). Este es el principio del perdón divino.

Así, los dos grandes principios del pacto Noájida también son los dos primeros principios establecidos mediante simulación por ordenador. Después de todo hay una base objetiva para la moralidad. Se apoya en dos ideas claves: justicia y perdón, o lo que los sabios llamaban *midat haDin y midat rajamim*. Sin estos, ningún grupo puede sobrevivir a largo plazo.

En una de las primeras grandes obras de la filosofía judía: *Séfer ha-Emunot ve-ha-Deot* (El Libro de Creencias y Opiniones) – R. Saadia Gaon (882–942) explicó que las verdades de la Torá pueden establecerse mediante la razón. Entonces, ¿por qué era necesaria la revelación? Porque a la humanidad le toma tiempo llegar a la verdad, y hay muchos deslices y trampas en el camino. Pasaron más de mil años después de R. Saadia Gaón para que la humanidad demostrara las verdades morales fundamentales que se encuentran en la base del pacto de Dios con la humanidad: que la cooperación es tan necesaria como la competencia, que la cooperación depende de la confianza, que la confianza requiere justicia, y que la justicia misma es incompleta sin perdón. La moralidad no es simplemente lo que elegimos que sea. Es parte del tejido básico del cosmos, revelado a nosotros hace mucho tiempo por el Creador del universo.

Drama en Cuatro Actos

La *parashá* de Noé cierra los once capítulos que preceden al llamado a Abraham y el comienzo de la relación especial entre él y sus descendientes y Dios. Durante estos once capítulos, la Torá da protagonismo a cuatro historias: Adán y Eva, Caín y Abel, Noé y la generación del Diluvio y la Torre de Babel. Cada una de estas historias envuelve una interacción entre Dios y humanidad. Cada una representa un paso más en la madurez de la humanidad. Si seguimos el curso de estas historias, podemos descubrir una línea evolutiva en la narrativa de la evolución de la humanidad, una conexión que va más allá de la cronología.

La primera historia trata sobre Adán y Eva y el fruto prohibido. Una vez que han comido y descubierto la vergüenza, Dios les pregunta qué han hecho:

> "Y *Dios le* dijo: ¿Quién te ha hecho saber que estabas desnudo? ¿Has comido del árbol del cual te mandé que no comieras?
>
> Y el hombre respondió: La mujer que tú me diste por compañera me dio del árbol, y yo comí. Entonces el Señor Dios dijo a la mujer: ¿Qué es esto que has hecho? Y la mujer respondió: La serpiente me engañó, y yo comí" (3:11–13).

Enfrentado a la falla primaria, el hombre culpa a la mujer, la mujer culpa a la serpiente. Ambos niegan la *responsabilidad* personal: no fui yo; no fue mi culpa. Este es el nacimiento de lo que hoy se llama la cultura de la víctima.

El segundo drama trata sobre Caín y Abel. Ambos traen ofrendas. Se acepta la de Abel, no la de Caín; por qué esto es así, no es relevante aquí[1]. En su ira, Caín mata a Abel. De nuevo hay un intercambio entre un humano y Dios:

> "Entonces el Señor dijo a Caín: ¿Dónde está tu hermano Abel?
>
> Y él respondió: No sé. ¿Soy yo acaso guardián de mi hermano?
>
> Y Él le dijo: ¿Qué has hecho? La voz de la sangre de tu hermano clama a mí desde la tierra" (4:9–10).

Una vez más el tema es la responsabilidad, pero en un sentido diferente. Caín no niega la responsabilidad *personal*. No dice: "No fui yo". Niega la responsabilidad *moral*. "No soy el guardián de mi hermano". No soy responsable de su seguridad. Sí, lo hice porque me dio la gana. Caín no ha aprendido aún la diferencia entre "yo puedo" y "me corresponde".

La tercera es la historia de Noé. Noé es presentado con gran expectativa: "Él nos consolará" (5:29), dice su padre Lemej, dándole su nombre. Este es el que redime el fracaso del hombre, ofrece consuelo por "la tierra que Dios maldijo". Sin embargo, aunque Noé es un hombre justo, no es un héroe. Noé no salva a la humanidad. Se salva solo a sí mismo, a su familia y los animales que lleva consigo en el arca. El Zohar lo contrapone desfavorablemente con Moisés: Moisés oró por su generación, Noé no. Al final, su incapacidad de responsabilizarse por los demás también lo disminuye: en la última escena lo vemos borracho y expuesto en su tienda. En palabras del Midrash, "se profanó a sí mismo y fue profanado"[2]. Uno no puede ser el único sobreviviente y aún sobrevivir. *Sauve-quipeut* ("sálvese quien pueda") no es un principio del

---

1. Ver el ensayo "*Violencia en nombre de Dios*" para más detalles sobre Caín y Abel.
2. *Génesis Raba* 36:3.

judaísmo. Tenemos que hacer lo que podamos para salvar a los demás, no solo a nosotros mismos. Noé fracasó en la prueba de la responsabilidad *colectiva.*

La cuarta es la enigmática historia de la Torre de Babel. El pecado de sus constructores no está claro, pero se indica mediante dos palabras clave en el texto. La historia está enmarcada, al principio y al fin, con la frase *col haaretz,* "toda la tierra" (11:1,8). En el medio, hay una serie palabras que suenan parecidas: *sham* (allí), *shem* (nombre) y *shamayim* (cielo). La historia de Babel es un drama sobre las dos palabras clave de la primera frase de la Torá: "En el principio, Dios creó el cielo (*shamayim*) y la tierra (*aretz*)" (1:1). El cielo es el dominio de Dios; la tierra es el dominio del hombre. Al intentar construir una torre que "alcanzaría el cielo", los constructores de Babel eran hombres que intentaban ser como dioses.

Esta historia parece tener poco que ver con la responsabilidad y centrarse en un tema diferente al de las tres primeras. Sin embargo, no en vano la palabra responsabilidad sugiere responsa-habilidad, capacidad de respuesta. El equivalente hebreo, *ajrayut,* proviene de la palabra *ajer,* que significa otro. La responsabilidad es siempre una respuesta a algo o alguien. En el judaísmo, significa respuesta al mandato de Dios. Al intentar llegar al cielo, los constructores de Babel estaban diciendo en efecto: vamos a tomar el lugar de Dios. No vamos a responder a Su ley o respetar Sus límites, no vamos a aceptar Su Alteridad. Vamos a crear un entorno donde nosotros gobernamos, no Él, donde el Otro es reemplazado por el Yo. Babel es el fracaso de la responsabilidad *ontológica*: la idea de que algo más allá de nosotros nos llama.

Lo que vemos en Génesis 1–11 es un drama de cuatro actos excepcionalmente construido sobre el tema de la responsabilidad y el desarrollo moral, que presenta a la maduración de la humanidad, como un eco de la maduración del individuo. Lo primero que aprendemos de niños es que nuestros actos están bajo nuestro control (responsabilidad personal). Lo siguiente es que no todo lo que *podemos* hacer, *tenemos* que hacer (responsabilidad moral). La siguiente etapa es darnos cuenta de que tenemos un deber no solo para con nosotros mismos, sino para con quienes sobre ellos tenemos una influencia (responsabilidad colectiva). Por último, aprendemos que la moral no es una mera convención humana, sino que está escrita en la estructura de la existencia. Hay un Autor del ser, por lo tanto, hay una Autoridad más allá de la humanidad a quien, cuando actuamos moralmente, respondemos (responsabilidad ontológica).

Esta es psicología evolutiva tal como la conocemos a través del trabajo de Jean Piaget, Eric Erikson, Lawrence Kohlberg y Abraham Maslow. La sutileza y profundidad de la Torá es notable. Fue el primer texto, y sigue siendo el más importante, sobre la condición humana y nuestro crecimiento psicológico del instinto a la conciencia, del "polvo de la tierra" al agente moralmente responsable que la Torá llama "la imagen de Dios".

Lej Lejá
לך לך

En respuesta al llamado de Dios, Abraham y Sara comienzan su viaje hacia una nueva tierra y un nuevo tipo de fe, que a partir de entonces se convertirá en el contexto de todo el drama judío. Hay retrocesos iniciales. Hay hambruna y tienen que marcharse. Hay una disputa entre Abraham y su sobrino Lot, y se separan. Lot es capturado en una guerra local y Abraham tiene que librar una ofensiva para liberarlo. Dios hace un pacto con Abraham, quien todavía no tiene hijos. Tiene un hijo de Hagar, la sierva de Sara, pero Dios le dice que este no es el heredero de la alianza. La señal del pacto es la circuncisión.

El primero de los siguientes ensayos trata sobre el nuevo camino que traza Abraham por medio de la responsabilidad: la respuesta humana al llamado divino. El segundo analiza las dimensiones del viaje y los múltiples significados de la expresión *Lej Lejá*. El tercero habla sobre padres e hijos y la paradoja de la continuidad y el cambio. El último trata sobre la larga demora que Abraham y Sara deben soportar antes de tener un hijo, y lo que ello implica para nuestra comprensión de la fe.

El Largo Caminar Hacia la Libertad

Hemos llegado al punto decisivo del libro del Génesis. Antes de Abraham, los cuatro dramas del Génesis se ocupan de la evasión y abdicación de la responsabilidad. Adán niega la responsabilidad personal. Caín niega la responsabilidad moral. Noé fracasa en la prueba de la responsabilidad colectiva. Babel fue un rechazo de la responsabilidad ontológica, la idea de que el imperativo ético proviene de una fuente más allá del yo[1]. Abraham representa el punto de inflexión, ofreciendo un contrapunto a los fracasos anteriores.

A diferencia de Adán, Abraham acepta la responsabilidad personal, atiende la palabra de Dios y emprende un viaje en acatamiento al llamado divino. Adán es desterrado del Edén contra su voluntad. Abraham sufre una especie de exilio voluntario, despidiéndose de lo familiar en busca de lo desconocido, guiado únicamente por la voz de Dios.

A diferencia de Caín, acepta la responsabilidad moral y rescata a su sobrino Lot de la guerra. Es el guardián de su hermano, más precisamente el hijo de su hermano, el mismo principio que Caín negó. Abraham sabe que tenemos deberes no solo con nosotros mismos sino con los demás. Este es el sentido moral.

1. Ver el capítulo anterior.

En contraste con Noé, acepta la responsabilidad *colectiva*. Implora por los habitantes de Sodoma, aunque sabe que son pecadores, con el argumento de que entre ellos puede haber personas inocentes y justas. No son sus hermanos, no son sus parientes, no son parte de su pacto específico con Dios, pero son seres humanos, y Abraham siente el imperativo de orar e incluso de discutir con Dios, por ellos.

En contraste de los constructores de Babel, él entiende la responsabilidad *ontológica*, el deber del ser humano de responder a la otredad y al mandato de Dios. Ésta es la base de la mayor de sus pruebas, su disposición a sacrificar incluso a su hijo si Dios así lo ordena. Abraham sabe que somos "polvo y ceniza" (18:27) ante el Infinito. No intenta construir una torre hacia el cielo; su tarea es acatar la voluntad del cielo en la tierra.

Abraham es un nuevo tipo humano: la persona cuya vida es una respuesta al llamado de Dios. Hasta ahora, con la excepción de Noé, nos hemos encontrado con seres humanos para quienes el mandato de Dios es una restricción de la que tratan de liberarse, a través de la violencia en el caso de Caín, y la generación del Diluvio y por el hibris en el caso de los constructores de Babel. Abraham es diferente. Para él, el mandato es la vida misma. Dios habla; Abraham escucha y actúa, sin resistencia por un lado y con orgullo por el otro. Su vida es una respuesta a la pregunta de Dios; su realidad es vivida en la presencia consciente de la voluntad divina.

Con Abraham nace una nueva fe: la fe de la responsabilidad, en la que el mandato divino y el acto humano se encuentran y dan nacimiento a un nuevo y bendito orden, construido sobre los principios de la rectitud y la justicia. El judaísmo es primordialmente una religión de libertad, no la libertad en el sentido moderno, la capacidad de hacer lo que *queremos*, sino en el sentido ético de la capacidad de elegir hacer lo que *debemos*, convertirnos en co-arquitectos de Dios para un orden social justo y amable. Lo primero conduce a una cultura de derechos, lo segundo a una cultura de responsabilidades: *la libertad como responsabilidad*.

El advenimiento de Abraham no fue un pequeño punto de inflexión. Los seres humanos han atribuido sus desgracias a factores distintos a la voluntad humana y al "yo responsable"[2], casi todo el tiempo

2. La frase fue tomada de Reinhold Niebuhr, *The Responsible Self*, (New York: Harper

del que contamos con pruebas documentales. En gran medida, todavía lo hacen hoy. En el pasado, los hombres culpaban a las estrellas, al destino, las furias, los dioses. Hoy culpan a sus padres, su entorno, sus genes, el sistema educativo, los medios de comunicación, los políticos y, cuando todo lo demás falla, a los judíos.

Hay una broma judía que expone el deseo de escapar de la responsabilidad mejor que cualquier tratado filosófico: durante un año, el rabino Cohen ha estado ocupado en enseñar a su rebelde salón de clase el libro de Josué. Nadie le ha prestado mucha atención, por lo que hace que el examen de fin de año sea lo más fácil posible. Le pregunta a Marvin, al fondo del salón, "¿Quién destruyó los muros de Jericó?" Marvin responde: "Yo no fui, señor, por favor". Escandalizado, informa de esto a los padres de Marvin. En lugar de disculparse, responden indignados: "Si Marvin dice que no fue él, entonces él no fue". Desesperado, acude al presidente de la congregación y le cuenta la historia. El presidente lo escucha, abre su cajón, saca su talonario de cheques, escribe en él y dice: "Aquí hay mil dólares. Repara las paredes y deja de quejarte".

La nuestra es una época de "Yo no fui, señor, por favor". En un famoso caso judicial estadounidense, el abogado que defendía a dos hombres jóvenes que asesinaron a sus padres, afirmó que eran inocentes con el argumento de que sus padres habían sido abusivos psicológicamente. En otro, el abogado argumentó que su cliente no tenía la culpa de su violencia, porque lo que había comido lo excitó. Esto se conoció como la "defensa de la comida chatarra"[3].

Vivimos en lo que se llama la *cultura de la victimización.*

Hoy en día, para ganar simpatía por tu causa, debes identificarse como víctima. Esto tiene ventajas abrumadoras. Las personas muestran empatía con tu situación, te brindan apoyo y evitan criticar tus acciones. Sin embargo, hay tres inconvenientes: es falso, es corruptivo y es una negación de la humanidad. Una víctima es un objeto, no un sujeto; es un hecho, no una persona activa. Él o ella niegan sistemáticamente la

---

& Row, 1963). Ver también Jonathan Sacks, *To Heal a Fractured World: the Ethics of Responsibility,* (London: Continuum, 2005); New York: Schocken, 2005.

3. Ver James Q. Wilson, *Moral Judgment: Does the Abuse Excuse threaten our Legal System?* (New York: Basic Books, 1997).

responsabilidad, y aquellos que desean ayudar solo prolongan la negación. Se convierten en lo que se conoce en la terapia de adicciones como co-dependientes. La cultura de la victimización perpetúa la condición de victimismo al localizar la causa de la difícil situación de alguien en factores externos a la persona. En lugar de ayudar al prisionero a salir de la cárcel, lo encierra y arroja la llave lejos.

El llamado de Dios a Abraham – "Deja tu tierra, tu lugar de nacimiento y la casa de tu padre" (11:2) – fue un llamado a trazar un camino nuevo y diferente, el más fatídico y al mismo tiempo el más esperanzador de la historia de la humanidad. La mejor descripción de ello es el título de la autobiografía de Nelson Mandela: *Un largo Caminar hacia la Libertad.*

Para la Torá son fundamentales dos libertades: la libertad de Dios y la libertad de los seres humanos. En el judaísmo, Dios no es una fuerza impersonal. Actúa, ya sea en la creación, la revelación o la redención, sobre la base de la elección y no de la necesidad. Él también nos dotó de opciones, al elegir hacer a la humanidad a Su propia imagen. No existe el destino o la predestinación. "Llamo al cielo y a la tierra por testigos", dijo Moisés: "Al cielo y a la tierra pongo hoy como testigos contra vosotros de que he puesto ante ti la vida y la muerte, la bendición y la maldición. Escoge, pues, la vida para que vivas " (Deuteronomio 30:19).

Alasdair MacIntyre señaló una vez, que hay dos clases de ateos: uno que no cree en Dios y otro para quien el ateísmo en sí mismo es un tipo de religión[4]. Algunos de los mejores ejemplos de esto último fueron judíos perdidos, convertidos o no creyentes, los más famosos fueron Spinoza, Marx y Freud. En lugar de negar simplemente las verdades del judaísmo, se propusieron proveer alternativas sistemáticas. Cada uno buscaba demostrar que no somos libres. El hombre es un animal predecible. Nuestra naturaleza y nuestro carácter están sujetos a leyes cuasi científicas. Existe una ciencia del comportamiento humano como existe una ciencia de los átomos. La historia, personal o colectiva, es una forma de inevitabilidad. Somos lo que somos porque no podríamos ser de otro modo.

Sin saberlo, estos tres proporcionan el mejor comentario sobre el versículo inicial de *Parashat Lej Lejá*. En el corazón del triple llamamiento

---

4. Alasdair MacIntyre, "*God and the Theologians*", en *Against the Self-Images of the Age: Essays on Ideology and Philosophy,* (University of Notre Dame Press, 1978), 12–26.

de Dios se encuentra un llamado a una vida de libertad radical, que es la protesta viva del judaísmo contra estos enfoques.

Marx dijo que el hombre es un producto de las fuerzas sociales, ellas mismas moldeadas por los intereses de la clase dominante, los dueños de la propiedad, de cual la más significativa es la tierra. Por tanto, Dios le dijo a Abraham: *Deja tu tierra.*

Spinoza dijo que el hombre está hecho por instintos innatos y pulsiones biológicas dadas por el nacimiento, postulando un determinismo genético. En consecuencia, Dios le dijo a Abraham: *Deja las circunstancias de tu nacimiento.*

Freud dijo que somos como somos por los traumas de la infancia, la influencia de nuestros primeros años, nuestras relaciones y rivalidades con nuestros progenitores, especialmente con nuestro padre. Por tanto, Dios le dijo a Abraham: *Sal de la casa de tu padre.*

La libertad no es un hecho dado de la situación humana. Como los otros distintivos logros del espíritu – arte, literatura, música y poesía – necesita de entrenamiento, disciplina, aprendizaje, las rutinas más exigentes y la más minuciosa atención a los detalles. Nadie compuso una gran novela o una sinfonía sin años de preparación. Es por eso que la mayoría de las teorías del comportamiento humano son simplemente falsas. Afirman que somos libres o no; o tenemos elección o nuestro comportamiento está determinado causalmente. La libertad no es una cosa u otra. Es un proceso. Comienza con la dependencia y solo lenta y gradualmente, se convierte en libertad, en la capacidad de alejarse de las presiones e influencias que operan sobre nosotros y actuar en respuesta a la conciencia educada, el juicio, la sabiduría y la capacidad de lidiar con problemas morales complejos. Es, en definitiva, un recorrido: el viaje de Abraham.

Ese es el significado profundo de las palabras *Lej Lejá*. Normalmente se traducen como "Anda, vete, viaja". Lo que realmente quieren decir es: anda (*lej*) hacia ti mismo (*lejá*). Deja atrás todas las influencias externas que te convierten en víctima de las circunstancias fuera de tu control y viaja hacia adentro, hacia el yo. Es allí, sólo allí, donde nace, se practica y se sustenta la libertad.

Un Nuevo Tipo de Héroe

Dios le dijo a Abraham: "Deja tu tierra, tu lugar de nacimiento y la casa de tu padre, y ve a la tierra que te mostraré" (Génesis 12:1).

Estas palabras se encuentran entre las más trascendentes en la historia de la humanidad. Con ellas nació una nueva fe que ha durado dos tercios del curso de la civilización y hoy sigue siendo joven y vigorosa. Abraham no solo dio lugar a lo que ahora se conoce como judaísmo, sino que también fue la inspiración de otras dos religiones. Tanto el cristianismo como el islam se remontan a su descendencia, biológica o espiritual, y ahora sus seguidores suman más de la mitad de los seis mil millones de personas que viven sobre la faz de la tierra.

Nunca ha habido nadie como Abraham, sin embargo, la Torá es excepcionalmente escueta en su relato acerca de él. De niños quizás hayamos aprendido que fue el primer iconoclasta, la persona que, siendo aún joven, rompió los ídolos en la casa de su padre. Pero se trata de un midrash, una tradición que se infiere de las sugerencias del texto bíblico más que de una afirmación explícita. La presentación real de Abraham en la Torá no se ajusta a ninguna imagen convencional del héroe religioso. No es, como Noé, el superviviente de un mundo que se precipita hacia su destrucción y el progenitor de un nuevo orden humano. No es como Moisés, un legislador y libertador. No es, como los profetas posteriores, un hombre que se pasa la vida enfrentando reyes, luchando con sus contemporáneos y "hablando al poder con la verdad".

Sin duda, es un hombre de virtud ejemplar. Acoge a los extranjeros y les da de comer. Lucha una batalla para rescatar a su sobrino Lot. Suplica por Sodoma en uno de los mayores diálogos de la literatura religiosa. Espera pacientemente a un hijo y luego, cuando le llega la orden, está dispuesto a ofrecerlo como sacrificio, solo para descubrir que el Dios no quiere de verdad que sacrifiquemos a nuestros hijos, sino que los cuidemos. Pero si nos pidieran que lo caracterizáramos con adjetivos, las palabras que nos vienen a la mente (gentil, afectuoso, amable) no son las que generalmente se asocian con el fundador de una nueva fe. Son el tipo de atributos a los que cualquiera de nosotros podría aspirar. Ninguno de nosotros puede ser un Abraham, pero todos podemos tomarlo como modelo. Quizás esa sea la lección más profunda de todas. En *Sinceridad y Autenticidad*, Lionel Trilling hizo el siguiente comentario:

> No todas las culturas desarrollan la idea de lo heroico. Una vez tuve ocasión de observar en relación con Wordsworth que en la literatura rabínica no hay ni una pizca de la idea heroica. Los rabinos, al hablar de virtud, nunca mencionan la virtud del coraje, que Aristóteles consideraba fundamental para el carácter heroico. La indiferencia de los rabinos ante la idea del coraje es más notable porque sabían que muchos de ellos morirían por su fe. Lo que nos interesa especialmente es que, como seres éticos, los rabinos nunca se ven a sí mismos; es como si el mandamiento que prohibía la creación de imágenes se extendiera también a su forma de concebir la existencia moral personal[1].

Trilling no es del todo exacto. Los rabinos sí hablaron de coraje, de *guevurá*. Pero tiene razón al decir que el judaísmo no tuvo héroes en el sentido de los griegos y de otras culturas. Un héroe es aquel que está

1. Lionel Trilling, *Sincerity and Authenticity* (Cambridge, MA. Harvard University Press, 1972), 85.

convencido de su propia importancia. Es consciente de desempeñar un papel en el escenario mundial, bajo la mirada de admiración de sus contemporáneos. Los rabinos, dice Trilling, "habrían estado bastante dispuestos a comprender la definición del héroe como actor y a decir que, como tal, no merecía la atención de hombres serios". Abraham es el paradigma de un héroe poco heroico, uno que (en la hermosa frase de Maimónides) "hace lo que es correcto porque es correcto"[2] y no por la popularidad o la fama.

Curiosamente, el punto de Trilling es subrayado por una característica sorprendente del hebreo bíblico, que no contiene ninguna palabra que sea un equivalente preciso de la palabra española "*persona*". Tiene muchas palabras con un significado similar: *adam* (humano), *ben adam* (mortal, literalmente "hijo del hombre"), *ish* (hombre en oposición a mujer; un individuo) y *enosh* (hombre, humanidad), pero ninguna con la resonancia exacta de *persona*. La razón es que la palabra deriva del latín *persona*, que significa "una máscara" que usa un actor en el escenario y, por lo tanto, un personaje o papel dentro de un drama teatral. Pertenece a una cultura en la que, en palabras de Shakespeare, "Todo el mundo es un escenario, y todos los hombres y mujeres simplemente actores"[3]. En tales culturas somos lo que parecemos para los demás. Somos juzgados por las apariencias. En el judaísmo, Dios nos conoce directamente por lo que somos, no por lo que parecemos: "pues el hombre mira la apariencia exterior, pero el Señor mira el corazón" (I Samuel 17: 7).

Como fundador del judaísmo, Abraham nos da una visión de lo que es vivir directa e inmediatamente en la presencia de Dios, que conoce nuestros pensamientos, nuestras esperanzas, nuestros miedos, nuestros sueños. Esto implica un tipo de heroísmo radicalmente nuevo: el heroísmo de la vida ordinaria, de la decencia y la bondad, la integridad y la fidelidad, el heroísmo humilde y sin ostentación para estar dispuesto a vivir según las propias convicciones, aunque todo el mundo piense lo contrario, siendo fiel a la llamada de la eternidad, no el ruido del ahora.

2. Maimónides, *Mishné Torá, Hiljot Teshuvá,* 10:2.
3. Shakespeare, *Como Gustéis,* acto 11, escena 7.

Cuatro Dimensiones del Recorrido

Entre las primeras palabras que Dios dirige al portador del nuevo pacto, ya hay indicios de la naturaleza del heroísmo que llegaría a encarnar. La orden de múltiples capas de "*Lej Lejá – adelante*" contiene las semillas de la vocación última de Abraham.

Rashí, siguiendo una antigua tradición exegética, traduce la frase como "vete para ti mismo"[1]. Según él, Dios está diciendo "Vete por tu propio beneficio y bien. Allí te convertiré en una gran nación; aquí no tendrás el mérito de tener hijos". A veces tenemos que renunciar a nuestro pasado para adquirir un futuro. En sus primeras palabras a Abraham, Dios ya estaba insinuando que lo que parece un sacrificio, a la larga no lo es. Abraham estaba a punto de despedirse de las cosas que más significan para nosotros: la tierra, el lugar de nacimiento y el hogar de los padres, los lugares a los que pertenecemos. Estaba a punto de emprender un viaje de lo familiar a lo no conocido, un salto hacia lo desconocido. Poder dar ese salto implica confianza; en el caso de Abraham, no confía en el poder visible, sino en la voz del Dios invisible. Sin embargo, al final, Abraham descubriría que había logrado algo que no podía conseguir de otra manera. Daría a luz una nueva nación cuya grandeza consistía

1. Rashí, Génesis 12:1.

precisamente en la capacidad de vivir por esa voz y crear algo nuevo en la historia de la humanidad. "Vete para ti mismo" – cree en lo que puedes llegar a ser.

Otra interpretación, más midráshica, toma la frase en el sentido de "Ve *contigo* mismo", es decir, al viajar de un lugar a otro extenderás tu influencia no sobre una tierra sino sobre muchas:

> Cuando el Santo bendito, le dijo a Abraham: "Deja tu tierra, tu lugar de nacimiento y la casa de tu padre..." ¿A qué se parecía Abraham? A un frasco de fragancia con tapa hermética guardado en un rincón para que su perfume no salga. Tan pronto como se movió de ese lugar y se abrió, su esencia comenzó a extenderse. Entonces el Santo, bendito sea, le dijo a Abraham: "Abraham, hay en ti muchas buenas obras. Ve de un lugar a otro, para que la grandeza de tu nombre se manifieste en Mi mundo"[2].

Se le ordenó a Abraham que dejara su lugar para dar testimonio de la existencia de un Dios no limitado por el territorio: Creador y Soberano de todo el universo. Abraham y Sara serían como un perfume, dejando un rastro de su presencia dondequiera que fueran. En este midrash está implícita la idea de que el destino de los primeros judíos ya prefiguraba el de sus descendientes[3] que serían esparcidos por todo el mundo para difundir el conocimiento de Dios por todo el universo. Inusualmente, el exilio no se ve aquí como un castigo, sino como un corolario necesario de una fe que ve a Dios en todas partes. *Lej Lejá* significa "Ve contigo mismo": con tus creencias, tu forma de vida, tu fe.

Una tercera interpretación, esta vez más mística, toma la frase en el sentido de "Ve a ti mismo". El recorrido judío, dijo R. David de Lelov, es un viaje a la raíz del alma[4]. En palabras de R. Zushya de Hanipol, "Cuando llegue al cielo, no me preguntarán, ¿por qué no fuiste Moisés?

---

2. *Génesis Raba* 39:2.
3. Sobre el principio, "Lo que les pasó a los padres es un presagio de lo que sucedería a los hijos", ver, por ejemplo, Najmánides, en su comentario a Génesis 12:6. En el uso de Najmánides de este principio a lo largo de su comentario, ver Ezra-Tzion Melamed, *Mefarshei Hamikrá* (Jerusalén: Magnes Press, 1975), vol. 1, 88.
4. R. David of Lelov, *Pninei Ha-Hassidut* (Jerusalem, 1987), vol. 1, 88.

Me preguntarán, Zushya, ¿por qué no fuiste Zushya?"[5]. A Abraham se le pedía que dejara atrás todas las cosas que nos hacen ser otra persona, porque solo al emprender un viaje largo y solitario descubrimos quiénes somos en realidad. "Ve a ti mismo".

Sin embargo, hay una cuarta interpretación: "Ve por ti mismo". Solo una persona dispuesta a estar sola, y que es singular y única, puede adorar al Dios que está solo, y es singular y único. Solo alguien capaz de dejar atrás las fuentes naturales de la identidad – hogar, familia, cultura y sociedad – puede encontrar a Dios que está por encima y más allá de la naturaleza. Un viaje a lo desconocido es una de las mayores expresiones de libertad posibles. Dios quería que Abraham y sus hijos fueran un ejemplo vivo de lo que es servir al Dios de la libertad, en libertad, por el bien de la libertad.

Lej Lejá significa: Deja atrás todo lo que hace al ser humano previsible, restringido, delimitado. Deja atrás las fuerzas sociales, las presiones familiares, las circunstancias de tu nacimiento. Los hijos de Abraham fueron llamados a ser personas que desafiaron las leyes de la naturaleza porque se negaron a definirse a sí mismos como productos de la naturaleza. Eso no quiere decir que las fuerzas económicas, biológicas o psicológicas no intervengan en el comportamiento humano. Lo hacen. Pero podemos superarlas con suficiente imaginación, determinación, disciplina y coraje. Abraham lo hizo. En la mayoría de los casos, también lo hicieron sus hijos.

Quienes viven dentro de las leyes de la historia están sujetos a las leyes de la historia. Todo lo que es natural, dijo Maimónides, está sujeto a desintegración y decadencia. Eso es lo que les ha sucedido a prácticamente todas las civilizaciones que han aparecido en el escenario del mundo. Abraham, sin embargo, se convertiría en el padre de un *am olam,* un pueblo eterno, que no se deterioraría ni decaería, un pueblo dispuesto a permanecer fuera de las leyes de la naturaleza. Lo que para otras naciones es innato – tierra, hogar, familia – en el judaísmo son objeto de preceptos religiosos. Hay que luchar por ellos. Implican un recorrido. No se dan desde el principio ni se pueden dar por sentados. Abraham debía dejar atrás las cosas que hacen que la mayoría de

5. R. Ephraim Lundschitz, *Kli Yakar* en Génesis, 12:1.

las personas y pueblos sean lo que son, y sentar las bases de una tierra, un hogar judío y una estructura familiar, que no responda a las fuerzas económicas, los impulsos biológicos y los conflictos psicológicos, sino a la palabra y voluntad de Dios.

Lej Lejá en este sentido significa estar preparado para emprender un viaje a menudo solitario: "Ve por ti mismo". Ser hijo de Abraham es tener el valor de ser diferente, de desafiar a los ídolos de la época, sean cuales sean los ídolos y la época. En una era de politeísmo, significaba ver el universo como el producto de una única voluntad creativa y, por lo tanto, no sin sentido, sino coherente y significativo. En una era de esclavitud, significaba negarse a aceptar el statu quo en el nombre de Dios, y en cambio desafiarlo en el nombre de Dios. Cuando se adoraba al poder, significaba construir una sociedad que se preocupara por los desamparados, la viuda, el huérfano y el extranjero. Durante siglos en los que la masa de la humanidad se hundió en la ignorancia, significó honrar la educación como la clave de la dignidad humana y crear escuelas para proporcionar alfabetización universal. Cuando la guerra era la prueba de la hombría, significaba luchar por la paz. En épocas de individualismo radical como la actual, significa saber que no somos lo que poseemos sino lo que compartimos; no somos lo que adquirimos sino lo que suministramos; que hay algo más elevado que el apetito y el deseo, es decir, la llamada que nos llega, como le llegó a Abraham, desde fuera de nosotros mismos, convocándonos a hacer una contribución al mundo.

"Los judíos", escribió Andrew Marr, "realmente han sido diferentes; han enriquecido al mundo y lo han desafiado"[6]. Es ese valor para transitar solo, si es necesario, para ser diferente, para nadar contra la corriente, para hablar en una era de relativismo, acerca de los absolutos de la dignidad humana bajo la soberanía de Dios, que nació en las palabras *Lej Lejá*. Ser judío es estar dispuesto a escuchar la voz suave y apacible de la eternidad que nos insta a viajar, movernos, seguir adelante, continuar el viaje de Abraham hacia ese destino desconocido en el lejano horizonte de la esperanza.

6. Andrew Marr, *The Observer*, 14 de mayo de 2000.

Padres e Hijos

La llamada a Abraham, con la que comienza *Lej Lejá*, parece venir de la nada:

> "Deja tu tierra, tu lugar de nacimiento y la casa de tu padre, y vete a una tierra que te mostraré" (12:1).

Nada nos ha preparado para esta partida radical. No hemos tenido una descripción de Abraham como la tuvimos en el caso de Noé: "Noé era un hombre justo, perfecto en sus generaciones. Noé andaba con Dios" (6:9). Tampoco se nos ha dado una serie de atisbos sobre su infancia, como sucederá en el caso de Moisés. Es como si la llamada a Abraham fuera una ruptura repentina con todo lo que sucedió antes. No parece haber preludio, ni contexto, ni trasfondo.

A esto se agrega un versículo repentino e inesperado en el último discurso pronunciado por Josué el sucesor de Moisés:

> Y Josué dijo a todo el pueblo: "Así dice el Señor, Dios de Israel, al otro lado del río habitaban antiguamente vuestros padres, *es decir,* Teraj, padre de Abraham y de Nacor, y servían a otros dioses" (Josué 24:2).

La implicación parece ser que el padre de Abraham era un idólatra. De ahí la famosa tradición midráshica de que cuando era niño, Abraham rompió los ídolos de su padre. Cuando Teraj le preguntó quién había hecho el daño, respondió: "el más grande de los ídolos tomó un palo y rompió el resto".

"¿Por qué me estás engañando?" Teraj preguntó: "¿Acaso los ídolos tienen entendimiento?"

"Deja que tus oídos escuchen lo que dice tu boca", respondió el niño.[1]

En esta lectura, Abraham fue un destructor de ídolos e imágenes, que se rebeló contra la fe de su padre, un iconoclasta que salió de su contexto, de su cultura y de todo lo que vino antes.

Según la influyente interpretación filosófica de Maimónides, originalmente los seres humanos creían en un solo Dios. Más tarde, comenzaron a ofrecer sacrificios al sol, los planetas y las estrellas, y a otras fuerzas de la naturaleza, como creaciones o como sirvientes del único Dios. Más tarde aún, comenzaron a adorarlos como entidades divinas, dioses por derecho propio. Abraham, sólo necesitó usar la lógica, para darse cuenta de la incoherencia del politeísmo:

> Después de ser destetado, cuando todavía era un niño pequeño, su mente comenzó a reflexionar. Día y noche, meditaba y se asombraba, ¿cómo es posible que sin que nadie la dirija la esfera celestial gire continuamente? ¿Quién la hace rodar? Pues es imposible que ruede sola (constantemente). No tenía maestro ni mentor, porque estaba en Ur de los Caldeos inmerso entre los idólatras irracionales. Su padre, su madre y toda la población eran idólatras, y él los reverenció con ellos. Continuó especulando y meditando hasta que alcanzó el camino de la verdad, entendiendo lo que era correcto a través de sus propios esfuerzos. Fue entonces cuando supo que hay un Dios que guía los cuerpos celestes, que creó todo, y fuera del cual no hay otro dios[2].

---

1. *Génesis Raba,* 38:8; *Tanjuma,* Génesis, 3.
2. *Mishné Torá, Hiljot Avodá Zara,* 1:3.

Conforme a esta lectura, el rechazo de Abraham del pasado fue más intelectual que físico. No rompió ídolos, meramente destrozó los pensamientos que les dieron origen. Pero tanto si el iconoclasmo era literal o metafórico, lo que es común a Maimónides y el midrash es la discontinuidad. Abraham representa una ruptura radical con todo lo que le precedió.

Sin embargo, sorprendentemente, el capítulo anterior nos da una perspectiva bastante diferente:

> Estas son las generaciones de Teraj. Teraj engendró a Abram, Najor y Harán; y Harán engendró a Lot... Y Teraj tomó a Abram su hijo, a su nieto Lot, hijo de Harán, y a Sarai su nuera, mujer de su hijo Abram; y salieron juntos de Ur de los Caldeos, en dirección a la tierra de Canaán; y llegaron hasta Harán, y se establecieron allí. Los días de Teraj fueron doscientos cinco años, y Teraj murió en Harán (11:31).

Según este versículo parecería ser que, lejos de romper con su padre, Abraham continúa un viaje que Teraj ya había comenzado.

Los dos pasajes parecen contradictorios. Muchos comentaristas los explican asumiendo que no siguen una secuencia cronológica: primero fue el llamado a Abraham (en Génesis 12). Abraham escuchó la llamada divina y se la participó a su padre. La familia partió junta, pero Teraj se detuvo en Harán a mitad de camino. El pasaje que registra la muerte de Teraj está cronológicamente fuera de lugar y se inscribe antes de la llamada de Abraham, para protegerlo de la acusación de que no honró a su padre, al abandonar a Teraj en su vejez[3].

Sin embargo, existe otra posibilidad obvia. La percepción espiritual de Abraham no vino de la nada. Teraj ya había dado el primer paso tentativo hacia el monoteísmo. Los hijos completan lo que comienzan sus padres.

Significativamente, tanto la Biblia como la tradición rabínica entendieron la paternidad divina de esta manera: Dios señala el camino, luego desafía a Sus hijos a seguir adelante, a completar el camino por sí

3. Rashí en Génesis 11:32; *Génesis Raba* 39:7.

mismos. El Midrash contrasta la descripción de Noé que "caminó con Dios" (6:9)[4], y la de Abraham "En cuya presencia he andado" (24:40), Y las últimas desafiantes palabras de Dios a Abraham "anda delante de mí y sé perfecto" (17:1).

En uno de los más famosos pasajes talmúdicos, los sabios desacuerdan con la opinión del Rabí Eliezer y lo derrotan, a pesar de que su opinión fue apoyada por una voz celestial. Posteriormente, Rabí Natán se encontró con el profeta Elías:

> Rabí Natán le preguntó a Elías: "¿Qué hizo en esa hora el Santo, bendito sea?" Elías respondió: "Se rio [con alegría], diciendo: '¡Mis hijos me han derrotado, mis hijos me han derrotado!'[5].

Ser padre en el judaísmo es crear un espacio en el que un hijo pueda crecer. Sorprendentemente, esto se aplica incluso cuando el padre es Dios, *Avinu*, "nuestro Padre", Él mismo. En palabras del rabino Joseph Soloveitchik, "el Creador del mundo redujo la imagen y la estatura de la creación para dejar al hombre, la obra de Sus manos, algo para hacer a fin de engalanar al hombre con la corona del creador y hacedor"[6].

Esta idea encuentra expresión en la halajá, la ley judía. A pesar del énfasis de la Torá en honrar y reverenciar a los padres, Maimónides instruye:

> Aunque a los hijos se les ordena hacer todo lo posible [para honrar a los padres], un padre tiene prohibido imponerles un yugo demasiado pesado o ser demasiado exigente con ellos en asuntos relacionados con su honor, para que no los haga tropezar. Debe perdonarlos y cerrar los ojos, porque un padre tiene derecho a renunciar al honor que le corresponde[7].

4. *Génesis Raba* 20:10.
5. *Bava Metzia* 59b.
6. Joseph B. Soloveitchik, *Halakhic Man*, traducido del hebreo por Lawrence Kaplan (Philadelphia : Jewish Publication Society of America, 1983), 107.
7. *Mishné Torá, Hiljot Mamrim* 6:8.

Debe haber un equilibrio entre lo que un hijo debe a sus padres: el honor debido a ellos – y el espacio dentro del cual el hijo puede crecer. Dios, como el padre, renuncia, "disminuye" Su propia creación.

La historia de Abraham se puede leer de dos maneras, dependiendo de cómo reconciliemos el final del capítulo 11 con el comienzo del capítulo 12. Una lectura enfatiza la discontinuidad. Abraham rompió con todo lo anterior. La otra enfatiza la continuidad. Teraj, su padre, ya había comenzado a luchar contra la idolatría. Había emprendido la larga caminata hacia la tierra que eventualmente se convertiría en santa, pero se detuvo a la mitad. Abraham completó el viaje que inició su padre.

Quizás la infancia misma tenga la misma ambigüedad. Hay momentos, especialmente en la adolescencia, en los que nos decimos que estamos rompiendo con nuestros padres, trazando un camino completamente nuevo. Solo en retrospectiva, muchos años después, nos damos cuenta de lo mucho que les debemos a nuestros padres; de cómo, incluso en esos momentos en los que sentimos con más fuerza que nos estábamos embarcando en un viaje exclusivamente nuestro, estábamos, de hecho, viviendo ideales y aspiraciones que aprendimos de ellos.

Promesa y Cumplimiento

Un drama extraordinario comienza a desarrollarse en estos primeros capítulos del viaje de Abraham, tanto más poderoso por ser discreto e inexplicable. Uno de los aspectos de la promesa de Dios a Abraham, a quien le ha pedido que deje a su familia, es que tendría una familia propia. Una y otra vez suena el acorde, se repite la promesa, y es dada la seguridad. Está allí en el llamado de apertura de Dios a Abraham: "Yo te convertiré en una gran nación y te bendeciré" (12:2). Esta no es una bendición accidental. Ya se nos dijo al final del capítulo anterior que "Sarai era estéril, y no tenía hijo" (11:30). Rashí comenta que la bendición está relacionada con la travesía, como diciendo que en la nueva tierra, Abraham y Sara podrán tener hijos[1]. Según los sabios, un cambio de lugar es una de las cosas que trae consigo un cambio en la fortuna[2]. La promesa se repite y se expande en el capítulo siguiente:

> "Haré tu descendencia como el polvo de la tierra; de manera que, si alguien puede contar el polvo de la tierra, también tu descendencia podrá contarse" (13:16).

1. Rashí en Génesis 12:1.
2. *Rosh Hashaná* 16b.

Dos capítulos después, lo escuchamos por tercera vez, ahora con una imagen nueva y dramática:

> "Lo llevó afuera y le dijo: Mira ahora a los cielos, y cuenta las estrellas, si las puedes contar. Y le dijo: Así será tu simiente" (15:5).

Los sabios, citados por Rashí, dieron una interpretación aguda a la frase "Lo llevó afuera". Abraham aparentemente le había dicho a Dios: "Veo en mis astros que no estoy destinado a tener hijos". Dios le dijo: "Deja detrás [es decir "Permanece fuera"] tus cálculos astronómicos. Las estrellas no tendrán influencia en el destino de tu pueblo [*ein mazal beIsrael*]"[3].

La promesa se expresa por cuarta vez, cuando Dios hace un pacto con Abraham. Ahora se nos dice que no será padre de una sola nación, sino de muchas. Para señalar la seriedad de esta promesa, Dios cambia el nombre de Abraham:

> "En cuanto a mí, he aquí, mi pacto es contigo, y serás padre de multitud de naciones. Y no serás llamado más Abram; sino que tu nombre será Abraham; porque yo te haré padre de multitud de naciones. Y te multiplicaré mucho en gran manera, y de ti haré naciones, y reyes saldrán de ti" (17:4–6)

Abraham será padre. No tendrá el número normal de hijos, sino una panoplia de descendientes. Se convertirán en una gran nación. Sus hijos serán tantos como el polvo de la tierra y las estrellas del cielo. No dará lugar a una, sino a muchas naciones. La promesa no podría ser más explícita. De hecho, ya está implícito en el nombre de Abraham. *Av* significa padre; *Abram* es "padre poderoso"; *Abraham* significa "padre de muchas naciones". Sin embargo, ya en esta etapa temprana, descubrimos que el curso de los eventos no será simple y sencillo. *Lej Lejá* contiene tres historias, cada una de las cuales tiene que ver con la sucesión de Abraham y el fracaso de su deseo de tener un hijo.

La primera se refiere a su sobrino Lot. Sorprendentemente, cuando Abraham emprende su viaje lo acompaña Lot, hijo de Najor, el

3. Rashí en Génesis 15:5; *Génesis Raba* ad loc.

hermano de Abraham. Una suposición razonable sería que Abraham, sin hijos y con una esposa estéril, ha decidido adoptar a Lot o al menos convertirlo en su heredero y sucesor.

Si ese era el plan, fracasó. Después de su estancia en Egipto, Abraham y Lot tienen grandes rebaños y manadas, tantos que no pueden pastorear juntos. Hay un altercado entre sus respectivos pastores. Abraham se da cuenta de que tendrán que separarse:

Entonces Abram dijo a Lot: "No haya ahora disputa entre nosotros dos, entre mis pastores y los tuyos, porque somos hermanos. ¿No está toda la tierra delante de ti? Yo te ruego que te apartes de mí. Si fueres a la izquierda, yo iré a la derecha; y si tú a la derecha, yo iré a la izquierda" (13:8–9).

"Somos hermanos" – implicando no somos padre adoptivo e hijo adoptivo. Es lo que sucede a continuación lo que nos convence de que en la separación hay algo más profundo:

> Lot miró a su alrededor y vio todo el Valle del Jordán y que había allí mucha agua. Era como el jardín del Señor, como la tierra de Egipto en dirección a Tzoar (esto fue antes de que el Señor destruyera Sodoma y Gomorra). Entonces Lot decidió mudarse al este y vivir en el Valle del Jordán. De esta manera Abram y Lot se separaron. Abram vivía en la tierra de Canaán, pero Lot vivía entre las ciudades del valle del Jordán, muy cerca de Sodoma. Pero la gente de Sodoma era mala y pecadora en gran manera contra el Señor pecando contra el Señor (13:10–13).

Lot elige la buena tierra con habitantes malos. Evidentemente, antepone lo material a lo moral y lo espiritual. Esto solo es suficiente para decirnos que, en lo que respecta al pacto, él no es hijo de Abraham. El texto hace todo lo posible para enfatizarlo, usando una prolepsis que nos adelanta cosas que de otro modo no descubriríamos hasta más tarde. Está la comparación con Egipto, de cuyo significado completo no nos daremos cuenta hasta el libro del Éxodo. Se nos dice que en el futuro, Sodoma y Gomorra serán destruidas. El texto enfatiza dos veces la maldad de sus habitantes. La gente es "muy mala" y "siempre peca".

Nada de esto habría sido evidente para Lot en ese momento. Lo imaginamos de pie en la cima de una colina contemplando el panorama. No tiene forma de conocer el carácter de la gente en las ciudades que ve, ni cuál sería su destino final. Evidentemente, la falla de carácter de Lot radica en el hecho de que "miró a su alrededor y vio". Como Eva cuando vio que el fruto del árbol del conocimiento "era agradable a los ojos" (3:6), Lot juzga por las apariencias. Los hijos del pacto siguen el sonido, no la vista, la voz de Dios en lo profundo del alma, no las seductoras superficies de lo visible. Entonces Abraham pierde a su primer heredero potencial.

Si no es Lot, ¿entonces quién? esto crea una crisis para Abraham. Estas son sus primeras palabras conocidas a Dios:

> "Después de estas cosas la palabra del Señor vino a Abram en visión, diciendo: No temas, Abram, yo soy un escudo para ti; tu recompensa será muy grande (15:15).
>
> Y Abram dijo: Señor Dios, ¿qué me darás, puesto que yo estoy sin hijos, y el heredero de mi casa es Eliezer de Damasco? Dijo además Abram: He aquí, no me has dado descendencia, y uno nacido en mi casa es mi heredero" (15:2–3).

La paciencia de Abraham se acaba. El primer judío temía ser el último. La referencia a Eliezer ha adquirido una nueva inteligibilidad a la luz de documentos antiguos de los archivos de Nuzi, que muestran que era una práctica ya establecida en la época de Abraham que las personas sin hijos adoptaran como hijo a alguien, incluso a un esclavo. Entonces tendría todos los deberes y derechos correspondientes de un hijo natural y heredero[4]. Tanto si Abraham había adoptado a su esclavo Eliezer como si no, está claro que, con la partida de Lot, no había nadie más a quien acudir. Dios tranquiliza a Abram: "No te heredará ése, sino que te heredará "uno que saldrá de tus entrañas".

4. Ver Nahúm M. Sarna, *Understanding Genesis*, (New York: Schocken, 1970), 122–23.

Tendrás un hijo tuyo [literalmente, 'uno que sale de tu propio cuerpo, de tus entrañas'] que heredará lo que tienes" (15:4). Luego sigue la promesa de tantos hijos como las estrellas.

El tercer drama es el más conmovedor. Sarai, reconociendo su propia infertilidad, le sugiere a Abram que tome a su sierva Hagar como esposa. Puede ser que le dé un hijo. Abram escucha y acepta:

> Y Abram se llegó a Hagar, y ella concibió. Cuando ella vio que había concebido, miraba con desprecio a su señora. Entonces Sarai dijo a Abram: "Recaiga sobre ti mi agravio. Yo entregué a mi sierva en tus brazos. Pero cuando ella vio que había concebido, me miró con desprecio. Juzgue el Señor entre tú y yo." Pero Abram dijo a Sarai: "Mira, tu sierva está bajo tu poder; haz con ella lo que mejor te parezca." Y Sarai trató muy mal a Hagar y ella huyó de su presencia (16:4–6).

Este es un pasaje extraño que retrata a los tres protagonistas en una luz que está lejos de ser buena. Hagar es irrespetuosa, Sarai quejumbrosa y Abram aparentemente indiferente. Por una vez, Najmánides, renuente como todos los comentaristas judíos clásicos a criticar el comportamiento de los patriarcas y matriarcas, pronuncia un juicio negativo:

Nuestra madre [Sara] transgredió por esta aflicción [de Hagar], y Abraham también, al permitirle hacerlo. Por lo tanto, Dios escuchó su aflicción [de Hagar] y le dio un hijo que sería mal educado, irrespetuoso y salvaje para someter a los hijos de Abraham y Sara a todo tipo de sufrimiento"[5].

Sea cual sea la forma en que interpretemos el pasaje, las tensiones se manifiestan. Abraham y Sara están actuando fuera de lugar. Sus nervios están destrozados por una esperanza largamente demorada y decepcionada. Finalmente, Dios lo deja en claro: Ismael, el hijo de Hagar por parte de Abraham, no será el hijo prometido, portador del pacto, continuador de la fe. A pesar de todas las evidencias en su contra – la edad y la infertilidad – Sarai dará a luz un hijo. Por una vez, Abraham

5. Najmánides en Génesis 16:6.

da voz a la incredulidad, seguida de cerca por sus sentimientos paternos hacia Ismael:

> Dios también le dijo a Abraham: "En cuanto a Sarai tu esposa, ya no la llamarás Sarai; su nombre será Sara. La bendeciré y seguramente te daré un hijo de ella. La bendeciré para que sea madre de naciones; de ella vendrán reyes de pueblos".
>
> Abraham cayó boca abajo; se rio y se dijo a sí mismo: "¿Le nacerá un hijo a un hombre de cien años? ¿Sara tendrá un hijo a los noventa años?" Además, Abraham "dijo a Dios: ¡Ojalá que Ismael viva delante de Ti!" (17:15–18).

Por lo tanto, para cuando termina la *parashá,* hemos escuchado cuatro promesas acerca del nacimiento de los hijos y hemos visto a tres posibles herederos, Lot, Eliezer e Ismael, que no se ajustan a la especificación deseada. Lot habita entre los malhechores. Eliezer no es parte de la familia patriarcal. Ismael "hombre *indómito* como asno montés, su mano *será* contra todos, y la mano de todos contra él, y habitará al oriente de todos sus hermanos." (16:12).

¿Qué hacemos con todo esto? Sin duda, un tema es el nacimiento milagroso. Sara, como Rebeca y Raquel después de ella, es estéril, por lo que los hijos que les nacen se ven, de alguna manera, marcados como presentes divinos: en un sentido enérgico, hijos de Dios. De manera similar, Moisés, el tartamudo que balbucea, será alguien cuyas palabras provengan palpablemente de Dios, no de su propia boca.

Sin embargo, hay también un contra-tema, que se mueve en la dirección opuesta. Los patriarcas y profetas se mueven en el mundo real, no en el mundo de la magia, los mitos y las leyendas más grandes que la vida. Abraham comienza un viaje, pero los obstáculos lo acosan. Recibe una promesa, pero su cumplimiento se demora mucho y está plagado de desviaciones y giros en falso.

Cualquiera que sea la promesa divina, no se cumple de inmediato. El viaje de Abraham, como el de Moisés y los israelitas en una generación posterior, toma más tiempo de lo que ellos o nosotros esperamos. No hay una transición repentina desde aquí a la Tierra Prometida, desde el punto de partida hasta el destino. Tomando el Génesis literalmente, el universo podría estar hecho en siete días, pero cualquier cosa en el mundo humano que implique un cambio profundo, toma tiempo. El drama bíblico se desarrolla en la dimensión del tiempo. *La fe es la capacidad de vivir con dilación sin perder la confianza en la promesa; experimentar la decepción sin perder la esperanza, saber que el camino entre lo real y lo ideal es largo y, sin embargo, estar dispuesto a emprender el camino.* Esa fue la fe de Abraham y Sara, y la de Moisés y los profetas y los que vinieron después de ellos.

Con certeza debería ser la nuestra. Dios cumple todo lo que promete, pero no siempre cuando lo esperamos. Los judíos son a menudo inquietos e impacientes: en el Talmud se los describe (por un saduceo) como *ama peziza*, un "pueblo precipitado"[6]. Sin embargo, nadie ha esperado más – por la libertad y la igualdad, por el retorno a la tierra, y por el Mesías. Esperar sin desesperación, anhelando y seguir anhelando al Mesías: esa es la fe de los hijos de Abraham y Sara, la fe que ellos mismos vivieron. Aunque estuvo plagada de decepciones, y aunque ellos mismos a veces expresaron sus dudas y temores, no resultó en vano. Los judíos mantuvieron viva la fe. La fe mantuvo vivo al pueblo judío.

6. *Shabat* 88a.

Vayerá
וירא

Dios se le aparece a Abraham. Pasan tres extraños. Abraham les ofrece hospitalidad. Uno de ellos le dice a Abraham que Sara tendrá un hijo. Sara, al oírlo, se ríe con incredulidad.

Entonces Dios le dice a Abraham acerca del veredicto que está a punto de emitir al pueblo de Sodoma. Abraham entabla un diálogo trascendental con Dios sobre la justicia. Dios está de acuerdo en que, si hay diez hombres inocentes en la ciudad, la absolverá.

Dos de los visitantes, ahora identificados como ángeles, se dirigen a lo del sobrino de Abraham, Lot, en Sodoma y rescatan a él, a su esposa y a dos de sus hijas de la destrucción.

Finalmente, Isaac, el hijo prometido, nace de Sara. La *parashá* termina con la gran prueba de la "*atadura de Isaac*".

El primero de los siguientes ensayos analiza el significado de la forma en que la Torá describe la hospitalidad de Abraham hacia los forasteros. El segundo refleja el diálogo de Abraham con Dios y sus implicaciones para la naturaleza de la justicia. El tercero trata la renuencia de Lot a dejar Sodoma a pesar de que sabía que estaba a punto de ser destruida. El cuarto ofrece una interpretación de las demoras y pruebas involucradas en el nacimiento y la atadura de Isaac.

Dios y Extraños

Dios se apareció a Abraham en el encinar de Mamré, sentado a la entrada de su tienda en lo más caluroso del día. Levantó los ojos y miró, y he aquí, tres personas estaban de pie frente a él; y cuando los vio, corrió a su encuentro desde la entrada de la tienda y se postró en tierra... Génesis (18:1–2)

Así, *Parashat Vayerá* comienza con una de las escenas más famosas de la Biblia: el encuentro de Abraham con los tres forasteros enigmáticos. El texto los llama personas. Más tarde descubrimos que en realidad eran ángeles, cada uno portador de una misión específica.

A primera vista el capítulo parece simple, casi como una fábula. Sin embargo, es complejo y ambiguo. Consiste de tres secciones:

Versículo 1: Dios se le aparece a Abraham.
Versículos 2–16: Abraham se encuentra con los hombres/ángeles.
Versículos 17–33: el diálogo entre Dios y Abraham sobre el destino de Sodoma.

La relación entre estas secciones está lejos de ser clara. ¿Representan una escena, dos o tres?

La posibilidad más obvia es que sean tres. Cada una de las secciones anteriores es un evento aislado. Primero, Dios se aparece después de la circuncisión de Abraham, como explica Rashí, "para visitar a los enfermos"[1]. Luego llegan los visitantes con la noticia de que Sara tendrá un hijo. A continuación, tiene lugar el gran diálogo sobre la justicia y el inminente castigo al pueblo de Sodoma.

Maimónides sugiere que solo hay dos escenas: la visita de los ángeles y el diálogo con Dios. El primer versículo no describe un evento en absoluto; es, más bien, *el título de un capítulo*2. Nos dice que los eventos que siguen son todos partes de una revelación profética, un encuentro humano-divino.

La tercera posibilidad es que tengamos una única escena continua. Dios se aparece a Abraham, pero antes de que pueda hablar, Abraham ve a los transeúntes y le pide a Dios que espere mientras les sirve la comida. Solo cuando se han ido, en el versículo 17, se vuelve a Dios y comienza la conversación.

La interpretación del capítulo afecta – y depende de – la forma en que traducimos la palabra *Adonai* en la súplica de Abraham: "Por favor, *Adonai*, si ahora he hallado gracia ante tus ojos, te ruego que no pases de tu siervo" (18: 3). *Adonai* puede ser una referencia a uno de los nombres de Dios. También se puede leer como "mis señores" o "señores". En el primer caso, Abraham se estaría dirigiendo a Dios. En el segundo, estaría hablando con los viajeros.

La misma ambigüedad lingüística aparece en el capítulo siguiente (19: 2), cuando dos de los visitantes de Abraham, ahora descritos como ángeles, visitan a Lot en Sodoma:

Y los dos ángeles llegaron a Sodoma por la tarde, y Lot se sentó junto a las puertas de la ciudad. Cuando los vio, se levantó para recibirlos e inclinándose profundamente, dijo: "Te ruego ahora, *Adonai*, que te vuelvas a la casa de tu siervo y te quedes toda la noche y te laves los pies, y te levantarás temprano y seguirás tu camino" (19:1–2).

---

1. Rashí en Génesis 18:1; Sotá 14a.
2. *Moré Nevujim* II: 42.

Como no hay ningún elemento contextual que sugiera que Lot podría estar hablando con Dios, parece claro, en este caso, que *adonai* se refiere a los visitantes.

Por lo tanto, la lectura más simple de ambos textos, el de Abraham, y el de Lot, sería leer la palabra consistentemente como "señores". De hecho, varias traducciones al inglés adoptan este enfoque. Aquí, por ejemplo, está la Nueva Biblia en inglés:

> El Señor se le apareció a Abraham... Él miró hacia arriba y vio a tres hombres de pie frente a él. Cuando los vio, salió corriendo de la apertura de su tienda para recibirlos y se inclinó hasta el suelo. "Señores", dijo, "si me he merecido su favor, no pasen por mi humilde ser sin hacer una visita".
> La tradición judía, sin embargo, no lo hace.

Normalmente, las diferencias de interpretación de la narrativa bíblica no tienen implicaciones halájicas. Son cuestiones de legítimo desacuerdo. Este caso del destinatario de Abraham es inusual, sin embargo, porque si traducimos *Adonai* como "Dios", es un nombre santo, y tanto la escritura de la palabra por un escriba como la forma en que tratamos un pergamino o documento que lo contiene, siguen rigurosas disposiciones de la ley judía. Si, por el contrario, lo traducimos como "mis señores" o "señores", no tiene una santidad especial. La ley judía establece que, en la escena de Lot, *adonai* se lee como "señores", pero en el caso de Abraham se lee como "Dios".

Este es un hecho extraordinario, porque sugiere que Abraham realmente interrumpió a Dios cuando estaba a punto de hablar, pidiéndole que esperara mientras atendía a los visitantes. Según la tradición, el pasaje debe leerse así:

> El Señor se apareció a Abraham... Él miró hacia arriba y vio a tres hombres de pie frente a él. Al verlos, salió corriendo de la puerta de su tienda para recibirlos y se inclinó. [Volviéndose a Dios] dijo: "Dios mío, si he hallado gracia ante Tus ojos, no dejes a Tu siervo [es decir, espera hasta que haya brindado hospitalidad a estos hombres]". [Luego se volvió hacia los hombres y dijo:]

"Permítanme enviar por un poco de agua para que puedan lavarse los pies y descansar bajo este árbol..."[3].

Esta atrevida interpretación se convirtió en la base de un principio en el judaísmo: "Mayor es el precepto de la hospitalidad que recibir la a Divina Presencia"[4]. Ante la elección entre escuchar a Dios u ofrecer acogida a lo que parecían seres humanos, Abraham eligió lo último. Dios accedió a su pedido y esperó mientras Abraham traía comida y bebida a los visitantes antes de entablar un diálogo sobre el destino de Sodoma.

¿Cómo puede ser esto así? Anteponer las necesidades de los seres humanos a asistir a la presencia de Dios parece irrespetuoso en el mejor de los casos, herético en el peor.

Sin embargo, lo que nos dice el pasaje es algo de inmensa profundidad. Los idólatras de la época de Abraham adoraban al sol, las estrellas y las fuerzas de la naturaleza como dioses. Adoraban el poder y los poderosos. Abraham sabía, sin embargo, que Dios no está en la naturaleza sino más allá de la naturaleza. Solo hay una cosa en el universo en la que Él ha puesto Su imagen: la persona humana, cada persona, poderosa e impotente por igual.

Las fuerzas de la naturaleza son impersonales, por lo que quienes las adoran eventualmente pierden su humanidad. Como dice el libro de los Salmos:

"Sus ídolos no son más que oro y plata,
una obra de la mano del hombre. Tienen bocas, pero no hablan,
ojos, pero no ven,
orejas, pero no oyen,
nariz, pero no huelen...
Que sean como ellos los que los fabrican
y todos los que en ellos tienen confianza" (Salmos 115: 4–8).

3. Ver *Shabat* 127a
4. Ibíd. Ver también *Shavuot* 35b.

No se puede adorar a fuerzas impersonales y seguir siendo una persona; compasivo, humano, generoso, indulgente. Precisamente porque creemos que Dios es personal, alguien a quien podemos decir "Tú", honramos la dignidad humana como sacrosanta.

Abraham, padre del monoteísmo, conocía la verdad paradójica de que vivir la vida de fe es ver la huella de Dios en el rostro del extraño. Es fácil recibir la Presencia Divina cuando Dios aparece como Dios. Lo difícil es sentir la Presencia Divina cuando se hace pasar como tres transeúntes anónimos. Esa fue la grandeza de Abraham. Sabía que servir a Dios y ofrecer hospitalidad a los extraños no eran dos cosas, sino una.

En uno de los comentarios más hermosos sobre este episodio, el rabino Shalom de Belz señala que en el versículo 2, se habla de los visitantes como si estuvieran encima de Abraham (*nitzavim alav*), mientras que en el versículo 8, se describe a Abraham como si estuviera encima de ellos (*omed alehem*). Al principio, los visitantes eran más altos que Abraham porque eran ángeles y él un simple ser humano. Pero cuando les dio comida, bebida y refugio, se erigió aún más alto que los ángeles[5].

Al elegir la más radical de las tres posibles interpretaciones de Génesis 18, los sabios nos permitieron escuchar uno de los principios fundamentales de la vida de fe: honramos a Dios al honrar Su imagen, la humanidad.

---

5. Dover, Shalom ad loc.; citado en *Penine Jasidut* (Jerusalem, 1987) Génesis 18:2.

Desafiando a Dios

La gran discusión entre Abraham y Dios en Génesis 18 es un punto de inflexión en la historia del espíritu. Por primera vez, un ser humano desafía a Dios mismo en temas de justicia. Al enterarse de la inminente destrucción de Sodoma y las ciudades de la llanura, Abraham dice:

> ¿De verdad barrerás al justo con el impío? ¿Qué pasa si hay cincuenta justos en la ciudad? ¿De verdad lo barrerás y no perdonarás al lugar por los cincuenta justos que hay en él? Lejos de ti hacer tal cosa: matar al justo con el impío, para que el justo sea como el impío. ¡Lejos de ti! ¿No hará justicia el Juez de toda la tierra? (18:23–25)

No hubo nada como esto antes, ni hay, que yo sepa, nada parecido en ninguna otra literatura religiosa. Sin embargo, no es un fenómeno aislado. Es el nacimiento de una de las grandes tradiciones judías: la discusión con el cielo, por el cielo, el diálogo de alianza entre Dios y el hombre en nombre de la justicia.

Lo escuchamos de nuevo en las palabras de Moisés, cuando su intervención inicial a favor de los israelitas en Egipto solo parece empeorar las cosas:

> Se volvió entonces Moisés hacia el Señor y dijo: "Señor mío, ¿por qué maltratas a tu pueblo?, ¿por qué me has enviado?" (Éxodo 5:22).

Lo escuchamos nuevamente cuando durante la rebelión de Koraj, la ira de Dios amenaza con destruir a los israelitas en su conjunto:

> Pero ellos cayeron sobre sus rostros y dijeron: "Ellos se pusieron con el rostro en tierra y dijeron: "¡Oh Dios, Dios de los espíritus de todos los hombres! Si un solo hombre ha pecado, ¿vas a enojarte con toda la comunidad?" (Números 16:22).
>
> Jeremías cuestiona la justicia de la historia:
>
> Dios, tú tienes siempre la razón cuando yo hablo contigo, y, sin embargo, hay un punto que quiero discutir de tu justicia: ¿Por qué tienen suerte los malos y son felices los traidores? (Jeremías 12:1).
>
> También lo hace Habacuc:
>
> ¿Hasta cuándo, Señor, te pediré socorro sin que tú me hagas caso, y te recordaré la opresión sin que tú salves? ¿Por qué me obligas a ver la injusticia? ¿Acaso tus ojos soportan la opresión? Sólo observo robos y atropello y no hay más que querellas y altercados" (Habacuc 1:2–3).

El argumento tampoco termina con la Biblia hebrea. Continúa en la tradición rabínica. Lejos de suavizar los contornos de estos bruscos intercambios, los sabios los acentuaron, hablando de *jutzpá klape Shemaya*, "descaro hacia el cielo"[1].

Pero, ¿cómo puede ser esto? ¿Cómo pueden los seres humanos finitos y falibles desafiar a Dios mismo, y esto, no en oposición a la fe, sino como parte de la vida de la fe misma? Porque es notable que no

1. *Sanedrín* 115a.

son herejes, escépticos o ateos quienes plantean estas preguntas, sino héroes del espíritu. ¿Cómo, en nuestra *parashá*, Abraham, quien se describe a sí mismo como simple "polvo y ceniza", confronta al Juez de toda la tierra, desafiando el veredicto de Dios sobre el pueblo de Sodoma?

La respuesta la da la Torá misma. Inmediatamente antes de la intervención de Abraham, leemos estas palabras:

> Y el Señor dijo: ¿Ocultaré a Abraham lo que voy a hacer, puesto que ciertamente Abraham llegará a ser una nación grande y poderosa, y en él serán benditas todas las naciones de la tierra? Porque yo lo he escogido para que mande a sus hijos y a su casa después de él que guarden el camino del Señor, haciendo justicia y juicio, para que el Señor cumpla en Abraham todo lo que Él ha dicho acerca de él (18:17–19).

Está claro que este discurso de Dios es una invitación a que Abraham hable. ¿Cuál más puede ser el significado de "¿Debo ocultar a Abraham lo que estoy a punto de hacer? Dios no solo invita a Abraham a hablar; incluso señala de antemano las palabras que quiere que Abraham use: "correcto" (*tzedek/ tzedaká*) y "justicia" (*mishpat*). Estos constituyen "el camino del Señor" que Dios quiere que Abraham enseñe a sus hijos.

Abraham responde usando precisamente estas palabras en su desafío. Utiliza la raíz *tz-d-k* siete veces. Utiliza la raíz *sh-p-t* dos veces, en el principio y final de la oración clave: "¿El juez [*hashofet*] de toda la tierra no hace justamente [*mishpat*]?"

La respuesta solo sirve para intensificar la pregunta. Dios quiere que Abraham desafíe su veredicto. ¿Pero por qué? ¿Sabe Abraham algo que Dios no sabe? ¿O es su sentido de la justicia más fuerte que el de Dios mismo? Ambas sugerencias son absurdas. Dios sabe más que lo que cualquier humano alguna vez podrá saber. Y la justicia de Dios es, creemos, completa:

> Él es la Roca, Sus obras son perfectas y todos Sus caminos son justos. Un Dios fiel que no hace nada malo, recto y justo es Él (Deuteronomio 32:4).

¿Cómo podría ser de otra manera? El principio fundamental de la Torá es que Dios gobierna con derecho, no con fuerza. Eso en sí mismo fue suficiente para separar al judaísmo de todas las demás religiones del mundo antiguo. Dios no es simplemente poderoso sino ético, y es precisamente la búsqueda de la ética lo que une a Dios y la humanidad en un pacto basado en la rectitud y la justicia. Entonces, ¿qué quería Dios de Abraham? ¿Por qué lo invitó a unirse a una conversación sobre el destino de la gente de Sodoma? No puede ser que el veredicto del cielo fuera cuestionable. La Torá misma descarta esta posibilidad dos veces, una antes y otra después del diálogo de Abraham.

Varios capítulos antes nos dicen:

> Los habitantes de Sodoma eran malos y pecadores de gran manera ante Dios (13:13).

Nótese el triple énfasis en esta oración: la gente era (1) mala, (2) pecadora y (3) de gran manera.

En el capítulo siguiente al diálogo de Abraham, dos de los hombres, ahora identificados como "ángeles", visitan a Lot en Sodoma. Esa noche, tiene lugar la siguiente escena:

> Pero antes que se acostasen, rodearon la casa los hombres de la ciudad, los varones de Sodoma, todo el pueblo junto, desde el más joven hasta el más viejo. Y llamaron a Lot, y le dijeron: ¿Dónde están los varones que vinieron a ti esta noche? Sácalos, para que los conozcamos" (19:4–5).

El pecado – intento de violación homosexual – es en sí mismo una ofensa múltiple, que involucra (1) sexo prohibido, (2) violencia y (3) una violación del estricto código de hospitalidad en el antiguo Cercano Oriente (es significativo que Lot, cuando se enfrenta a la multitud, habla sólo de esta, la más leve de las ofensas: "No le hagas nada a estos hombres, porque están bajo la protección de mi techo"). Nuevamente, hay un triple énfasis en la forma en que el texto habla de los involucrados. Eran: (1) todos los hombres, (2) de todas partes de la ciudad, (3) jóvenes y ancianos. La Torá nos dice que no había "cincuenta" o "diez" personas inocentes en la ciudad, los números citados por Abraham y acordados por Dios. Ni siquiera había uno.

Entonces nuevamente preguntamos: ¿por qué Dios estimuló el desafío de Abraham? Creo que la respuesta es que la Torá insinúa una verdad profunda, no sobre un desafío humano a Dios, sino todo lo contrario: el desafío de Dios a la humanidad.

Dios quiere que Abraham y sus descendientes sean agentes de justicia. Para que se haga justicia y se vea que se hace, *ambas partes deben ser escuchadas*. No solo debe haber un abogado de la acusación sino también de la defensa.

Este principio es tan profundo en la ley judía, que contiene la condición extraordinaria de que si, en un caso de pena capital, los jueces son unánimes al encontrar al demandante culpable, *el caso es rechazado*[2]. Dado que no se ha escuchado ningún argumento en defensa o mitigación del acusado, la presunción es que no se ha visto que se haga justicia[3].

Eso es lo que Dios quiere de Abraham: que sea el abogado defensor del pueblo de Sodoma; para defender su caso; ser la voz de la otra parte. Y eso es precisamente lo que hace Abraham. Si Dios invita a Su propio veredicto a ser desafiado de esta manera, cuánto más Él espera que el veredicto de un tribunal humano sea desafiado.

La justicia es un proceso, no solo un producto. No es suficiente que el tribunal tenga razón. Debe escuchar a ambos lados del argumento. En última instancia, de esto se trata el libro de Job. Job no reclama ser declarado inocente. Pero insiste en ser escuchado.

La justicia, como ha sostenido el filósofo Stuart Hampshire, siempre implica conflicto[4]. Siempre hay más de un punto de vista. Es por eso que un caso judicial se denomina "audiencia". Debe adherirse a la regla de *Audi alteram partem* ("Escuche a la otra parte"). La justicia implica conversación, diálogo, discusión. Requiere la capacidad de ver las cosas desde más de una perspectiva. La justicia, incluso la justicia divina, solo se puede ver que se hace si hay un procurador para la defensa. Dios empodera a Abraham y los profetas posteriores para serlo.

---

2. *Sanedrín 17a*; Maimónides, Hiljot Sanedrín 9:1.
3. Ve los comentarios de Maharatz Jaies to *Sanedrín* 17a.
4. Stuart Hampshire, *Justice is Conflict* (Londres: Duckworth, 1999).

Si es esto es así, la implicación es verdaderamente extraordinaria. Dios necesita que la humanidad se convierta en su socio en la administración de justicia. Necesita escuchar una voz disidente. Ningún juez, por omnisciente e infalible que sea, puede ejecutar la justicia sin un contraargumento. Es por eso que el judaísmo, la religión para la cual la justicia es central, es una religión de discusión y debate, por el bien del cielo, incluso si involucra discusiones con el cielo mismo. Y comenzó con Abraham, el hombre empoderado por Dios para discutir con Dios a fin de que se pueda hacer justicia.

El Judío Ambivalente

La Torá no tiene una palabra para ambivalencia; la más cercana es la pregunta de Elías a los israelitas adoradores de Baal: "¿Hasta cuándo vosotros vacilaréis entre dos pensamientos?" (I Reyes 18:21). Sin embargo, tiene una música para ello. Esta es el raro signo de la lectura de la Torá, conocido como *shalshelet.*

El *shalshelet* es una nota inusual, que sube y baja, sube y baja, como si no pudiera avanzar al siguiente signo musical. El rabino Josef ibn Caspi[1], comentarista del siglo XVI, dio la mejor definición de lo que debía transmitir: es decir, un estado psicológico de incertidumbre e indecisión. La notación gráfica de la propia *shalshelet* parece un rayo, un "movimiento distorsionado en zigzag" (*tenuá meuvetet*), un timbre que va repetidamente hacia atrás y hacia adelante. Transmite un movimiento congelado, lo que Hamlet llamó "el tono nativo de resolución, está enferma con el pálido elenco de pensamientos"[2], en el que el agente está desgarrado por el conflicto interno. El *shalshelet* es la música de la ambivalencia.

1. En su comentario a Génesis 19:16.
2. Shakespeare, *Hamlet,* acto III, Sc. 1.

La rara notación aparece tres veces en Génesis, en cada caso significando una crisis existencial[3]. El individuo en cuestión debe tomar una decisión de la que dependerá todo su futuro, pero descubre que no puede. Se debate entre dos alternativas, las cuales ejercen una poderosa influencia. Debe resolver el dilema de una manera u otra, pero cualquiera de las dos opciones implicará desprenderse de las tentaciones sentidas intensamente o las aspiraciones profundamente arraigadas. Son momentos de gran drama psicológico.

Un caso ocurre en Génesis 24:12. Abraham ha enviado a su sirviente (no identificado en el texto, pero los comentaristas lo consideran Eliezer) a encontrar una esposa para su hijo Isaac en la ciudad de Harán. Al llegar al pozo del pueblo, Eliezer propone una prueba: la mujer que venga a sacar agua, ofrezca al viajero y además dé de beber a sus camellos, será la elegida por Dios para el hijo de su amo. Sobre el "y él dijo" al presentar su pedido a Dios de que esta prueba tuviera éxito, la tradición masorética ha colocado un *shalshelet*.

Los comentaristas identifican múltiples fuentes de ambivalencia en este punto. Primero están las dudas sobre la permisibilidad de la prueba: la ley judía prohíbe confiar en los "presagios", y Eliezer pudo haber sentido que su prueba estaba peligrosamente cerca de la práctica pagana[4] (el Ran sobre Julin 85b, sin embargo, establece que la conducta de Eliezer era legítima; él buscaba no un presagio sino un signo del carácter de la mujer). Ibn Caspi sugiere que Eliezer no estaba seguro de si una sola prueba como esta era base suficiente para afirmar una decisión tan fatídica como la elección de un cónyuge para Isaac. El Midrash, sin embargo, ofrece una explicación más reveladora: Eliezer tenía sentimientos encontrados sobre la misión en sí, no sobre la prueba. Hasta ese momento, dice el Midrash, había estado "sentado y sopesando si su propia hija era adecuada para Isaac"[5]. En otras palabras, había esperado que, de una forma u otra, la herencia de Abraham le pasara a él.

---

3. Aparece por cuarta vez en Levítico 8:23, donde su significado es menos evidente, y más allá del alcance de este ensayo.
4. *Devarim* 18:10, *Julin* 95b.
5. Deuteronomio 18:10, *Julin* 95b.

Hay dos pistas que llevaron al Midrash a esta hipótesis. La primera es que cuando Abraham le habló por primera vez a Dios acerca de su falta de hijos, dijo: "Señor Soberano, ¿qué me puedes dar ya que no tengo hijos?[6] Y el que heredará mi propiedad es Eliezer de Damasco" (15:2). Eliezer, en ese momento, era el heredero putativo de Abraham.

La segunda es que cuando Abraham encarga a su siervo la misión de encontrar una esposa para su hijo, Eliezer responde: "Quizás [*ulay*] la mujer no esté dispuesta a regresar conmigo a esta tierra".(23: 5) Como señala Ibn Ezra, la palabra *ulay* no es neutral. Significa una implicación emocional en el resultado: uno desea que la eventualidad se cumpla o no. El "quizás" de Eliezer puede haber sido una expresión inconsciente del hecho de que, con en una parte de su mente, quería que la misión fracasara. Esto, una vez más, lo habría colocado a él o a su hija en una posición para ser el heredero de Abraham. Por lo tanto, fue con sentimientos profundamente encontrados que oró para que apareciera la mujer que sería la esposa de Isaac elegida por Dios.

Más dramático aún es el caso de Josef. Hijo de un pastor, Jacob, el casi más pequeño de los hijos, odiado por sus hermanos y vendido por ellos como esclavo, se encuentra en Egipto como mayordomo de Potifar, uno de sus ciudadanos prominentes. A solas con la esposa de su amo, se topa con una propuesta de ella: "Y era Josef de hermoso semblante y bella presencia. Y aconteció después de esto, que la mujer de su señor puso sus ojos en Josef, y dijo: 'Acuéstate' conmigo" (38: 6–7). El texto continúa: "Pero él se negó..." (38: 8). Sobre este verbo, la tradición ha colocado un *shalshelet*.

Podemos imaginar el conflicto en la mente de Josef en ese momento. Por un lado, todo su sentido moral decía que no. Sería una traición a todo lo que representaba su familia: su ética sexual y su fuerte sentido de identidad como hijo del pacto. También sería, como dice el mismo Josef, una traición al propio Potifar:

> Conmigo a cargo, mi amo no se preocupa por nada de la casa; ha confiado todo lo que tiene a mi cuidado. No hay otro más importante que yo en esta casa, y ninguna cosa me ha reservado

6. *Génesis Raba* 59:9.

> sino a ti, por cuanto tú eres su mujer; ¿cómo, pues, haría yo este grande mal y pecaría contra Dios? (39:8–9).

Y, sin embargo, la tentación debe haber sido intensa. Se encontraba en una civilización urbana de un tipo que no había visto antes. Fue su primera experiencia de "luces brillantes, de una gran ciudad". Estaba lejos de casa. Nadie podía verlo. Después de toda la hostilidad que había sufrido en su niñez, el hecho de que la esposa de Potifar le hiciera proposiciones debe haber sido halagador además de seductor. Fue un momento decisivo. Un esclavo, sin ninguna esperanza realista de ser rescatado, ¿iba a convertirse en egipcio, con todo el *laissez faire* sexual que eso implicaba? O ¿permanecería fiel a su pasado, a su conciencia, a su identidad? El Talmud da una descripción gráfica de su tormento interior:

> La imagen de su padre se le apareció en la ventana y le dijo: "Josef, los nombres de tus hermanos están destinados a estar inscritos en las piedras del pectoral [del sumo sacerdote], y tú estarás entre ellos. ¿Quieres que se borre tu nombre? ¿Quieres que te llamen adúltero?"[7]

El *shalshelet* es un elegante comentario sobre la *crisis de conciencia* de Josef. Al final, Josef se niega, pero no sin una profunda lucha interior.

Lo que nos lleva a *Parashat Vayerá*, la primera aparición del *shalshelet* en la Torá. Aquí el conflicto es explícito. Dos de los ángeles que habían visitado a Abraham, ahora se dirigen a la casa de Lot en Sodoma. Le advierten que la ciudad y sus habitantes están a punto de ser destruidos. Él y su familia deben irse de inmediato. Pero Lot se demora:

Entonces los dos hombres dijeron a Lot: ¿A quién más tienes aquí? A tus yernos, a tus hijos, a tus hijas y quienquiera que tengas en la ciudad, sácalos de este lugar; porque vamos a destruir este lugar, pues su clamor ha llegado a ser tan grande delante del Señor, que el Señor nos ha enviado a destruirlo."

Y fue Lot y habló a sus yernos que se habían casado con sus hijas, y dijo: "Levantaos, salid de este lugar porque el Señor destruirá la ciudad".

7. *Sotá* 36b.

Pero a sus yernos les pareció que bromeaba. Y al amanecer, los ángeles apremiaban a Lot, diciendo: Apresúrate, toma a tu mujer y a tus dos hijas que están aquí, para que no seáis destruidos en el castigo de la ciudad. Mas él titubeaba. Entonces los dos hombres tomaron su mano y la mano de su mujer y la mano de sus dos hijas, porque la compasión del Señor estaba sobre él; y lo sacaron y lo pusieron fuera de la ciudad (19:12–16).

Sobre "él titubeaba" hay un *shalshelet.*

La indecisión de Lot llega al núcleo de su identidad. Previamente, cuando él y Abraham acordaron separarse para poner fin a la disputa entre sus pastores, "Lot miró hacia arriba y vio que toda la llanura del Jordán estaba bien regada, como el jardín del Señor, como la tierra de Egipto, hacia Tzoar. ... Entonces Lot eligió para sí toda la llanura del Jordán y partió hacia el oriente" (13:10–11). Lot eligió establecer su hogar en Sodoma, a pesar del hecho de que, como señala la Torá en ese momento, sus habitantes "eran perversos y pecaban mucho contra el Señor" (13:13).

Habiendo elegido echar raíces en el valle del Jordán y las ciudades de la llanura, Lot ya no se ve a sí mismo, tal como se veía Abraham, "un extranjero y residente temporal" (23:4). Por el contrario, Lot y su familia se asimilan profundamente. Sus hijas se casan con hombres locales; Lot asciende a posición pública. Los sabios interpretan la frase al comienzo del capítulo, "Lot estaba sentado a la entrada de la ciudad" (19:1), en el sentido de "acababa de ser nombrado juez", siendo la puerta de la ciudad el lugar donde, en los tiempos de Abraham, los jueces y los ancianos se sentaban para resolver disputas[8]. Lot se ve a sí mismo como perteneciente a Sodoma, hasta tal punto que los visitantes tienen que arrastrarlo de ahí físicamente.

El sentido de pertenencia de Lot, sin embargo, es ingenuo o es un autoengaño. El texto deja esto claro en tres puntos. El primero es el asalto sexual a los visitantes de Lot (19:4–5). Evidentemente, la gente de Sodoma no recibe amablemente a los extraños. Este es el primer indicio de que quizás Lot también es, a sus ojos, un extraño. De hecho, lo es. La Torá, en su segunda indicación, es brutalmente explícita:

8. Rashí en Génesis 19:1; *Génesis Raba* 50:3.

> Mas ellos dijeron: ¡Hazte a un lado! Y dijeron, además: Este vino como extranjero, y ya está actuando como juez; ahora te trataremos a ti peor que a ellos (19:7–9).

El tercer indicio es cuando les dice a los maridos de sus hijas que deben escapar porque la ciudad está a punto de ser destruida, y "sus yernos pensaron que estaba bromeando". La elaborada nueva identidad de Lot está a punto de derrumbarse, no solo por la destrucción inminente, sino porque ha descubierto en sucesivos golpes que no ha sido aceptado en ese lugar. Sodoma odia a los extraños, todavía consideran a Lot "un forastero" y sus yernos lo consideran un necio.

Sin embargo, a pesar de esto, duda. Ha invertido demasiado de sí mismo en el proyecto de hacer su hogar entre la gente de la llanura. Es un excelente ejemplo de lo que Leon Festinger llamó disonancia cognitiva[9]. Según Festinger, la necesidad de evitar la disonancia y la tensión insoportable que crea, es fundamental para los seres humanos. Es esta tensión que Lot no puede resolver, la que es señalada por el *shalshelet* sobre "él titubeó". Este fue un momento en el que se enfrentó a la pregunta existencial última: "¿Quién soy?" Habiendo intentado tanto convertirse en uno de ellos, le resulta casi imposible separarse.

La teoría de Festinger también explica el comportamiento de la esposa de Lot, quien "miró hacia atrás [en contra de la instrucción explícita de los ángeles] y se convirtió en una columna de sal" (19:26). Festinger llamó a este síndrome "disonancia pos decisión". Él predijo que cuanto más importante es el problema, cuanto más demora la persona en tomar una decisión y más difícil es revertirla, más él o ella, se angustiará por haber tomado la decisión correcta. Tienen dudas; necesitan tranquilidad; ellos "miran hacia atrás".

El *shalshelet* sobre la vacilación de Lot no es un mero detalle del texto bíblico. Es, en un sentido real, la historia del judío moderno. Al entrar en la sociedad dominante por primera vez y, sin embargo,

9. Leon Festinger, Henry W. Riecken and Stanley Schachter, *When Prophecy Fails* (New York: Harper & Row, 1856); Leon Festinger, *A theory of Cognitive Dissonance*, Evanston, IL., Row, Peterson, 1957; Leon Festinger, Teoría de la Disonancia Cognoscitiva, Instituto de Estudios Políticos, Madrid, 1975.

encontrar un antisemitismo abierto o encubierto, muchos judíos europeos del siglo XIX se volvieron ambivalentes sobre su identidad. Intentaron ocultarla y asimilarse. Se convirtieron en Marranos seculares. No funcionó. Cuanto más se esforzaban por ser como todos los demás, cuanto más conspicuo eran, el antisemitismo crecía. Ellos mismos perdieron mucho en el proceso, no solo su herencia judía en sí, sino también la simple capacidad de saber y enorgullecerse de quiénes eran. Trágicamente, la confusión y la inversión emocional fueron tan profundas que muchos repitieron la vacilación de Lot: muchos judíos en Alemania y Austria en la década del 30, se negaron a irse porque no querían o no podían creer la evidencia que los rodeaba, de que Hitler era serio en sus amenazas a destruir a los judíos.

Las vidas de Lot y Abraham ejemplifican para siempre el contraste entre la ambivalencia y la seguridad que proviene de saber quién es uno y por qué. Lot, que intentó convertirse en otra persona, se encontró con que sus vecinos lo consideraban un foráneo, un arribista, un intruso, un advenedizo. Para sus propios yernos era un "bromista". Abraham vivió un tipo diferente de vida. Peleó una guerra en nombre de sus vecinos. Oró por ellos. Sin embargo, vivió apartado, fiel a su fe, su misión y su alianza con Dios. Sin embargo, incluso cuando se llamaba a sí mismo un "extranjero y peregrino" (23:4), los hititas lo veían como "un príncipe de Dios en medio de nosotros" (23:6). Esa ecuación no ha cambiado. Los no judíos respetan a los judíos que respetan el judaísmo. Les avergüenzan los judíos que se avergüenzan del judaísmo. Nunca seas ambivalente sobre quién y qué eres.

El Milagro de un Hijo

Hay un misterio en el corazón de la existencia judía, grabado en las primeras sílabas de nuestro tiempo registrado. Las palabras iniciales de Dios a Abraham fueron: "Vete de tu tierra, y de tu patria, y de la casa de tu padre, a la tierra que yo te mostraré y te haré una gran nación..." (12:1–2). En el capítulo siguiente, hay otra promesa: "Haré a tus hijos como el polvo de la tierra, de modo que, si alguno pudiera contar el polvo de la tierra, así sea contada tu descendencia" (13:14–16). Dos capítulos después, viene una tercera: "Dios lo sacó afuera y le dijo: 'Mira los cielos y cuenta las estrellas, si es que puedes contarlas'. Luego le dijo: 'Así serán tus hijos'" (15:5). Finalmente, la cuarta: "Tu nombre será Abraham, porque te he puesto por padre de muchas naciones "(17:15). Cuatro promesas crecientes: Abraham sería el padre de una gran nación, tantas como el polvo de la tierra y las estrellas del cielo. No sería padre de una nación sino de muchas.

La realidad, sin embargo, era diferente. Ya en el principio de la historia, Abraham se hizo "muy rico en ganado, plata y oro" (13: 2). Tenía todo lo que podía desear excepto una cosa: un hijo. Entonces Dios se apareció a Abraham y le dijo: "Tu recompensa será muy grande".

Hasta ese momento, Abraham había estado en silencio. Ahora, algo dentro de él se rompe y pregunta: "Señor Dios, ¿qué me darás si no tengo hijos?" (15:2). Las primeras palabras registradas de Abraham a Dios son una súplica para que haya generaciones futuras. El primer judío temía ser el último.

Y luego nace un niño. Sara le da a Abraham su sierva Hagar, con la esperanza de que ella le dé un hijo. Ella da a luz a un hijo cuyo nombre es Ismael, que significa "Dios ha oído". La oración de Abraham ha sido respondida, o eso creemos. Sin embargo, en el próximo capítulo, esa esperanza se destruye. Sí, dice Dios, Ismael será bendecido. Será padre de doce príncipes y de una gran nación. Sin embargo, no es el hijo del destino judío, y un día Abraham tendrá que separarse de él.

Esto le duele profundamente a Abraham. Él suplica: "Si tan solo Ismael pudiera vivir bajo Tu bendición" (17:18). Más tarde, cuando Sara ahuyenta a Ismael, leemos "esto angustió mucho a Abraham a causa de su hijo" (21:11). Sin embargo, el decreto permanece. El hijo prometido debe ser el hijo de Sara.

Finalmente, se anuncia el nacimiento de este niño. Tanto Abraham como Sara ríen. ¿Cómo puede ser? Son viejos. Sara es posmenopáusica. Sin embargo, contra toda posibilidad, nace el hijo. Su nombre es Isaac, que significa "risa":

> Sara dijo: "Dios me ha hecho reír, y todo el que se entere se reirá conmigo". Además, agregó: "¿Quién le hubiera dicho a Abraham que Sara amamantaría a niños? Sin embargo, le he dado un hijo en su vejez" (20:6–7).

La historia parece llegar a una conclusión exitosa. Después de todas las promesas y oraciones, Abraham y Sara finalmente tienen un hijo. Luego vienen las palabras que, durante todos los siglos, no han perdido su poder de conmoción:

> Después de estas cosas, Dios probó a Abraham. Le dijo: "¡Abraham!"
>
> "Aquí estoy", respondió.
>
> Entonces Dios dijo: "Toma a tu hijo, tu único hijo, Isaac, a quien amas, y vete a la tierra de Moriá. Sacrifícalo allí como holocausto en uno de los montes que yo te mostraré"(22:1–2).

Abraham toma a su hijo, viaja tres días, sube al monte, prepara la leña, ata a su hijo, toma el cuchillo y levanta la mano. Entonces se oye una voz del cielo: "No pongas la mano sobre el muchacho" (22:12). El juicio ha terminado. Isaac vive.

¿Por qué todas las promesas y decepciones? ¿Por qué la esperanza que tan frecuentemente se eleva, tan a menudo no se cumple? ¿Por qué dilatar? ¿Por qué Ismael? ¿Por qué la atadura? ¿Por qué poner a Abraham y Sara en la agonía de pensar que el hijo por el que han esperado tanto tiempo está a punto de morir?

Se han ofrecido muchas respuestas a lo largo de las generaciones, pero una trasciende a todas las demás: apreciamos lo que esperamos y lo que más corremos el riesgo de perder. La vida está llena de maravillas. El nacimiento de un niño es un milagro. Sin embargo, precisamente porque estas cosas son naturales, las damos por sentado, olvidando que la naturaleza tiene un arquitecto y la historia un autor.

El judaísmo es una sostenida disciplina en no dar por sentada la vida. Fuimos el pueblo nacido en la esclavitud para que valoremos la libertad. Fuimos la nación siempre pequeña, para que supiéramos que la fuerza no está en los números sino en la fe, que engendra valor. Nuestros antepasados caminaron por el valle de sombra de la muerte, para que nunca pudiéramos olvidar la santidad de la vida.

A lo largo de la historia, los judíos fueron llamados a atesorar a los niños. Todo nuestro sistema de valores se basa en ello. Nuestras ciudadelas son las escuelas, nuestra pasión, la educación y nuestros mayores héroes, los maestros. El servicio del Seder de Pesaj comienza con preguntas hechas por un niño. El primer día del Año Nuevo, no leemos sobre la creación del universo, sino sobre el nacimiento de un niño: de Isaac a Sara, de Samuel a Ana. La nuestra es una fe principalmente centrada en el niño.

Es por eso que, en los albores del tiempo judío, Dios hizo pasar a Abraham y Sara a través de estas pruebas – la larga espera, la esperanza insatisfecha, la atadura misma – para que ni ellos ni sus descendientes nunca dieran por sentado a los hijos. Cada niño es un milagro. Ser padres es lo más cercano que tenemos con Dios: dar vida a través de un acto de amor.

Incluso hoy, cuando demasiados niños viven en la pobreza y el analfabetismo, muriendo por falta de atención médica porque quienes gobiernan las naciones prefieren las armas a la asistencia social, la toma de rehenes a la construcción de hospitales, la lucha en las batallas del pasado en lugar de dar forma a un futuro seguro, es una lección que el mundo aún no ha aprendido. Por el bien de la humanidad, debe hacerlo, porque la tragedia es enorme y la hora ya es muy tardía.

Jaye Sara
חיי־שרה

Jaye Sara contiene tres narraciones: la muerte de Sara y la adquisición de Abraham de un terreno para inhumarla, la primera parcela de Tierra Santa que será propiedad del pueblo del pacto; la búsqueda de una esposa para Isaac, el primer hijo judío; y el último período de la vida de Abraham y su muerte.

En el primero de los siguientes ensayos, exploramos el significado persistente de las dos primeras de estas historias para el presente judío. En el segundo, veremos la meditación vespertina de Isaac, que los sabios tomaron como modelo para *minjá,* la oración de la tarde. En el tercero, analizamos las implicaciones halájicas de la forma en que Abraham y su sirviente eligieron una esposa para Isaac. Sorprendentemente, los rabinos la tomaron como una excepción más que como una regla general. En el cuarto, observamos una notable serie de *midrashim* sobre el segundo matrimonio de Abraham, después de la muerte de Sara, y sus alcances en las relaciones entre el judaísmo y el islam.

Tierra e Hijos

P*arashat Jaye Sara* se centra en dos episodios, ambos narrados en profundidad y con detalles intrincados. El primero trata de la compra de Abraham de un terreno con una cueva como lugar de sepultura para Sara; el segundo con la misión de encontrar una esposa para su hijo Isaac. La yuxtaposición de estos dos eventos va más allá de la casualidad. La Torá no los narra extensamente simplemente porque sucedieron. Torá significa "enseñanza". Nos dice lo que sucedió solo cuando los eventos que *ocurrieron entonces* influyen en lo que necesitamos saber *ahora*. Por tanto, el enfoque en estos dos temas requiere una mayor atención.

Abraham, el primer portador del pacto, recibe dos promesas, ambas declaradas cinco veces. La primera es de una tierra. Una y otra vez, Dios le dice que la tierra a la que ha viajado, Canaán, algún día será suya:

> Entonces el Señor se le apareció a Abram y le dijo: "A tu descendencia le daré esta tierra". Por lo tanto, edificó allí un altar al Señor que se le había aparecido (12:7).

> El Señor le dijo a Abram después de que Lot se separó de él: "Levanta tus ojos de donde estás y mira al norte, al sur, al este y al oeste. Toda la tierra que ves, te la daré a ti y a tu descendencia

> para siempre... Ve, recorre a lo largo y ancho de la tierra, porque te la doy (13:14–17).
>
> Luego le dijo: "Yo soy el Señor, que te saqué de Ur de los caldeos para darte esta tierra para que la tomes posesión" (15:7).
>
> En ese día, el Señor hizo un pacto con Abram y dijo: "A tus descendientes les doy esta tierra, desde el río de Egipto hasta el río grande, el Éufrates, la tierra de los "quenitas, quenizitas, cadmonitas, hititas, perizitas, refaítas, amorreos, cananeos, guirgasitas y jebuseos" (15:18–21).
>
> Estableceré mi pacto como un pacto eterno entre mí y tú y tu descendencia después de ti para las generaciones venideras, para ser tu Dios y el Dios de tu descendencia después de ti. Toda la tierra de Canaán, donde ahora eres un forastero, te la daré como posesión eterna a ti ya tu descendencia después de ti; y seré su Dios (17:7–8).

La segunda fue la promesa de los hijos, también declarada cinco veces:

> Te convertiré en una gran nación y te bendeciré; Haré que tu nombre sea grande y serás una bendición (12:2).
>
> Haré tu descendencia como el polvo de la tierra, de modo que, si alguien pudo contar el polvo, tu descendencia podría ser contada (13:16).
>
> Lo llevó afuera y le dijo: "Mira a los cielos y cuenta las estrellas, si es que puedes contarlas". Luego le dijo: "Así será tu descendencia" (15:5).
>
> Por mi parte he aquí mi alianza contigo: serás padre de una muchedumbre de pueblos. No te llamarás más Abram, sino que tu nombre será Abraham, pues padre de muchedumbre de pueblos te he constituido (17:4–5).

> Yo te colmaré de bendiciones y acrecentaré muchísimo tu descendencia como las estrellas del cielo y como las arenas de la playa, y se adueñará tu descendencia de la puerta de sus enemigos (22:17).

Estas son promesas importantes. La tierra a lo largo y a lo ancho será "posesión eterna" de Abraham y de sus hijos. Abraham tendrá tantos hijos como el polvo de la tierra, las estrellas del cielo y la arena a la orilla del mar. Él será el padre, no de una nación, sino de muchas. Sin embargo, ¿cuál es la realidad en el momento en que Sara muere? Abraham no posee tierras y tiene un solo hijo (tuvo otro, Ismael, pero le dijeron que no sería el portador del pacto).

En este contexto, queda claro el significado de los dos episodios centrales de *Jaye Sara*. Primero, Abraham pasa por un largo proceso de negociación con los hititas para comprar un campo con una cueva en la que enterrará a Sara. Es un encuentro tenso, incluso humillante. Los hititas dicen una cosa y quieren decir otra. Como grupo, dicen: "Óyenos, señor nuestro; eres un príncipe de Dios entre nosotros; en lo mejor de nuestros sepulcros sepulta a tu muerta; ninguno de nosotros te negará su sepulcro, ni te impedirá que entierres tu muerta" (23:6). Efron, el dueño del campo que Abraham quiere comprar, dice: "Señor mío, óyeme: te doy la heredad, y te doy también la cueva que está en ella; en presencia de los hijos de mi pueblo te la doy; sepulta tu muerta" (23:11).

Como la narrativa deja en claro, esta generosidad elaborada, es una fachada para una negociación extraordinariamente persevera. Abraham sabe que es "extranjero y forastero entre vosotros" (23:4), lo que significa, entre otras cosas, que no tiene derecho a poseer tierras. Esa es la fuerza de su respuesta, que, despojada de su superposición de cortesía, significa: "Utiliza uno de nuestros lugares de entierro. No puedes adquirir el tuyo propio".

Abraham no cambia de opinión. Insiste en que quiere comprar el suyo. La respuesta de Efron: "Es tuyo. Te lo doy"- es de hecho el preludio de una demanda por un precio muy exagerado: cuatrocientos siclos de plata. Finalmente, sin embargo, Abraham cumple su deseo. La transferencia de propiedad se registra en una precisa fraseología legal (23:17–20) para indicar que, por fin, Abraham es dueño de parte de la tierra. Es una pequeña parte: un campo y una cueva. Un lugar de sepultura, comprado por un precio exagerado. Esa es la mayor parte de la promesa divina de la tierra que Abraham verá en su vida.

La siguiente sección cuenta acerca de la preocupación de Abraham de que Isaac tuviera una esposa. Debemos asumir que tiene al menos treinta y siete años (la edad que tenía cuando murió Sara) y aún no está casado. Abraham tiene un hijo, pero no nietos, no tiene posteridad. Al igual que con la compra de la cueva, así aquí: conseguir una nuera requerirá de mucho dinero y de una dura negociación.

El sirviente, al llegar a la vecindad de la familia de Abraham, ora pidiendo ayuda a Dios para encontrar a la joven adecuada. En respuesta, se encuentra de inmediato con Rebeca. Sin embargo, obtener su liberación de su familia es otra cuestión. El criado saca oro, plata y ropa para la niña. Entrega a su hermano y a su madre regalos caros. La familia hace una comida de celebración. Pero cuando el sirviente quiere irse, el hermano y la madre dicen: "Que la niña se quede con nosotros otro año o diez [meses]" (24:55). Labán, el hermano de Rebeca, desempeña un papel no muy diferente al de Efron: la muestra de generosidad oculta una fuerte determinación, incluso abusadora, de hacer un trato provechoso. Finalmente, la paciencia da sus frutos. Rebeca se va. Isaac se casa con ella. El pacto continuará.

No se trata de episodios menores. Cuentan una historia difícil. Abraham tendrá una tierra. Tendrá innumerables hijos. Pero estas cosas no sucederán ni rápido, ni de repente, ni fácilmente. Tampoco ocurrirán sin el esfuerzo humano. Por el contrario, solo las producirán la fuerza de voluntad y la determinación. La promesa divina no es lo que parecía en un principio: una declaración de que Dios actuará. De hecho, es una petición, una invitación de Dios a Abraham y sus hijos para que actúen. Dios los ayudará. El resultado será lo que Dios dijo que sería. Pero no sin el compromiso total de la familia de Abraham para prevalecer en lo que a veces parecerán obstáculos insuperables.

Una tierra: Israel. Y los hijos: continuidad judía. El hecho asombroso es que hoy, cuatro mil años después, siguen siendo las preocupaciones dominantes de los judíos en todo el mundo: la seguridad de Israel como hogar judío y el futuro del pueblo judío. Las esperanzas y los temores de Abraham son los nuestros.

Ahora como entonces, la promesa divina no significa que podamos dejar el futuro a Dios. Esa idea no tiene lugar en la visión del mundo del primer libro de la Torá. Al contrario: el pacto es un desafío de Dios para nosotros, no nuestro para Dios. El significado de los eventos de *Jaye Sara* es que Abraham se dio cuenta de que Dios dependía de él. Fe no significa pasividad. Significa coraje para actuar y nunca dejarse disuadir. El futuro sucederá, pero somos nosotros, inspirados, empoderados, fortalecidos por la promesa, quienes debemos lograrlo.

Plegaria y Conversación

La Torá captura para nosotros el primer encuentro entre Isaac y su futura esposa en una escena fascinante. Abraham envió a su sirviente a buscar una esposa para Isaac. Él lo hace y trae a Rebeca. Cuando llegan de Harán, Isaac viene hacia ellos, porque "Una tarde había salido Isaac de paseo por el campo, a meditar" (24:63). El Talmud identifica este momento con alcances históricos y halájicos: la "meditación" de Isaac fue una oración. Si el comportamiento de Isaac tuvo implicaciones normativas, significó que instituyó *minjá,* la oración de la tarde.

Esta identificación es parte de una amplia disputa registrada en el Talmud, con respecto al origen de las tres oraciones diarias. Algunos sabios sostenían que eran un sustituto de las ofrendas que habían tenido lugar en el Templo. Otros sostienen que sus fuentes se remontan al pasado de Israel, a los patriarcas y matriarcas bíblicos:

> Se ha dicho: R. Yose hijo de R. Janina dijo: las oraciones fueron instituidas por los patriarcas. R. Yehoshúa hijo de Levi dijo: las oraciones fueron instituidas para reemplazar los sacrificios diarios. Se ha enseñado de acuerdo con R. Yose hijo de R. Janina, y se ha enseñado de acuerdo con R. Yehoshúa hijo de Levi. Se ha enseñado de acuerdo con R. Yose hijo de R. Janina: Abraham

instituyó la oración de la mañana, como dice: *"Se levantó Abraham de madrugada y fue al lugar donde había estado en presencia de Dios" (19:27)*, y "se levantó" Significa oración, como dice "*Pinjás entonces se levantó e hizo juicio, y se detuvo la plaga*" (Salmos, 106:30).

Isaac instituyó la oración de la tarde, como dice, *"e Isaac salió a meditar en el campo hacia la noche"* (24:63), y "meditación" significa oración, como dice: *"Oración del afligido que, en su angustia, derrama su llanto ante el Señor"* (Salmos 102:1). Jacob instituyó la oración de la tarde, como dice: *"Y encontró (vayfgá) un lugar"* (28:11), y *peguiá* significa oración, como dice: "*En cuanto a ti, no pidas por este pueblo ni eleves por ellos plegaria ni oración, ni me insistas (tifgá) porque no te oiré*" (Jeremías 7:16).

Se ha enseñado de acuerdo con R. Yehoshúa hijo de Levi: ¿por qué decían que la oración de la mañana se podía rezar hasta el mediodía? Porque el sacrificio regular de la mañana podía llevarse hasta el mediodía. R. Yehudá, sin embargo, dice que se puede decir hasta la cuarta hora porque el sacrificio regular de la mañana puede llevarse hasta la cuarta hora.

¿Y por qué dijeron que la oración de la tarde se puede rezar hasta la noche? Porque la ofrenda regular de la tarde podía llevarse hasta la noche. R. Yehudá, sin embargo, dice que solo se puede decir hasta la mitad de la tarde, porque la ofrenda de la tarde solo podía llevarse hasta la mitad de la tarde.

¿Y por qué dijeron que para la oración de la tarde no hay límite? Porque los miembros y la grasa que no se consumieron en el altar al anochecer se podían traer durante toda la noche (Berajot 26b).

Hay más en juego en este desacuerdo que la halajá y la historia. Lo que está en cuestión es la naturaleza misma de la oración.

En el judaísmo bíblico había dos tradiciones espirituales distintas. Por un lado, estaban los patriarcas y profetas. Eran, si se puede decir de esta manera, gente común con dones extraordinarios, sobre todo, el don de poder hablar y escuchar la voz de Dios. Los patriarcas eran pastores. También Moisés. No llevaban prendas de servicio. Vivían lejos de las ciudades de su tiempo. Solos, lejos del ruido de la civilización urbana, escucharon e hicieron caso de la palabra de Dios. Rezaron según lo exigía la situación. No hay dos oraciones iguales. Hablaron desde lo más profundo de su ser a Aquel que es la profundidad de todo Ser. Esa es la oración patriarcal y profética.

Había otro tipo de personalidad religiosa: el sacerdote. *Tenía* investiduras especiales para el servicio. Era un "hombre santo", apartado de los demás (este es el significado fundamental de *kadosh*, "santo", en el judaísmo).

Para él, *avodá*, "servicio" divino, denotaban primariamente las ofrendas. Todo sobre los sacrificios estaba sujeto a reglas prescriptivas detalladas. Los *temidim*, o sacrificios regulares, tenían su propio tiempo (mañana y tarde), su propio lugar (el Santuario, más tarde el Templo), y su propio ritual definido con precisión, nunca variando, siempre el mismo. La espontaneidad, esencial para el profeta, es desastrosa para el sacerdote. Los dos hijos de Aarón, Nadav y Avihú, llevados por el estado de ánimo del momento, hicieron su propia ofrenda en la inauguración del santuario y murieron cuando "tomaron, cautivados cada uno su incensario, y pusieron en ellos fuego, sobre el cual pusieron incienso, y ofrecieron delante del Señor fuego extraño, que él nunca les mandó" (Levítico 10:1–2).

Si el profeta representa el "ahora", la respuesta inmediata de la vida religiosa, el sacerdote representa la eternidad. Hablan de diferentes aspectos del alma y disímiles necesidades de la sociedad. Sin espontaneidad, el espíritu se marchita; sin estructura, cae en el caos. Sin profetas, la fe de Israel habría enmohecido; sin sacerdotes, nunca habría podido convertirse en el código de una nación.

La cuestión debatida entre Rabí Yose ben Rabí Janina, y Rabí Yehoshúa ben Levi, fue, por tanto: ¿a cuál de estas tradiciones pertenece la oración? ¿A los patriarcas o los sacerdotes? ¿A la súplica o al sacrificio? ¿Es la oración judía el diálogo personal del alma o el culto colectivo de la nación?

En la práctica, es ambos. Uno de los hechos más notables y poco percibidos sobre el judaísmo es que hasta el día de hoy mantenemos ambos aspectos, diciendo la *Amidá* (oración de pie) dos veces: una en privado y en silencio como individuos, y luego una segunda vez pública y colectivamente como comunidad (en la "repetición del jazán"). La oración silenciosa pertenece al mundo de Abraham, Isaac y Jacob, Raquel y Ana; es privada, personal y puede incluir peticiones individualizadas. La repetición del jazán sigue la lógica de los sacrificios: es pública, colectiva y no incluye solicitudes personales. Por eso también no hay repetición en el caso de *maariv*, el servicio vespertino: porque no había sacrificio nocturno en el Templo. De este modo, preservamos tanto la tradición patriarcal como la sacerdotal.

Vincular las oraciones a los patriarcas no solo profundiza su historia y resalta la capacidad de respuesta individual que se encuentra en su núcleo, sino que también señala las diferencias entre las tres oraciones diarias. Las personalidades e historias divergentes de los patriarcas dan un carácter único a cada una de las oraciones.

Mi predecesor como Gran Rabino, el difunto Lord Jacobovits de bendita memoria, solía señalar que la posición del sol en las distintas etapas del día reflejaba la de los propios patriarcas. Por la mañana, el sol está en el este, y Abraham comenzó su vida en el este, en Ur de los Caldeos, a saber, en la Mesopotamia. A primera hora de la tarde, el sol está en el medio del cielo, recordándonos a Isaac, quien pasó toda su vida en la tierra de Canaán, que luego sería Israel. Por la tarde, el sol está en el oeste, al igual que Jacob, que terminó su vida en el oeste, exiliado en Egipto.

Los verbos asociados con cada una de las oraciones del patriarca también son diferentes. Abraham "se levanta temprano en la mañana" y "se pone de pie". Cuando se trata de la oración, él es el iniciador. Reconociendo que él es "polvo y ceniza" (18:27), sin embargo, pronuncia la oración más audaz de todos los tiempos: "¿No hará justicia el Juez de toda la tierra?" (18:25). Esa es la oración como *Amidá*, como estar de pie ante la presencia de Dios.

Jacob, por el contrario, "encuentra". No es él quien busca a Dios en su lucha desde casa, sino Dios quien lo busca[1]. La frase que la Torá usa justo antes de que Jacob tenga su visión de la escalera angelical es *vayfgá bamakom*, que en hebreo rabínico se puede leer como se "chocó con Dios". Hay experiencias espirituales que tenemos cuando menos las esperamos, cuando estamos solos, asustados, pensando en otra cosa. Esa

1. Ver también "*Encountering God*" y "*The Ladder of Prayer*," págs. 179–189.

fue la perspectiva de oración de Jacob. No todo en la vida del espíritu está bajo nuestro control. Las grandes experiencias transformadoras (amor, una repentina sensación de belleza, un aumento de la felicidad) ocurren de manera impredecible, dejándonos, en la famosa frase de Wordsworth, "sorprendidos por la alegría". La gloria de la epifanía de Jacob es que sucedió de noche, en medio del miedo y la huida. Esa es la plegaria como *peguiá*.

Hay un tercer tipo de oración. Isaac está "meditando" en el campo, pero la palabra *sijá* significa no solo meditación, sino también, y principalmente, conversación. Cuando el Talmud dice, en el contexto de Isaac, *ein sijá ela tefilá*, podríamos traducir esta frase libremente como "la conversación es una forma de oración", y en un sentido profundo, así es.

La oración es una conversación entre el cielo y la tierra. Pero la conversación también es una oración, porque en un diálogo verdadero, me abro a la realidad de otra persona. Ingreso a su mundo. Empiezo a ver las cosas desde una perspectiva que no es la mía. En el contacto de dos seres, ambos cambian.

Por lo tanto, cuán apropiado es el hecho de que se ve a Isaac orando inmediatamente antes de su primer encuentro con la mujer que se convertiría en su esposa. Abraham y Jacob están solos cuando oran. Isaac está a punto de conocer a la mujer con la que compartirá su vida. Para él, la oración es el preludio de una relación humana. Nuestra apertura a Dios modela y es moldeada por nuestra apertura a otras personas. El amor a Dios está, o debería estar, entrelazado con nuestro amor por los seres humanos. Ese es con certeza el significado del libro conocido como *Shir Hashirim*, "el Cantar de los Cantares", un poema de amor a Dios plasmado en la metáfora de un diálogo entre dos amantes humanos.

Una conversación humana genuina es una preparación y una versión micro-cósmica del acto de la oración. Porque en la plegaria atiendo a la presencia de Dios, escuchando y hablando, abriéndome a una realidad distinta y finitamente más vasta que la mía, y me convierto en una persona diferente. La oración no es un monólogo sino un diálogo. Antes de cada *Amidá* decimos: "Oh Dios, abre mis labios, y mi boca declarará tu alabanza". En un sentido real, en la oración no meramente hablamos; también se nos habla. Dios y las tradiciones de la fe judía hablan a través de nosotros. Las mismas palabras que usamos no son nuestras, sino las de miles de años de la historia de nuestro pueblo, que destilan la respuesta a innumerables encuentros con Dios. La oración es como una conexión *Bluetooth*, abierta para comunicaciones inalámbricas, y mientras dura, nos convertimos en un canal a través del cual fluye la energía del universo y la historia judía, la fuerza de la creación y el impulso hacia la redención. Mientras dure, hacemos nuestras esas energías. Esa es la oración como *sijá*.

Por lo tanto, hay tres modos de espiritualidad y experimentamos cada uno en el transcurso de un solo día. Está la búsqueda humana (Abraham, oración de la mañana), el encuentro divino (Jacob, oración de la noche) y el diálogo (Isaac, oración de la tarde). Así es como tres eventos en la vida de los patriarcas -el amanecer de Abraham, la meditación de la tarde de Isaac en el campo y la visión de Jacob en la noche- no se convirtieron en eventos aislados del pasado, sino en posibilidades permanentes para quienes siguen sus pasos, guiados por su precedente, erguidos por su ejemplo, engrandecidos por su espíritu, convocados a sus alturas.

Autoridad Parental y la Elección de la Pareja Matrimonial

Génesis 24 nos presenta la primera descripción detallada de la Torá de un arreglo matrimonial. Abraham instruye a su sirviente que marche de regreso a Aram-Naharaim, a la casa de su familia, y que regrese con una esposa para Isaac. Es un pasaje sorprendente. Isaac no participa en el proceso. No hay indicios de que su padre lo consultara, ni de que hubiera dado su consentimiento al arreglo o de que sus opiniones se tuvieran en cuenta de alguna manera. Solo después de la llegada de Rebeca nos enteramos de su reacción en unas breves palabras:

> Isaac llevó a Rebeca a la tienda que había sido de su madre Sara. La hizo suya y fue su esposa. La amó y así se consoló por la muerte de su madre (24:67).

Esto es consistente con la impresión general que tenemos de Isaac como una figura a la sombra de Abraham, quien hace lo que hace su padre en lugar de emprender una nueva dirección propia.

Es diferente la próxima presentación de la Torá del matrimonio. Esaú y Jacob eligen sus propias esposas cada uno. Una vez más, se hace hincapié en los deseos de los padres. De Esaú, se nos dice:

> Cuando Esaú tenía cuarenta años, tomó por esposa a Judit, hija de Berí el heteo, y a Bosemat, hija de Elón, heteo también. Pero ellas amargaron la vida a Isaac y a Rebeca (26:34–35).

Jacob, por el contrario, "obedeciendo a su padre y a su madre", se había ido a Padán-Aram (28:7) para encontrar una esposa de la familia de su madre.

Estos episodios, especialmente el de Isaac, plantean la cuestión del papel de la autoridad parental en el matrimonio. ¿Hasta qué punto es normativa la iniciativa de Abraham de elegir o hacer que su sirviente elija una esposa para su hijo? ¿Constituye un precedente? ¿Tiene un padre el derecho, en el judaísmo, de determinar con quién se casará su hijo? ¿Puede un hijo elegir un cónyuge en contra de los deseos de sus padres? En el caso de conflicto, ¿qué punto de vista seguimos?

Estos temas fueron muy debatidos en la Edad Media, una época en la que la autoridad de los padres, así como el respeto por la edad y la tradición, eran mucho más fuertes de lo que son ahora. Normalmente se esperaba que un hijo actuara de acuerdo con la voluntad de sus padres. De hecho, todavía en 1680, Sir Robert Filmer, en su *Patriarcha*, defendió el derecho divino de los reyes sobre la base de la autoridad absoluta – incluso el poder de vida y muerte – de los padres sobre los hijos, y lo hizo sobre la base de textos bíblicos. Shakespeare presenta sucintamente el punto de vista predominante en *el Sueño de una noche de verano*, cuando Egeo intenta obligar a su hija a casarse con el hombre de su elección: "Como ella es mía, puedo disponer de ella: / la cual debe elegir entre la mano de este caballero / o la muerte inmediata, de acuerdo con nuestra ley" (acto 1, escena 1).

Sin embargo, sorprendentemente, los halajistas no siguieron esta línea. Escribiendo en el siglo XIII, el rabino Solomon ibn Aderet (Rashba, 1235–1310) argumentó que casarse es un mandamiento positivo. Como los deseos de Dios tienen prioridad sobre los de los seres humanos, los deseos de los padres no pueden anular el deseo de un hijo de casarse y cumplir la *mitzvá*. Dado que el hijo desea hacer la voluntad de Dios, no está obligado a hacer la voluntad de sus padres. Es más, señala que el Talmud declara que "Cuarenta días antes del nacimiento de un niño, una voz celestial declara la hija de X será para el hijo de Y"[1]. En otras palabras, los matrimonios se hacen en el cielo, y presumiblemente el hijo está en una mejor posición que sus padres para reconocer a su alma gemela.

El caso de Isaac, argumenta Rashba, fue único. Isaac fue una "ofrenda perfecta", un hijo de santidad especial; habiendo sido ofrecido en el altar, no se le permitió salir de la Tierra de Israel, en contraste con Abraham y Jacob, quienes salieron a Egipto. Si esto no hubiera sido así, dice Rashba, sin duda habría emprendido el viaje él mismo para elegir una esposa[2].

El rabino Josef Kolon (Maharik, 1420–1480), considerando el mismo tema, se refiere a una *responsa* de Rabenu Asher en el que el autor establece que un hijo no está obligado a obedecer a su padre si le dice que no hable con X, con quien el padre está en disputa. El mandamiento de amar al prójimo anula el mandamiento de obedecer a tus padres. Dado que el amor de marido y mujer es un ejemplo supremo de amor al prójimo, también tiene prioridad sobre los deseos de los padres[3].

Hay una consideración adicional. Los hijos están obligados a reverenciar y honrar a sus padres y a prestarles servicio, específicamente en asuntos que conciernen a su bienestar. Sin embargo, el mandato de "honrar a tu padre y a tu madre" no se extiende abiertamente a ceder a sus deseos en asuntos que no conciernen directamente a su bienestar. La elección del cónyuge de un hijo implica directamente el bienestar del hijo y solo indirectamente el de sus padres. Entonces, dice Kolon, no cae dentro del ámbito de "honrar a tu padre y a tu madre".

Basándose en esta posición, el rabino Elijah Capsali dictó la siguiente sentencia en un caso en el que un padre prohibió a su hijo casarse con la mujer a la que "deseaba su alma":

1. *Moed Katán* 18b.
2. Rashba, *Teshuvot Hameyujasot LehaRambam* (Varsovia, 1883), 272.
3. R. Joseph Kolon, *Responsa* (Varsovia: nombre del editor, 1884), 164:3.

> Aunque el mandato del honor y la reverencia filial es inexpresablemente grande... Mi opinión que, si la joven por la que preguntas es una esposa adecuada para el mencionado Reuvén, es decir, que no hay mácula en ella o en su familia: entonces el mandato del honor y la reverencia filial es irrelevante, y el hijo no debe abandonarla para cumplir con el mandato de su padre.
>
> Porque es casi seguro que este padre virtualmente ordena a su hijo que viole la Torá... porque vemos en el Talmud que un hombre no debe casarse con una mujer que no le agrada. De modo que cuando el padre le ordena a su hijo que no se case con esta mujer, es como si le ordenara que violara la Torá; y es bien sabido que el hijo no debe obedecer a su padre en tales casos...
>
> Ahora bien, si decidiéramos que el hijo está obligado a obedecer a sus padres y casarse, aunque su corazón no esté satisfecho con esa unión, causaríamos el crecimiento del odio y la discordia en el hogar, que no es el camino de nuestra sagrada Torá, ciertamente, en este caso, porque ama a otra. De hecho, podemos citar en esta situación: "Las muchas aguas no podrán apagar el amor, ni lo ahogarán los ríos. Si diese el hombre todos los bienes de su casa por este amor, de cierto lo menospreciarían." (Cantar de los Cantares 8: 7). Si se casara con otra a quien no desea, su vida entera sería dolorosa y amarga. Además, también podemos argumentar que la Torá obliga al hijo al honor y la reverencia filial solo en asuntos que afecten el bienestar físico y el apoyo de los padres... pero en asuntos que no afectan a los padres en estas áreas, podemos decir que la Torá no nos obliga a ser obedientes. Por lo tanto, el hijo no está obligado por las reglas de reverencia y honor a aceptar el mandato de su padre en materia de matrimonio[4].

Sobre la base de estas responsa, el rabino Moses Isserles (Rema, 1520–1572) dictamina en Yoré Deá 240:25 que "Si el padre se opone al

4. Adaptado de Gerald Blidstein, *Honour thy Father and Mother* (Nueva York, Ktav), págs. 85–94.

matrimonio de su hijo con la mujer de su elección, el hijo no está obligado a escuchar su padre".

Lo que vemos en todas estas fuentes es que, a pesar de su inmenso énfasis en honrar a los padres, la ley judía también insiste en que los padres hagan espacio para que sus hijos tomen sus propias decisiones en asuntos que afecten su felicidad personal. Los rabinos no extendieron a los padres nada como la autoridad absoluta que les atribuían figuras como Sir Robert Filmer. Abraham no le ordenó a su sirviente que buscara una esposa para Isaac porque creía que tenía el derecho de elegir, sino porque sabía que a Isaac no se le permitía dejar la tierra y hacer el viaje él mismo.

Hay una gran sabiduría en este enfoque. La familia judía no es autoritaria. Se basa, más bien, en el respeto mutuo: el respeto de los hijos por quienes los han traído al mundo y el respeto de los padres por el derecho de los hijos adultos a tomar sus decisiones sin interferencias excesivas de los padres.

En este sentido, como en tantos otros, la ley judía es un reflejo de la teología judía, un conjunto de reglas que ponen en práctica los ideales más profundos del judaísmo. Porque lo que encontramos en la Torá es un profundo sentido de empoderamiento de los seres humanos por parte de Dios. "Camina delante de mí", le dice Dios a Abraham (17:1). Dios, en el judaísmo, no representa lo que Theodor Adorno llamó "la personalidad autoritaria"[5]. Si lo fuera, no habría dado a los humanos libertad y, con ella, responsabilidad.

Dios es visto, en la Torá, como un padre, un progenitor. Él habla de "Mi hijo, mi primogénito, Israel" (Éxodo 4:22). Pero es un padre que quiere que sus hijos experimenten la libertad, que tomen sus propias decisiones, que sean responsables, que crezcan. Es esta idea fundamental la que llevó a los grandes halajistas, R. Solomon ibn Aderet, R. Josef Kolon y R. Elijah Capsali, a interpretar el caso de Isaac como una excepción más que como una regla.

Hoy damos por sentados los derechos de los hijos, pero no siempre fue así; de hecho, fuera del judaísmo es un fenómeno muy reciente. Quizás no sea una coincidencia que Janusz Korczak que fuera un gran

5. T. W. Adorno, *The Authoritarian Personality* (New York: Harper, 1950).

médico judío en Polonia antes de la Segunda Guerra Mundial se convirtiera en el pionero de lo que llamó "el derecho del niño al respeto".

Korczak, famoso en toda Polonia por sus programas de radio y el éxito editorial de sus libros infantiles, estableció un orfanato judío en Varsovia. Usó métodos revolucionarios. Korczak empoderó a los niños para que desarrollaran su propio periódico, el primero de su tipo en Polonia. Les dio la responsabilidad de la conducción del propio orfanato, consiguiendo que formaran su propio tribunal, a la que él mismo podría ser citado. Tuvo tanto éxito que los católicos polacos le pidieron que creara una institución similar para sus huérfanos, lo cual hizo.

Korczak fue una de los primeros a hacer un llamamiento por una declaración de derechos del niño. Viajó a Palestina para compartir sus ideas y métodos con la comunidad judía de allí. Durante la guerra, él y los huérfanos fueron confinados en el gueto de Varsovia. Se le ofrecieron varias oportunidades para escapar, pero las rechazó todas, negándose a separarse de los niños. Finalmente, él y los niños fueron llevados a Treblinka en 1942, donde todos fueron asesinados[6]. Su obra sólo recibe la atención que merece con retraso, ya que era una figura original e inspiradora cuyas ideas estaban muy por delante de su tiempo. Sin embargo, pertenecen a una antigua tradición judía, uno de cuyos aspectos hemos explorado en este ensayo. Ser un padre judío es hacer espacio para tu hijo, como Dios hace espacio para nosotros, sus hijos.

6. Sobre Korczak, ver Betty Jean Lifton, *the King of Children: a Biography of Janusz Korczak* (Nueva York: Farrar, Straus y Giroux, 1988); Mark Bernheim, *Father of the Orphans: The Story of Janusz Korczak* (Nueva York: Dutton, 1989); Sandra Joseph (ed.), *Loving Every Child: Wisdom for Parents: the Words of Janusz Korczak* (Chapel Hill, NC: Algonquin Books, 2007).

Sobre el Judaísmo y el Islam

El lenguaje de la Torá está, en la famosa frase de Erich Auerbach, "lleno de trasfondo". Detrás de los eventos que se cuentan abiertamente hay historias sombrías que nos quedan por descifrar. Escondida bajo la superficie de *Parashat Jaye Sara*, por ejemplo, hay otra historia, aludida solo por una serie de pistas de las que tenemos tres huellas en el texto.

La primera ocurre cuando el criado de Abraham regresa con la mujer que se convertirá en la esposa de Isaac. Cuando Rebeca ve a Isaac a lo lejos, se nos dice que "viene del camino del Pozo Lajay-Roí" (24:62) para meditar en el campo. La ubicación es sorprendente. Hasta ahora hemos situado a la familia patriarcal en Beer Sheva, a la que regresa Abraham después de la atadura de Isaac, y en Hebrón, donde Sara muere y es sepultada. ¿Cuál es esta tercera ubicación, el pozo Lajay-Roí, y cuál es su significado?

La segunda es la extraordinaria etapa final de la vida de Abraham. Capítulo tras capítulo leemos sobre el amor y la fidelidad que Abraham y Sara se tenían el uno al otro. Juntos se embarcaron en un largo viaje hacia un destino desconocido. Juntos, se opusieron a la idolatría de su tiempo. Sara salvó la vida de Abraham dos veces al hacerse pasar por su hermana. Esperaron y oraron por un hijo y soportaron los largos años sin hijos hasta que nació Isaac. Entonces la vida de Sara llega a su fin.

Ella muere. Abraham se lamenta y llora por ella y compra una cueva en la que será enterrada, y él será enterrado junto a ella. Luego esperamos leer que Abraham vivió el resto de sus años "hasta que fuera sepultado junto a su esposa Sara" (25:10) en la "Cueva de Majpelá" (25:9).

Sin embargo, repentinamente, una vez que Isaac se desposa, Abraham se casa con una mujer llamada Ketura y tiene seis hijos con ella. No se nos dice nada más sobre esta mujer y el significado del episodio no está claro. La Torá no incluye meros detalles incidentales. No tenemos idea, por ejemplo, de cómo era Abraham. Ni siquiera sabemos el nombre del sirviente que envió a buscar una esposa para Isaac. La tradición nos dice que fue Eliezer, pero la Torá misma no lo nombra. Entonces, ¿cuál es el significado del segundo matrimonio de Abraham y cómo se relaciona con el resto de la narración?

La tercera pista de la historia oculta se revela en la descripción de la Torá de la muerte de Abraham:

> Y Abraham expiró y murió en una buena vejez, anciano y lleno de años, y fue reunido con su pueblo. Isaac e Ismael, sus hijos, lo enterraron en la cueva de Majpelá, en el campo de Efron, hijo de Zohar el jitita, que está antes de Mamre, el campo que Abraham compró a los hijos de Jet. Allí fue sepultado Abraham y Sara su esposa (25: 8–10).

La presencia de Ismael en el funeral es sorprendente. Después de todo, había sido enviado al desierto años antes, cuando Isaac era joven. Hasta ahora, hemos asumido que los dos medios-hermanos han vivido en total aislamiento el uno del otro. Sin embargo, la Torá los coloca juntos en el funeral sin una palabra de explicación.

Los sabios juntaron estos tres detalles desconcertantes para formar una historia fascinante.

Primero, señalan que Beer (el pozo)-Lajay-Roí, el lugar de donde salía Isaac cuando Rebeca lo vio, se menciona una vez antes en Génesis (16:14): Es el lugar donde Hagar, embarazada, huyendo de Sara, se encontró con un ángel que le dijo que regresara. De hecho, es Hagar quien le da al lugar su nombre, que significa "el pozo del Viviente que me ve" (16:14). Así, el midrash dice que Isaac fue al pozo de Lajay-Roí en busca de Hagar. Cuando Isaac escuchó que su padre estaba buscando una esposa para él, dijo: "¿Me casaré mientras mi padre viva solo? Iré y le devolveré a Hagar[1]".

De ahí la respuesta de los sabios a la segunda pregunta: ¿quién era Ketura? Dijeron que no era otra que la propia Hagar. No es raro que las personas en la Torá tengan más de un nombre: Jetró, el suegro de Moisés, tenía siete. Hagar se llamaba Ketura porque "sus actos despedían fragancia como incienso (*ketoret*)"[2]. Esto de hecho integra el segundo matrimonio de Abraham como un componente esencial de la narrativa. Hagar no terminó sus días como una marginada. Regresó, a instancias de Isaac y con el consentimiento de Abraham, para convertirse en la esposa de su antiguo amo. Esto también cambia la dolorosa historia del destierro de Ismael. Sabemos que Abraham no quería echarlo; la demanda de Sara fue "muy grave a los ojos de Abraham a causa de su hijo" (21:11). No obstante, Dios le dijo a Abraham que escuchara a su esposa. Sin embargo, hay un midrash extraordinario, en Pirkei DeRabí Eliezer, que cuenta cómo Abraham visitó a su hijo dos veces. En la primera ocasión, Ismael no estaba en casa. Su esposa, sin conocer la identidad de Abraham, rechazó el pan y el agua del extraño. Ismael, continúa el midrash, se divorció de ella y se casó con una mujer llamada Fátima. Esta vez, cuando Abraham lo visitó, nuevamente sin revelar su identidad, la mujer le dio de comer y beber. El midrash luego dice: "Abraham se paró y oró ante el Santo, bendito sea, y la casa de Ismael se llenó de todas las cosas buenas. Cuando Ismael regresó, su esposa se lo contó e Ismael supo que su padre todavía lo amaba[3]". Padre e hijo se reconciliaron.

El nombre de la segunda esposa de Ismael, Fátima, es muy significativo. En el Corán, Fátima es la hija de Mahoma. Pirkei DeRabí Eliezer es una obra del siglo VIII, y aquí se hace una referencia explícita y positiva al islam.

La historia oculta de *Jaye Sara* tiene una inmensa consecuencia para nuestro tiempo. Tanto los judíos como los musulmanes tienen su origen en Abraham: Los judíos a través de Isaac, los musulmanes a través

1. *Génesis Raba* 60:14.
2. *Génesis Raba* 51:4.
3. *Pirké DeRabí Eliezer* 30.

de Ismael. El hecho de que ambos hijos estuvieran juntos en el funeral de su padre nos dice que ellos también se reunieron. Debajo de la superficie de la narración en *Jaye Sara*, los sabios leyeron las pistas y reconstruyeron una conmovedora historia de reconciliación entre Abraham y Hagar, por un lado, y de Isaac e Ismael por el otro. Sí, hubo conflicto y separación; pero ese fue el principio, no el final. Entre el judaísmo y el islam puede haber amistad y respeto mutuo. Abraham amaba a sus dos hijos y ambos lo enterraron. Hay esperanza para el futuro en esta historia del pasado.

Toldot
תולדות

Toldot cuenta la historia de Jacob y Esaú, los hijos gemelos de Isaac y Rebeca que luchan en la matriz y parecen destinados a enfrentarse a lo largo de sus vidas y las de sus descendientes. Toldot contiene dos grandes pasajes: el nacimiento y la infancia de los niños, y la escena en la que Jacob, a instancias de Rebeca, se viste con las ropas de Esaú y recibe la bendición de su ahora ciego padre Isaac. Entre ellos hay una narración sobre Isaac y Rebeca que van a Guerar debido a la hambruna, muy similar a la que se cuenta sobre Abraham y Sara en Génesis 20.

El primero de los siguientes ensayos trata sobre la estrecha similitud entre Isaac y Abraham en apariencia y en otros rasgos, que tiene un mensaje sobre una cuestión contemporánea en la ética médica: la conveniencia o no de la clonación eugenésica. El segundo, trata sobre el significado preciso de la revelación dada a Rebeca sobre los gemelos y su destino, antes de que nazcan. El tercero presenta a Isaac en la tierra de los filisteos, uno de los primeros indicios de lo que más tarde se llamaría antisemitismo. El cuarto es acerca del retrato sorprendentemente amable de Esaú en la escena en la que Jacob recibe su bendición.

Acerca de Clones e Identidad

El midrash teje sus interpretaciones, enriqueciendo la palabra escrita con una elaboración oral, en torno a los intersticios, silencios y aparentes duplicaciones del texto bíblico, dando al texto nuevas resonancias de significado. A menudo, para el oído inexperto, el midrash suena fantasioso, muy alejado del sentido literal del versículo. Pero una vez que hemos aprendido el lenguaje y la sensibilidad del midrash, comenzamos a darnos cuenta de cuán profundas son sus percepciones espirituales y morales.

Un ejemplo fue inspirado por el versículo inicial de *Parashat Toldot*:

"Estas son las generaciones de Isaac hijo de Abraham: Abraham engendró a Isaac" (25:19).

El problema es obvio. La primera mitad de la oración nos dice que Isaac era el hijo de Abraham. Entonces, ¿por qué el texto repite: "Abraham engendró a Isaac"? Al observar la aparente redundancia del texto en el contexto de la narrativa de Abraham-Isaac en su conjunto, los sabios ofrecieron la siguiente interpretación:

Los cínicos de la época decían: "Sara quedó embarazada a través de Avimelej. Mira cuántos años vivió con Abraham sin poder tener un hijo con él". ¿Qué hizo el Santo Bendito sea? Hizo que los rasgos faciales de Isaac se parecieran exactamente a los de Abraham, de modo que todos tuvieron que admitir que Abraham engendró a Isaac. Esto es lo que se quiere decir con las palabras "Abraham engendró a Isaac": había una clara evidencia de que Abraham era el padre de Isaac[1].

Esta es una lectura ingeniosa, tomada en el contexto de la narración como una totalidad. El inicio de Génesis 21 habla del nacimiento de Isaac. Inmediatamente antes de esto, en Génesis 20, se nos dice que Sara fue llevada al harén de Avimelej, rey de Guerar. De ahí la especulación de los sabios de que los chismes sugerían que Abraham era estéril; que Avimelej era el padre de Isaac y que la concepción tuvo lugar durante el tiempo que Sara estuvo en el harén de Avimelej. De ahí el doble énfasis del versículo: no solo que Abraham era el padre de Isaac, sino que también todos podían verlo porque padre e hijo se veían exactamente iguales.

Pero hay un punto más profundo en juego. Para entenderlo, necesitamos volver a otro midrash, esta vez en el versículo inicial de Génesis 24:

> Abraham era viejo, entrado en años; y el Señor había bendecido a Abraham en todo (24:1).

De nuevo, existe el problema de una frase aparentemente superflua. Si Abraham era anciano, ¿por qué el versículo necesita agregar que era "muy avanzado en años"? Los rabinos también notaron algo más: Abraham y Sara son las primeras personas en la Torá descritas como ancianas, a pesar del hecho de que muchos personajes bíblicos mencionados anteriormente vivieron hasta una edad mucho mayor. Poniendo estos dos hechos junto con la tradición de que Abraham e Isaac parecían idénticos, llegaron a la siguiente interpretación:

> Hasta Abraham, la gente no envejecía. Sin embargo [porque Abraham e Isaac se parecían] las personas que vieron a Abraham dijeron: "Ese es Isaac", y las personas que vieron a Isaac dijeron:

1. Rashí a Génesis 25:19, sobre la base de *Bava Metzia* 87a.

> "Ese es Abraham". Entonces Abraham oró para envejecer, y este es el significado [de la frase] "Y Abraham era viejo" (Sanedrín 103b).

El gran parecido físico entre Abraham e Isaac refutó la acusación de aquellos que decían que Abraham no era el verdadero padre, pero dio lugar a una dificultad inesperada. Tanto el padre como el hijo, idénticos en apariencia, sufrieron una pérdida de individualidad. Tampoco se trata de una pura especulación: apunta a un aspecto sutil pero importante de la historia. Examinemos el Génesis con cuidado y veremos que Isaac es el menos individualizado de los patriarcas. Su vida parece una repetición de la de su padre. Como a Abraham, el hambre lo obliga a ir a la tierra de los filisteos[2]. Él también se encuentra con Avimelej. Él también se siente impulsado a decir que su esposa es su hermana. Vuelve a cavar los pozos que cavó su padre. Isaac parece hacer poco que sea distintivamente suyo.

Los rabinos sensibles a esta narración contaron una profunda historia psicológica. Los padres no son sus hijos. Los hijos no son réplicas de sus padres. Cada uno de nosotros es único y tiene un propósito único. Por eso Abraham oró a Dios para que hubiera una diferencia clara y reconocible entre padre e hijo.

Este midrash tiene, a mi criterio, relevancia contemporánea, especialmente en relación con una nueva tecnología médica: la clonación eugenésica o reproductiva. La clonación, el método de transferencia de células nucleares del que fue pionero el Dr. Ian Wilmut en el experimento que creó la oveja Dolly en 1997, plantea profundos problemas de ética médica, especialmente en relación con los humanos.

La clonación no es una tecnología más. Plantea cuestiones que no proyectan otras formas de reproducción asistida como la inseminación artificial o la fecundación in vitro. La transferencia de células nucleadas es una forma de reproducción asexual. No sabemos por qué las criaturas grandes y longevas se reproducen sexualmente. Desde un punto de vista evolutivo, la reproducción asexual hubiera sido mucho más sencilla. Sin embargo, ninguno de los mamíferos superiores, se reproduce

---

2. La tierra de los filisteos era parte de lo que más tarde se convertiría en la tierra de Israel. A diferencia de Abraham o Jacob, a Isaac no se le permitió ir a Egipto (Ver 26:2–3).

asexualmente.[3] Algunos biólogos argumentan que esto se debe a que sólo mediante la combinación impredecible de dotaciones genéticas de padres y abuelos, una especie puede generar la variedad que necesita para sobrevivir. La historia de la presencia humana en la tierra está marcada por la destrucción de la biodiversidad a gran escala. Sería extremadamente irresponsable asumir riesgos con nuestro propio futuro genético.

Existe otra objeción a la clonación, a saber, la amenaza a la integridad de los niños así concebidos. Sin duda, ya existen personas genéticamente iguales en el caso de gemelos idénticos. Sin embargo, una cosa es que esto suceda, y otra muy distinta es provocarlo deliberadamente. La clonación representa un peligro ético que no presentan los fenómenos que ocurren naturalmente. No se pueden crear gemelos idénticos para que uno pueda servir como sustituto o reemplazo del otro. Sin embargo, la clonación puede llevarnos a tratar a las personas como medios y no como fines en sí mismos. Arriesga la mercantilización de la vida humana[4]. No puede dejar de transformar algunas de las características más básicas de nuestra humanidad.

Cada niño nacido de la mezcla genética entre dos padres es impredecible, es *parecido* y *no parecido* a aquellos que lo trajeron al mundo. Esa mezcla de parentesco y diferencia es una característica esencial de las relaciones humanas. Es la base de la creencia clave del judaísmo, que cada individuo es único, no permutable e insustituible. En una famosa mishná, los sabios enseñaron: "Cuando un ser humano hace muchas monedas en una sola matriz, todas salen iguales. Dios hace a cada ser humano a la misma imagen, Su imagen, pero todos salen diferentes"[5].

La gloria de la creación es que la unidad en el cielo crea diversidad en la tierra. Dios quiere que cada vida humana sea única. Como dijo Hilary Putnam, filósofa de Harvard: "Todo niño tiene derecho a ser una completa sorpresa para sus padres", lo que significa el derecho a no ser

---

3. Ver Matt Ridley, *The Red Queen: Sex and evolution of Human Nature* (Londres: Penguin, 1994); David M. Buss, *The Evolution of Desire* (Nueva York: Basic Books, 1994).
4. Ciertamente, esto no sería aplicable a todos los casos de clonación, sobre todo a situaciones en las que esta es la única forma en que una pareja puede tener un hijo. En tales circunstancias, la halajá bien podría permitir tal procedimiento.
5. Mishná, *Sanedrín* 4:5.

clon de nadie más[6]. ¿Qué sería del amor si supiéramos que si perdemos a nuestro amado podríamos crear una réplica? ¿Qué le pasaría a nuestro sentido del yo si descubriéramos que fuimos fabricados por encargo?

El midrash sobre Abraham e Isaac no se relaciona directamente con la clonación. Incluso si lo hiciera, sería problemático inferir *halajá* de *agadá*, es decir, derivar una conclusión legal de una fuente no legal (*agadá* es el término rabínico general para cualquier concepto que no involucre la norma). Sin embargo, la historia no está exenta de matices éticos. Al principio, Isaac parecía un clon de su padre. Finalmente, Abraham tuvo que orar para que se este hecho se deshaga.

Si hay un misterio en el corazón de la condición humana es la *alteridad*: la alteridad del hombre y la mujer, del padre y del hijo. Es el espacio que hacemos para la alteridad lo que hace del amor algo más que narcisismo y de la paternidad algo más grande que la *auto-replicación*. Es esto lo que le da a cada niño humano el derecho a ser él mismo, a saber, que no es reproducción de otra persona, construida de acuerdo con una plantilla genética planificada previamente. Sin esto, ¿la infancia sería soportable? ¿Sobreviviría el amor? ¿Un mundo de clones seguiría siendo un mundo humano? Todos somos a imagen de Dios, pero de nadie más.

6. Hilary Putnam, "*Cloning People*", en Justine Burley (ed.), *The Genetic Revolution and Human Rights* (Oxford: Oxford University Press, 1999), 1–13.

Mirando Hacia Atrás

P*arashat Toldot* inicia con una predicción del futuro, una revelación que arroja su sombra sobre la tensa y conflictiva historia que está a punto de desarrollarse. Rebeca, hasta ahora estéril, queda embarazada. Sufriendo un dolor agudo, "fue a consultar al Señor", *vatelej lidrosh et Hashem* (25:22). La explicación que recibe es que está embarazada de gemelos que compiten entre sí en su útero. Están destinados a hacerlo por mucho tiempo en el futuro:

> Dos naciones hay en tu vientre, y dos pueblos de dentro de ti serán separados; Un pueblo será más fuerte que el otro, y el mayor servirá al joven [*verav yaavod tzair*] (25:23).

Finalmente nacen los gemelos, primero Esaú, luego Jacob, con su mano asiendo el talón de su hermano. Quizás consciente de la profecía que ha recibido, Rebeca favorece al hijo menor, Jacob[1]. Años más tarde, ella

1. Puede que esta no sea la única razón. El texto continúa diciendo que "Jacob era varón quieto, que habitaba en tiendas, mientras que Esaú fue diestro en la caza, hombre del campo; Y amó Isaac a Esaú, porque comía de su caza; mas Rebeca amaba a Jacob" (25:27). Sin embargo, parece poco probable que la revelación que se le dio antes del

lo persuade de vestirse con las ropas de Esaú y tomar la bendición que Isaac tenía la intención de darle a su hijo mayor. Un versículo de esa bendición es "Sírvante pueblos, y naciones se inclinen a ti; sé señor de tus hermanos, y se inclinen ante ti los hijos de tu madre. Malditos los que te maldijeren, Y benditos los que te bendijeren" (27:29). La predicción se ha cumplido. La bendición de Isaac ciertamente, no puede significar más que lo que le fue revelado a Rebeca antes de que nacieran los niños: el mayor "servirá al menor". La historia ha llegado a su fin, o eso parece.

Pero la narrativa bíblica no es lo que parece. Siguen dos acontecimientos que subvierten todo lo que podríamos haber esperado. El primero ocurre cuando Esaú llega y descubre que Jacob le ha robado su bendición. Conmovido por su angustia, Isaac le da una bendición, una de cuyas cláusulas es:

> Y por tu espada vivirás, y a tu hermano servirás; y sucederá cuando te fortalezcas, que descargarás su yugo de tu cerviz (27:40).

Esto no es lo que nos habían anticipado. El mayor no servirá al menor a perpetuidad.

Muchos años después, ocurre la segunda escena, cuando los hermanos se encuentran después de un largo distanciamiento. Jacob está aterrorizado por el encuentro. Había huido del hogar años antes porque Esaú había jurado matarlo. Solo después de una larga serie de preparativos y una lucha solitaria por la noche, es capaz de enfrentarse a Esaú con cierta compostura. Se inclina ante él siete veces. Cinco veces lo llama "mi señor". Dos veces se refiere a sí mismo como "su sirviente". Los roles se han invertido. Esaú no se convierte en siervo de Jacob. En cambio, Jacob habla de sí mismo como si fuera el siervo de Esaú.

Parece una contradicción. Las palabras que escuchó Rebeca cuando "fue a preguntar al Señor" sugieren precisamente lo opuesto, que "el mayor servirá al menor". Nos encontramos con una disonancia cognitiva.

---

nacimiento no haya influido en su decisión de persuadir a Jacob de que se ocupe para recibir la bendición de Isaac. Evidentemente, ella creía que Jacob estaba destinado a prevalecer sobre su hermano.

Más precisamente, tenemos aquí un ejemplo de uno de los recursos narrativos más notables de la Torá: el poder del futuro para transformar nuestra comprensión del pasado. Ésta es la esencia del midrash. Nuevas situaciones revelan retrospectivamente nuevos significados en el texto[2]. El presente nunca está completamente determinado por el presente. A veces, solo más tarde entendemos el ahora.

Este es el significado de la gran revelación de Dios a Moisés, donde dice "Después apartaré mi mano, y verás mis espaldas; mas no se verá mi rostro" (Éxodo 33:23), es decir, la presencia de Dios solo se puede ver cuando miramos hacia el pasado; nunca se puede conocer o predecir de antemano. La indeterminación del significado en un momento dado es lo que le da al texto bíblico su apertura a la interpretación continua.

Esta no fue una idea inventada por los sabios. Ya existe en la Torá misma. Las palabras que escuchó Rebeca parecían significar una cosa a la vez. Más tarde resulta que podrían haber querido decir algo más.

La frase *verav yaavod tzair* parece simple: "el mayor servirá al menor". Sin embargo, volviendo a ella a la luz de sucesos posteriores, descubrimos que las palabras son todo menos claras. Contienen múltiples ambigüedades.

La primera (señalada por Radak y el rabino Josef ibn Caspi) es que falta la palabra *et*, que indica el objeto directo del verbo. Normalmente, en hebreo bíblico, el sujeto precede al verbo y el objeto directo sigue, pero no siempre. En Job 14:19, por ejemplo, las palabras *avanim shahaku mayim* significan "el agua desgasta las piedras", no "las piedras desgastan el agua". Por lo tanto, si bien la frase que se le dijo a Rebeca podría significar "el mayor servirá al menor", también podría significar "el menor servirá al mayor". Sin duda, el último sería un estilo poético hebreo en lugar de una prosa convencional, pero eso es lo que es esta expresión: un poema.

---

2. Sobre el midrash, en general, ver Michael Fishbane, *The Midrashic Imagination: Jewish Exegesis, Thought and History* (Albany: State University of New York Press, 1993). Sobre el uso del midrash para encontrar nuevos significados en eventos pasados, ver el trabajo de Mordejay Rotenberg, especialmente *Re-Biographing and Deviance: Psychotherapeutic Narrativism and the Midrash* (Nueva York: Praeger, 1987); también disponible como *Rewriting the Self: Psychotherapy and Midrash* (New Brunswick, NJ: Transaction, 2004).

La segunda ambigüedad es que *rav* y *tzair* no son opuestos, un hecho disfrazado por la traducción al inglés de rav como "mayor". Lo opuesto a *tzair* ("más joven") es *bejir* ("mayor" o "primogénito")[3]. *Rav* no significa "mayor", significa "grande" o posiblemente "jefe". Esta unión de dos términos como si fueran polos opuestos, cuando en realidad no lo son (los opuestos habrían sido *bejir/tzair* o *rav/meat*) desestabiliza aún más el significado. ¿Quién era el *rav*? ¿El mayor? ¿El líder? ¿El jefe? ¿El más numeroso? La palabra puede significar cualquiera de estas cosas.

La tercera ambigüedad no es parte del texto sino de tradición posterior: la notación musical. La forma normal de anotar estas tres palabras sería *merja-tipja-sof pasuk*. Esto apoyaría la lectura, "el mayor servirá al menor". Sin embargo, están anotados *tipja-merja-sof pasuk* – sugiriendo, "el mayor, el menor servirá"; en otras palabras, "el menor servirá al mayor". Un episodio posterior dentro de Génesis agrega otro elemento retrospectivo de duda. Otro par de gemelos nace en Génesis 38:27–30. El pasaje recuerda claramente la historia de Esaú y Jacob:

> Al tiempo del parto (de Tamar) resultó que tenía dos gemelos en el vientre. Y ocurrió que, durante el parto, uno de ellos sacó la mano, y la partera le agarró y le ató una cinta escarlata a la mano, diciendo: "Este ha salido primero". Pero entonces retiró él la mano, y fue su hermano el que salió. Ella dijo: "¡Cómo te has abierto brecha!" Y le llamó Péretz. Detrás salió su hermano, que llevaba en la mano la cinta escarlata, y le llamó Zéraj.

¿Quién era entonces el mayor? ¿Y qué implica esto en el caso de Esaú y Jacob?[4]

Estas ambigüedades múltiples no son accidentales, sino orgánicas al texto. La sutileza es tal, que no las notamos al principio. Sólo más

---

3. Así es, por ejemplo, en Génesis 29:26, cuando Labán justifica su engaño al darle a Jacob a Lea, no Raquel, en matrimonio: "No es nuestra costumbre aquí dar a la menor [*hatzeirá*] antes que la [*habejirá*] mayor".
4. Ver Rashí, 25:26, quien sugiere que Jacob era de hecho el mayor.
Rashí dice que significa que ella fue a la escuela de Sem, el hijo de Noé. Rashbam dice que fue a ver a un profeta. Ninguno opta por la lectura obvia, que es que suplicó a Dios directamente a través de la oración.

tardíamente, cuando la narración no resulta como se esperaba, nos vemos obligados a retroceder y darnos cuenta de lo que al principio nos perdimos: que las palabras que Rebeca escuchó pueden significar "el mayor servirá al menor" o "el menor servirá al mayor", y que la identidad de jóvenes y mayores no es en absoluto obvia.

Ahora quedan claras varias cosas. La primera es que la revelación inicial es un raro ejemplo de un oráculo en la Torá en oposición a una profecía[5]. Los oráculos, una forma familiar de comunicación sobrenatural en el mundo antiguo, eran normalmente oscuros y crípticos, a diferencia de la forma normal de profecía israelita. Este bien puede ser el significado técnico de la frase "fue a consultar al Señor" que desconcertó a los comentaristas medievales[6].

El segundo, y -esto es fundamental para comprender el Génesis-, es que el futuro nunca es tan sencillo como nosotros podemos creer. A Abraham se le prometieron muchos hijos, pero tuvo que esperar años antes de que naciera Isaac. A los patriarcas se les prometió una tierra, pero no la adquirieron durante su vida. El viaje judío, aunque tiene un destino, es largo y tiene muchas intermisiones y retrocesos. ¿Jacob servirá o será servido? No sabemos. Solo después de una larga y enigmática lucha a solas por la noche, Jacob recibe el nombre de Israel, que significa "el que lucha con Dios y con los hombres y vence" (32:28).

El significado de este pasaje extraño y ambiguo es tanto literario como teológico. El futuro afecta nuestra comprensión del pasado. Vivimos nuestras vidas hacia el futuro, pero entendemos nuestras vidas solo en retrospectiva. Solo mirando hacia atrás podemos ver si tomamos el camino correcto, si una determinada decisión estaba justificada, si nuestros sueños eran insinuaciones o ilusiones. La vida implica riesgos, por eso necesitamos fe y el coraje al que la fe da lugar. Somos parte de una historia cuyo último capítulo aún no se ha escrito. Eso queda para nosotros, como quedó para Jacob.

---

5. "Oráculos" son, de hecho, el significado probable de la palabra *jidot* en Números 12:8: "Con él [Moisés] hablo boca a boca, abiertamente y no en *jidot*" – generalmente traducido como "discursos oscuros" o "acertijos."

6. Rashí dice que significa que ella fue a la escuela de Sem, el hijo de Noé. Rashbam dice que fue a ver a un profeta. Ninguno opta por la lectura obvia, que es que suplicó a Dios directamente a través de la oración.

El Valor de la Perseverancia

Hay un pasaje extraño en la vida de Isaac, ominoso en su presagio de gran parte de la historia judía posterior. Al igual que Abraham, Isaac se ve obligado por el hambre a ir a Guerar, en la tierra de los filisteos. Allí, como Abraham, siente que su vida puede estar en peligro por estar casado con una mujer hermosa. Teme que lo maten para que Rebeca pueda ser llevada al harén del rey Avimelej. La pareja se hace pasar por hermano y hermana. Se descubre el engaño, Avimelej se indigna, se dan explicaciones y el momento pasa. Génesis 26 se lee casi como una repetición de Génesis 20, una generación después.

En ambos casos, Avimelej promete seguridad a los patriarcas. A Abraham le dijo: "Mi tierra está delante de ti; vive donde quieras" (20:15). Acerca de Isaac, ordena: "Cualquiera que moleste a este hombre o a su esposa, ciertamente será condenado a muerte" (26:11). Sin embargo, en ambos casos, hay una secuela problemática. En Génesis 21 leemos acerca de una discusión que surgió sobre un pozo que Abraham había cavado: "Entonces Abraham se quejó con Avimelej acerca de un pozo de agua que los sirvientes de Avimelej habían usurpado" (21:25). Los dos hombres hacen un acuerdo. Sin embargo, como ahora descubrimos, esto no fue suficiente para evitar más dificultades en los días de Isaac:

> Isaac plantó cultivos en esa tierra y ese mismo año cosechó cien veces más, porque el Señor lo bendijo. El hombre se hizo rico y su riqueza continuó creciendo hasta que se volvió muy rico. Tenía tantos rebaños, manadas y sirvientes que los filisteos lo envidiaban. Así los filisteos taparon, llenándolos de tierra todos los pozos que los siervos de su padre habían cavado en el tiempo de su padre Abraham.
>
> Entonces Avimelej le dijo a Isaac: "Apártate de nosotros; te has vuelto demasiado poderoso para nosotros".
>
> Isaac se marchó de allí, acampó en el valle de Guerar y se estableció allí. Isaac volvió a abrir los pozos que se habían cavado en la época de su padre Abraham, que los filisteos habían tapado después de la muerte de Abraham, y les dio los mismos nombres que les había dado su padre.
>
> Los sirvientes de Isaac cavaron en el valle y descubrieron un pozo de agua dulce allí. Pero los pastores de Guerar se pelearon con los pastores de Isaac y dijeron: "¡El agua es nuestra!" Por eso llamó al pozo Esek, porque discutieron con él. Luego cavaron otro pozo, pero también se pelearon por ese; por eso la llamó Sitná. Se marchó de allí y cavó otro pozo, y nadie se peleó por él. Lo llamó Rejovot, diciendo: "Ahora el Señor nos ha dado lugar y florecerá en la tierra" (26:12–22).

Hay tres aspectos de este pasaje que merecen una atención cuidadosa. El primero es la insinuación que nos proporciona de lo que más tarde será el punto de inflexión del destino de los israelitas en Egipto. Avimelej dice: "te has vuelto demasiado poderoso para nosotros". Siglos más tarde, el Faraón dice, al comienzo del libro del Éxodo, "He aquí, el pueblo de los hijos de Israel es mayor en número y poder que nosotros. Vamos, tratemos con prudencia con ellos, no sea que se multipliquen y suceda, cuando ocurra alguna guerra, que se unan también a nuestros enemigos y luchen contra nosotros, y así los saquen de la tierra" (1:9–10). La misma palabra, *atzum*, "poder/poderoso", aparece en ambos casos. Nuestro pasaje señala el nacimiento de uno de los fenómenos humanos más mortíferos, el antisemitismo.

El antisemitismo es único en algunos aspectos. En palabras de Robert Wistrich, es el odio más extendido del mundo[1]. Ningún otro prejuicio ha durado tanto, ha mutado tan persistentemente, ha atraído mitos tan demoníacos ni ha tenido efectos tan devastadores. Pero en otros aspectos no es único y debemos tratar de comprenderlo lo mejor que podamos.

World on Fire de Amy Chua[2], uno de los mejores libros sobre antisemitismo, de hecho, no trata sobre el antisemitismo en absoluto, sino sobre fenómenos similares en otros contextos. Su tesis es que cualquier minoría notablemente exitosa atraerá la envidia que puede profundizarse en odio y provocar violencia.

Las tres condiciones son esenciales. El grupo odiado debe ser *conspicuo*, porque de lo contrario no sería señalado. Debe ser *exito*so, porque de lo contrario no sería envidiado. Y debe ser una *minoría*, de lo contrario no sería atacado.

Las tres condiciones estaban presentes en el caso de Isaac. Era conspicuo: no era un filisteo, era diferente de la población local, un forastero, un extraño, alguien con una fe diferente. Tuvo éxito: sus cosechas se habían multiplicado por cien, sus rebaños y manadas eran grandes y la gente lo envidiaba. Y era una minoría: una sola familia en medio de la población local. Todos los ingredientes estaban presentes para destilar la hostilidad y el odio.

Hay más. Hannah Arendt en su libro Los orígenes del Totalitarismo dio otra perspectiva profunda de las condiciones que dan lugar al antisemitismo[3].La hostilidad hacia los judíos se vuelve peligrosa, argumentó, no cuando los judíos son fuertes, sino cuando son débiles.

Esto es profundamente paradójico porque, a primera vista, lo contrario es cierto. Un solo hilo va desde la reacción de los filisteos a Isaac y de Faraón a los israelitas, hasta el mito inventado a fines del siglo XIX, conocido como Los Protocolos de los Sabios de Sión[4]. Dice que

1. Robert S. Wistrich, *Antisemitism: The longest Hatred* (Nueva York: Schocken, 1991).
2. Amy Chua, *El Mundo En Llamas: los males de la globalización* (Barcelona, Ediciones B., 2002).
3. Hannah Arendt, *Los orígenes del totalitarismo* (Madrid. Ed. Alianza, 2006).
4. Los *Protocolos de los Sabios de Sion* fue una falsificación, producida por un periodista ruso a finales del siglo XIX, que afirmaba que había una conspiración judía para

los judíos son poderosos, demasiado poderosos. Controlan los recursos. Son una amenaza. Deben eliminarse.

Sin embargo, dice Arendt, el antisemitismo no se volvió peligroso hasta que perdieron el poder que alguna vez tuvieron:

Cuando Hitler llegó al poder, los bancos alemanes ya estaban casi *Judenrein* (y fue allí donde los judíos habían ocupado puestos clave durante más de cien años) y la comunidad judía alemana en su conjunto, después de un crecimiento prolongado y constante en el estatus social y el número, estaba disminuyendo tan rápidamente que los estadísticos predijeron su desaparición en unas pocas décadas[5].

Lo mismo sucedió en Francia:

> El Caso Dreyfus no estalló bajo el Segundo Imperio, cuando los judíos franceses estaban en el apogeo de su prosperidad e influencia, sino bajo la Tercera República, cuando los judíos casi habían desaparecido de posiciones importantes[6].

El antisemitismo es un fenómeno complejo que tiene muchas formas, porque los antisemitas deben ser capaces de mantener unidas dos creencias que parecen contradecirse: los judíos son tan poderosos que deben ser temidos y, al mismo tiempo, tan impotentes que pueden ser atacados sin miedo.

Parecería que nadie podría ser tan irracional como para creer ambas cosas simultáneamente. Pero las emociones no son racionales, a pesar del hecho de que a menudo se racionalizan, porque hay una diferencia abismal entre la *racionalidad* y la *racionalización* (el intento de dar una justificación racional a las creencias irracionales).

Así, por ejemplo, en el siglo XXI podemos encontrar que los medios occidentales son casi universalmente hostiles a Israel, y (b) personas inteligentes afirman que los medios están controlados por judíos

lograr la dominación mundial. El trabajo clásico sobre el tema es de Norman Cohn, *El mito de la conspiración judía mundial,* Madrid. Ed. Alianza, 2020). Ver también Hadasa Ben-Itto, *La mentira que no ha querido morir: cien años de los Protocolos de los Sabios de Sion,* (Madrid. Ed. Riopiedras, 2004).

5. Ibíd. 4.
6. Ibíd. 4–5.

que apoyan a Israel: la misma contradicción interna de la impotencia percibida y el poder atribuido.

Arendt resume su tesis en una sola frase contundente, que vincula su análisis con el de Amy Chua. Dice que lo que da lugar al antisemitismo es el fenómeno de la "riqueza sin poder". Esa fue precisamente la posición de Isaac entre los filisteos.

Hay un segundo aspecto de nuestro pasaje que ha tenido repercusiones a lo largo de los siglos: la naturaleza autodestructiva del odio. Los filisteos no le pidieron a Isaac que compartiera su agua con ellos. No le solicitaron que les enseñara cómo él (y su padre) habían descubierto una fuente de agua que ellos, los residentes del lugar, no tenían. Ni siquiera le pidieron simplemente que siguiera adelante. Ellos "taparon" los pozos", llenándolos de tierra". Este acto los perjudicó más que a Isaac. Les privó de un recurso que, de cualquier manera, cuando la hambruna hubiera terminado e Isaac regresara a su hogar se habría convertido en suyo.

El odio destruye más al que odia que al odiado. También en este caso, Isaac y los filisteos, fueron un presagio de lo que eventualmente les sucedería a los israelitas en Egipto. En el momento de la plaga de las langostas, leemos:

> Dijeron entonces a Faraón sus siervos: "¿Hasta cuándo ha de ser este hombre causa de nuestra ruina? Deja salir a estos hombres y que den culto al Señor, su Dios. *¿Acaso no sabes aún que Egipto está destruido?* (Éxodo 10:7).

En efecto, le dijeron al Faraón: piensas que estás dañando a los israelitas. De hecho, nos estás dañando a nosotros.

Dijo el Rabí Shimón bar Yojai que tanto el amor como el odio "trastornan el orden natural" (*mekalkelet et hashurá*)[7]. Son irracionales. Nos obligan a hacer cosas que de otro modo no haríamos. En el actual Medio Oriente, como tantas veces antes, quienes intentan destruir a sus enemigos terminan haciendo un gran daño a sus propios intereses, a su propio pueblo.

7. *Génesis Raba* 55:8.

En tercer lugar, la respuesta de Isaac sigue siendo la correcta hoy. Derrotado una vez, vuelve a intentarlo. Cava otro pozo; esto también genera oposición. Así que sigue adelante y vuelve a intentarlo, y finalmente encuentra la paz.

Qué apropiado es que la ciudad que hoy lleva el nombre que Isaac le dio a este tercer pozo, es la sede del Instituto Weizmann de Ciencias, la Facultad de Agricultura de la Universidad Hebrea y el hospital Kaplan, asociado a la Facultad de Medicina, de la Universidad Hebrea. Israel Belkind, uno de los fundadores del poblado en 1890, la llamó Rejovot precisamente por el versículo de nuestra *parashá*: "Lo llamó Rejovot, diciendo: Ahora el Señor nos ha dado lugar y prosperaremos en la tierra".

Isaac es el menos original de los tres patriarcas. Su vida carece del drama de Abraham o de las luchas de Jacob. Vemos en este pasaje que el propio Isaac no se esforzó por ser original. El texto es inusualmente enfático sobre el punto: Isaac "reabrió los pozos que habían sido cavados en la época de su padre Abraham, que los filisteos habían tapado después de la muerte de Abraham, y *les dio los mismos nombres que su padre les había dado*".

Normalmente nos esforzamos por individualizarnos diferenciándonos de nuestros padres. Hacemos las cosas de manera diferente, o incluso si no lo hacemos, les damos nombres diferentes. Isaac no era así. Se contentaba con ser un eslabón en la cadena de generaciones, fiel a lo que había iniciado su padre.

Isaac representa la fe de la perseverancia, el coraje de la continuidad. Fue el primer niño judío, y representa el mayor desafío de ser un judío: continuar el viaje que comenzaron nuestros antepasados, en lugar de alejarse de él, poniendo así fin al viaje antes de que llegue a su destino. E Isaac, debido a esa fe, pudo lograr el objetivo más difícil de alcanzar, es decir, la paz, porque nunca se rindió. Cuando un esfuerzo que hiciera fracasó, comenzó de nuevo. Así es con todos los grandes logros, tienen una parte de originalidad, y nueve partes de persistencia.

Me parece conmovedor que Isaac, que pasó por tantas pruebas, desde la atadura cuando era joven, hasta la rivalidad entre sus hijos cuando era viejo y ciego, lleve un nombre que significa: "Se reirá". Quizás el nombre, que Dios mismo le dio antes de que Isaac naciera, encarna lo que significa el salmo cuando dice: "El que siembra con lágrimas, con gozo segará" (126:5). La fe significa el coraje de perseverar a través de todos los reveses, todo el dolor, nunca rendirse, nunca aceptar la derrota. Porque al final, a pesar de la oposición, la envidia y el odio, se encuentran los espacios amplios, Rejovot, y la risa, Isaac: la serenidad del destino tras las tormentas del camino.

El Otro Rostro de Esaú

La Torá es un texto sobrio, escaso en sus detalles, esquivo y alusivo sobre la vida entrañable de sus personajes. Sin embargo, en *Parashat Toldot* se nos muestra una de las escenas emocionalmente más conmovedoras de la Torá. Jacob, vestido con la ropa de Esaú, ha recibido la bendición de Esaú. Se va, y poco después:

> ... Su hermano Esaú vino de cazar. Él también había preparado una comida sabrosa y se la llevó a su padre. Luego le dijo: "Levántese mi padre, y coma de la caza de su hijo, para que me bendiga tu alma...
>
> Su padre Isaac le preguntó: "¿Quién eres tú?"
>
> "Yo soy tu hijo, tu primogénito, Esaú". Y se estremeció Isaac con grande alteración, y dijo: "¿Quién es el que vino aquí, que cogió caza, y me trajo, y comí de todo antes que vinieses? Yo le bendije, y será bendito".
>
> Cuando Esaú oyó las palabras de su padre clamó con una muy grande y muy amarga exclamación, y le dijo: "Bendíceme también a mí, padre mío". Pero él dijo: "Tu hermano vino engañosamente y tomó tu bendición".

> Esaú dijo: "Bien llamaron su nombre Jacob, [=quien se agarró del talón] que ya me ha engañado dos veces; se alzó con mi primogenitura, y he aquí ahora ha tomado mi bendición. Y dijo: ¿No has guardado bendición para mí?".
>
> Isaac respondió y dijo a Esaú: "He aquí yo le he puesto por señor tuyo, y le he dado por siervos a todos sus hermanos: de trigo y de vino le he provisto: ¿qué, pues, te haré a ti ahora, hijo mío?" Esaú le dijo a su padre: "¿Tienes una sola bendición, padre mío? Bendíceme también, padre mío". Entonces Esaú alzó la voz y lloró (27:30–38).

Lo que es notable es más como lo describe la Torá, su uso del lenguaje y el arte narrativo, que lo que sucedió. En general, la Torá es parca en sus detalles, especialmente sobre el estado emocional de sus personajes. Sus descripciones son minimalistas, dejando que el lector proporcione lo que omite el texto: cómo se ven los personajes, su ubicación, lenguaje corporal, etc. Emmanuel Levinas con certeza tenía razón al ver esto como una invitación al midrash, convocando al lector a completar el texto en diálogo con la palabra escrita[1]; la Torá se parece más a la radio que a la televisión, y suscita activamente la participación imaginativa de sus oyentes. Este es, entonces, un pasaje inusual en su explicitación literaria y en la profundidad psicológica del drama.

Como lectores, sentimos con y por Isaac y Esaú. Somos arrastrados a sus estados subjetivos. Ingresamos en la comprensión inicial de Isaac de que ha sido engañado. También nos identificamos con Esaú, cuyo primer pensamiento no es la traición o el deseo de venganza, sino un dolor simple, agudo e impactante ("Bendíceme, a mí también, padre mío"). Luego viene la impotencia de Isaac ("¿Qué puedo hacer entonces por ti, hijo mío?") y el llanto agonizante de Esaú, tanto más conmovedor dado lo que sabemos de él, que es un hombre del campo, rudo en algunos aspectos, impetuoso, en otros, no es un ser inclinado a las lágrimas (como Josef lo será más tarde). Es profundamente conmovedora la escena de los dos juntos, padre e hijo, engañados y decepcionados,

1. Emmanuel Levinas, "*Revelation in the Jewish tradition,*" in Sean Hand (ed.), *The Levinas Reader* (Oxford: Blackwell, 1989), 190–210.

despojados de lo que debería haber sido un momento de gran ternura e intimidad: (el hijo alimenta al padre, el padre bendiciendo al hijo). Podemos imaginarnos el cuadro que Rembrandt pudo haber hecho con él.

La pregunta es por qué es necesario este nivel de detalle. En la Torá, la forma tiene una función. Nada es accidental. Si hay una característica estilística marcada en una sección determinada, está ahí por una razón. Aquí, la Torá quiere que nuestras simpatías se dirijan, a lo largo del capítulo, a Esaú en lugar de a Jacob. No es que sintamos que Esaú era el heredero legítimo del pacto; que la historia había tomado un rumbo equivocado; que las cosas deberían haber sido de otra manera. Evidentemente, esto no es así. Rebeca favorece a Jacob, y en Génesis, las madres conocen a sus hijos mejor que sus padres. Esaú, el cazador, el hombre que "despreció su primogenitura" (25:34) cuando la vendió, claramente no estaba destinado a ser el fiel seguidor de un Dios invisible y trascendente. El pacto abrahámico seguramente debe pasar a través de Jacob, el niño descrito como "un hombre tranquilo, que permanece entre las tiendas" (25:27). Sin embargo, la Torá se desvía de su camino, utilizando recursos estilísticos inusuales, para despertar nuestras simpatías hacia Esaú, para hacernos entrar en su mundo y ver las cosas desde su perspectiva. ¿Por qué?

Antes de que podamos responder a esto, primero debemos echar un vistazo más amplio a lo que sabemos de Esaú y sus descendientes del resto de la Torá. La primera es que Esaú recibe una bendición de Isaac:

> "He aquí será tu habitación en grosuras de la tierra, Y del rocío de los cielos de arriba; Y por tu espada vivirás, y a tu hermano servirás: Y sucederá cuando te enseñorees, Que descargarás su yugo de tu cerviz" (27:39–40).

Los "lugares en grosuras de la tierra" y del "rocío del cielo" no están tan circunscritos, dando a entender Isaac, que habrá suficiente para los dos. Esta es una bendición que ambos hijos pueden disfrutar sin que uno menoscabe al otro. En cuanto a la supremacía de Jacob, durará solo mientras no la haga un mal uso. Si actúa con arbitrariedad injustificada, Esaú simplemente "quitará el yugo" de su cuello. Aquí hay una base para la convivencia.

La segunda revelación surge cuando Esaú "se casa", tomando a dos jóvenes hititas como esposas. Esta es "una fuente de amargura" (26:35) para Isaac y Rebeca, y proporciona a Rebeca el pretexto necesario para reconciliar a Isaac con Jacob, además de darle a Jacob una excusa legítima para dejar el hogar ("Estoy disgustada con la vida a causa de esas mujeres hititas", le dice a Isaac, "si Jacob se casa con una hitita de las hijas de esta tierra, ¿por qué debería seguir viviendo?" [27:46]). La reacción de Esaú es interesante. Él "entendió que las jóvenes cananeas no agradaban a su padre Isaac" (28:8) y trata de mejorar la situación tomando una tercera esposa: Majlat, hija de Ismael. El gesto falla por dos razones obvias: no se divorcia de las otras esposas, y no ha interiorizado el hecho de que Ismael también ha sido rechazado como heredero del pacto abrahámico. Esaú no está dotado de demasiada inteligencia, pero se preocupa por su padre y no desea causarle angustia.

El tercer vistazo al carácter de Esaú se ofrece cuando los hermanos finalmente se reencuentran veintidós años después. Este es uno de los grandes pasajes de la Torá, lleno de profundidades y resonancias. Pero la narrativa superficial es clara, y hay un principio rabínico: "La Escritura no se aparta de su significado llano"[2]. Jacob está lleno de miedo antes del encuentro, miedo que lo lleva a hacer preparativos considerando "plegaria, diplomacia y guerra[3]". La noche antes de la fatídica reunión, él lucha solo con un adversario sin nombre. Sin embargo, cuando los hermanos finalmente se encuentran, Esaú corre a encontrarse con Jacob, lo abraza, llora y no muestra la hostilidad que una vez había albergado. El drama interno se desarrolla completamente dentro del alma de Jacob. Esaú, al parecer, es rápido para la ira, e igualmente rápido en calmarse. Cuando Jacob, suplicándole que acepte un regalo de manadas y ganado, usa la frase profundamente significativa, "por favor, acepta mi bendición" (33:11) – una referencia implícita al evento ocurrido veintidós años antes- Esaú no muestra ningún signo de comprensión de lo que se está insinuando. Esaú no guarda rencor, no porque perdone sino porque olvida.

2. *Shabat* 63a.
3. *Pesikta de Rav Kahana* 19.

El cuarto pasaje, de Génesis 36, es la lista de los descendientes de Esaú. A primera vista, no es diferente de muchas otras genealogías del Génesis, pero contiene dos segmentos importantes de información, una explícita y la otra implícita. La primera es la declaración: "Estos son los reyes que gobernaron en la tierra de Edom antes que reinara rey alguno en Israel" (36:31). La segunda es el contraste entre el versículo final del capítulo 36 y el versículo inicial del capítulo 37: "Estas son las tribus de Esaú, cada una con sus propios asentamientos en sus tierras hereditarias [*eretz ajuzatam*]... Mientras tanto, Jacob vivía en la tierra donde su padre había vivido como un itinerante [*beeretz megurei aviv*]". La implicación no podría ser más clara. Los descendientes de Esaú se establecieron geográfica y políticamente mucho antes que los de Jacob. Ellos no deben pasar los giros y vueltas de la historia del pacto: el exilio, la esclavitud, la redención y los años del desierto. Si bien ambos gemelos pueden eventualmente heredar los lugares con grosura de la tierra y con el rocío del cielo, para uno la ruta es sencilla, para el otro, es cualquier cosa menos algo llano.

El quinto elemento que debe tenerse en cuenta es la forma de la relación entre los israelitas y los edomitas. Dios instruye a los israelitas:

> Y manda al pueblo, diciendo: Pasando vosotros por el territorio de vuestros hermanos los hijos de Esaú, que habitan en Seir, ellos tendrán miedo de vosotros; mas vosotros guardaos mucho. No os metáis con ellos, porque no os daré de su tierra ni aun lo que cubre la planta de un pie; porque yo he dado por heredad a Esaú el monte de Seir (Deuteronomio 2:4–5).

No menos enfático es el mandamiento:

> No aborrecerás al edomita, porque es tu hermano (Deuteronomio, 23:7).

No hay nada en estos mandatos que nos recuerde la eterna contienda entre las dos naciones anunciada antes de su nacimiento ("Dos naciones hay en tu seno y dos pueblos serán divididos desde tus entrañas; un pueblo será más fuerte que el otro pueblo, y el mayor servirá al menor"

[25:22–23]). Durante la era bíblica hubo tensiones periódicas y fortunas cambiantes en la relación entre Edom e Israel, pero a los israelitas se les ordenó respetar tanto a los edomitas como a su tierra[4].

Combinando todos estos elementos, podemos deducir varias inferencias. En el nivel más simple, aquí hay una naturaleza humana que desafía todos los estereotipos y categorizaciones convencionales. Esaú es un hijo amado por su padre y éste lo ama a cambio. Es tan sorprendente que, a pesar de la evaluación negativa de Esaú en la literatura midráshica, este hecho brilla a través de:

> Rabí Shimón ben Gamliel que dijo: ningún hombre honró a su padre como yo lo hice con el mío, pero descubrí que Esaú honraba a su padre incluso más que yo[5].

A veces hay una tendencia por parte del midrash a calificar a los personajes bíblicos en completamente buenos y completamente malos, y para esto hay buenas razones pedagógicas, como señala el rabino Tzvi Hirsch Chajes[6] se presenta para servir efectivamente modelos a seguir, en los textos bíblicos los héroes deben ser vistos siempre heroicos, los pusilánimes sistemáticamente como villanos.

Sin embargo, debajo de esta cobertura del midrash, la Torá enseña un mensaje diferente e igualmente importante, aunque exige una cierta madurez para ser apreciado: incluso los héroes tienen sus faltas y los no héroes sus virtudes, y estas virtudes son importantes para Dios. "El Santo, bendito sea, no retiene la recompensa de ninguna criatura", dijeron los sabios[7]. El Esaú que emerge de la Torá no tiene nada de la fe de Abraham, la firmeza de Isaac o la persistencia de Jacob. Está tallado en un grano mucho más grueso. Pero, aunque de mal genio y temperamento abrupto no le falta su humanismo, su lealtad filial y su decencia.

Esto también es parte del mensaje de la Torá. Así como no podemos predecir las acciones de Dios de antemano ("Seré quien seré",

---

4. Ver por ejemplo: II Samuel 8:14; II Reyes 8:20.
5. *Deuteronomio Raba* 1:15
6. En *Mavó Haagadot*, impreso al comienzo de las ediciones estándar de *Ein Yaacov*.
7. *Pesajim* 118a.

"Tendré misericordia y mostraré bondad a quien quiera"[8]), tampoco podemos predecir de antemano dónde brillará la imagen de Dios en los asuntos de la humanidad. Fueron los sectarios de Qumrán, no los rabinos, quienes dividieron a la humanidad en "hijos de la luz" e "hijos de las tinieblas". Este dualismo antropológico es tan ajeno al judaísmo como el dualismo teológico.

Sin embargo, hay algo mucho más fundamental en juego en la historia de Esaú. Tiene que ver con el concepto mismo de elegibilidad. El libro del Génesis es, entre otras cosas, una profunda meditación sobre lo que se debe elegir y lo que no se debe elegir. No cabe duda de que la elección tiene profundas consecuencias psicológicas en ambos lados de la ecuación. Ser elegido significa – como descubre Jacob – una vida de grandes exigencias y grandes privaciones – "Pocos y malos han sido los días de mi vida" (47: 9) le dice a Faraón. Pero no ser elegido también es profundamente perturbador. Vemos esto una y otra vez, en las dos ocasiones en las que Hagar es despedida, en las relaciones entre Josef y sus hermanos, pero más explícitamente en el caso de Lea y Raquel:

> [Jacob] también se casó con Raquel, y amaba más a Raquel. que Lea… [Dios] vio que Lea era odiada [*senuá*]… (29:30)

He traducido esta última frase literalmente para darle toda su fuerza impactante en el hebreo. Lea, por supuesto, no fue odiada, fue amada, Raquel fue más amada[9]. Sin embargo, la sensación de rechazo es tan profunda, tan insondable que la Torá no duda en compararla con la sensación de ser odiada. Y el que se siente rechazado puede odiar a cambio. Por eso los hermanos "odian" a Josef (el verbo se usa tres veces – una repetición significativa – en el capítulo 37).

---

8. Éxodo 3:14; 33:19.
9. Tanto Rambán como Radak señalan que el verbo *'s-n-'*, que generalmente significa "odiar ", tiene un significado diferente en hebreo bíblico cuando se lo compara con el verbo "amar". Este también es su significado en Deuteronomio 25:15, "Si un hombre tiene dos esposas, una ama, la otra odia [*senuá*]…" Aquí nuevamente, el significado no es "odiado" sino "menos amado". Ver también el ensayo "*Escuchando la Torá*", pág. 205.

El amor elige. Pero la elección crea distanciamiento, lo que conduce a una tensión, que a veces puede estallar en conflicto y violencia, potencial o real. Este es un tema señalado casi al comienzo de la narrativa bíblica, en ocasión de la elección de Dios de la ofrenda de Abel y no la de Caín que conduce al fratricidio.

Algo de la consecuencia más profunda posible se insinúa en la historia de Esaú. La elección de uno no significa el rechazo del otro. Esaú no es elegido, pero tampoco rechazado. Él también tendrá su bendición, su herencia, su tierra. Él también tendrá hijos que se convertirán en reyes, que gobernarán y no serán gobernados. A él también se le reconocerán sus virtudes, sobre todo su amor y respeto por su padre.

Nuestras simpatías no son atraídas hacia él accidentalmente. La Torá está diciendo para siempre a toda la humanidad: no todos son elegidos por los rigores espirituales y existenciales del pacto abrahámico, pero todos son preciosos para Dios,[10] cada uno tiene su lugar en el esquema de las cosas, cada uno tiene su o sus virtudes, talentos, dones, y cada uno es precioso a los ojos de Dios.

---

10. Sin duda, existe la opinión aparentemente contraria en Malaquías: "¿No era Esaú hermano de Jacob? dice el Señor, amé a Jacob y a Esaú aborrecí" (Malaquías 1: 2–3). Sin embargo, existe el comentario notable del Gaón de Vilna de que la frase, "Esaú he aborrecido" se refiere sólo a "la parte periférica de Esaú", no a su esencia. El versículo de Malaquías se refiere a circunstancias históricas particulares. Durante el período del Primer Templo hubo conflictos y guerras entre los israelitas y los edomitas. El profeta Amós atribuye a Edom una crueldad especial: "persiguió a espada a su hermano, y violó todo afecto natural; y en su furor le ha robado siempre, y perpetuamente ha guardado el rencor" (Amós 1:11). Malaquías está hablando de una era histórica específica, no de la eternidad. El tema tiene mayor importancia porque, para los rabinos, Esaú/ Edom simbolizaba el Imperio Romano y luego (después de la conversión de Constantino) al cristianismo. Ismael fue el mundo árabe y más tarde, el islam. Rav Kuk escribió esto sobre la relación entre el judaísmo y estas otras dos religiones, sobre la base de los comentarios del Gaón de Vilna.
La declaración del Gaón rabí Eliyahu sobre el versículo, "Pero a Esaú odié" – "esto se refiere a la parte periférica de Esaú, pero la parte esencial de él, su cabeza, fue enterrada con los patriarcas", es digna de mención a este respecto. Es por esta razón que Jacob, el hombre de la verdad e integridad, dijo [en su reunión con Esaú]: "Te he visto, y es como ver el rostro de Dios" (33:11). Su palabra no caerá como una vana palabra. El amor fraternal de Esaú y Jacob, Isaac e Ismael, se afirmará por encima de toda la confusión que ha engendrado el mal provocado por nuestra naturaleza corporal. Los vencerá y los transformará en luz eterna y compasión (Cartas, 1, 112).

Dios le dirá más tarde a Jonás: "Tú tuviste lástima de la calabacera, en la cual no trabajaste, ni tú la hiciste crecer; que en espacio de una noche nació, y en espacio de otra noche pereció... ¿Y no tendré yo piedad de Nínive, aquella gran ciudad donde hay más de ciento veinte mil personas que no saben discernir entre su mano derecha y su mano izquierda, y muchos animales?" (Jonás 4:10–11). O como dice Salmos: "El Señor es bueno para con todos, y sus misericordias sobre todas sus obras" (145:9).

Ser elegido no significa que otros no sean elegidos. Estar seguro en la relación de uno con Dios no depende de negar la posibilidad de que otros también puedan tener una relación (diferente) con él. Jacob fue amado por su madre, Esaú por su padre; pero ¿qué hay de Dios, que no es ni padre ni madre, sino ambos y más que ambos?

En verdad, solo podemos conocer nuestra propia relación con nuestros padres. Nunca podremos conocer la de otro. ¿Soy amado más que mis hermanos o hermanas? ¿Menos? Una vez formulada, la pregunta no puede dejar de conducir a la rivalidad entre hermanos, que es uno de los temas centrales del Génesis. Pero la pregunta no es válida. No debería preguntarse. Un buen padre ama a todos sus hijos y nunca piensa en más o menos. El amor no es cuantificable. Rechaza las comparaciones. Jacob es Jacob, heredero del pacto. Esaú es Esaú, hace lo que hace, es lo que es, disfruta de su propia herencia y bendición. Qué simple verdad y qué hermosa y sutilmente se transmite. Es uno de los mensajes más profundos de la Torá a la humanidad, y cuán profundamente, en una era de "choque de civilizaciones", el mundo necesita escucharlo hoy.

Rav Kuk creía que, así como en la Torá finalmente se reconciliaron Jacob y Esaú, Isaac e Ismael, también lo será el judaísmo, el cristianismo y el islam en el futuro. No dejarán de ser diferentes, pero aprenderán a respetarse unos a otros.

Creemos en el principio que "los justos de las naciones tienen parte en el mundo venidero" (Julin 92a). Cuando se eligió a Jacob, Esaú no fue rechazado. Dios no rechaza. "Aunque mi padre y mi madre me abandonen, el Señor me acogerá" (Salmos 27:10). Elección significa dos cosas: intimidad y responsabilidad. Dios nos mantiene cerca y nos exige especiales. Más allá de eso, Dios es el Dios de toda la humanidad, el Autor de todos, que se preocupa por todos.

Vayetzé
ויצא

Jacob sale de casa huyendo de Esaú, quien había jurado matarlo, solo para encontrarse en una relación tensa con Labán, su tío, con quien se refugia. Se enamora de Raquel la hija menor de Labán, y acepta trabajar siete años para ganarse su mano en matrimonio. Cuando finalmente se lleva a cabo la boda, Jacob se despierta a la mañana siguiente y descubre que Labán ha sustituido a Raquel por su hija la mayor Lea. Más tarde, Jacob también se casa con Raquel, pero hay tensión entre las hermanas. Lea, no amada, es bendecida con hijos; Raquel, amada, no lo es. Hay otra tensión entretejida entre Jacob y Labán – acerca de los rebaños, los salarios y la propiedad – que finalmente lleva a Jacob a huir de nuevo, esta vez de regreso a su hogar. La *parashá* está enmarcada por estos dos viajes.

Los primeros tres de los siguientes ensayos tratan sobre diferentes aspectos de la plegaria judía a la luz de la visión de Jacob de una escalera entre la tierra y el cielo, una de las metáforas supremas del rezo. El cuarto trata sobre el amor de Jacob por Raquel, mientras que el quinto examina la difícil situación y el patetismo de Lea, y su mensaje de que Dios ama a los que no se sienten amados.

Encontrando a Dios

Esta es una de las grandes visiones de la Torá. Jacob, solo en la noche, huyendo de la ira de Esaú, se acuesta a descansar, y no tiene una pesadilla sino una epifanía:

> Y se posó en cierto lugar [*vayfgá bamakom*] y se quedó a pasar la noche porque el sol se había puesto. Tomando una de las piedras de ese lugar, se la puso debajo de la cabeza y se acostó a dormir. Y soñó, y he aquí una escalera apoyada en la tierra, con su punta llegando al cielo. Los ángeles de Dios ascendían y descendían sobre él. Además, allí arriba estaba Dios... Jacob se despertó de su sueño y dijo: "Dios está verdaderamente en este lugar, y yo no lo sabía". Tenía miedo y dijo: "¡Qué maravilloso es este lugar! Esta no es otra que la casa de Dios y esta es la puerta del cielo" (28:11–17)

Sobre la base de este pasaje, los sabios afirman que "Jacob instituyó la oración de la tarde"[1]. La deducción se basa en la palabra *vayfgá* que denota no solo, "vino a, encontró, se topó con" sino también "oró, suplicó, rogó" como en Jeremías 7:16, "Tú, pues, no ores por este pueblo, ni levantes

1. *Brajot* 26b.

por ellos clamor ni oración, ni me ruegues [*veal tifgá bi*] porque no te oiré". Los sabios también entendieron la palabra *bamakom*; "El lugar" significa "Dios", porque Dios es el "lugar" del universo[2].

Así, Jacob completó el ciclo de oraciones diarias. Abraham instituyó *shajarit*, la oración de la mañana; Isaac la *minjá*, la oración de la tarde; y Jacob *maariv*, la oración de la noche. Esta es una idea sorprendente, lo que implica que, aunque cada una de las oraciones de *Amidá* de los días de la semana es idéntica en su composición, cada una tiene el carácter de uno de los patriarcas. Abraham representa la mañana. Él es el iniciador, el que introdujo una nueva conciencia religiosa en el mundo. Con él un día comienza. Isaac representa la tarde. No inicia una transición importante de la oscuridad a la luz o de la luz a la oscuridad. De hecho, como hemos visto, muchos de los incidentes en la vida de Isaac recapitulan los de su padre: como aconteció con su padre Abraham, el hambre lo obliga, a ir a la tierra de los filisteos; reabre los pozos de su padre. Isaac es el heroísmo silencioso de la continuidad. Es un eslabón en la cadena del pacto, que une una generación a la siguiente. Él es firmeza, lealtad, la determinación de continuar. Sin estas virtudes, el judaísmo no habría sobrevivido. Jacob representa la noche. Es el hombre que descubre a Dios en medio del miedo.

Abraham es la mañana: el amanecer de una nueva fe. Rompió los ídolos de su padre, reconociendo las contradicciones internas del politeísmo y del paganismo. Su carrera religiosa comenzó con un viaje lejos de su hogar, de su lugar de nacimiento y de la casa de su padre, hacia un destino nuevo y desconocido. Abraham representa el comienzo, un nuevo capítulo en la historia religiosa de la humanidad.

Isaac es la tarde. No hay nada espectacular en la tarde, ningún cambio cualitativo de oscuridad a luz o de día a noche. En cambio, hay una transición lenta, un cambio casi imperceptible. Isaac es el puente entre el día y la noche, entre Abraham y Jacob, dos vidas cargadas de drama. Su propia vida es relativamente tranquila y pasiva. No es el motor principal de los acontecimientos. Sin embargo, sin un puente, no podemos traspasar de un dominio a otro. Si Abraham es el iconoclasta,

2. *Génesis Raba* 68:9.

Isaac representa la valentía de la continuidad, sin la cual moriría todo el proyecto de la alianza.

Jacob es la noche. Ve su gran visión de la escalera y los ángeles por la noche. Lucha con un adversario desconocido por la noche. Termina sus días en el exilio, al comienzo de la larga y oscura noche de la esclavitud. La gran fuerza de Jacob es que no suelta. Nace sujetando el talón de su hermano. Se niega a dejar ir al extraño que lucha con él. Si Abraham es originalidad e Isaac es continuidad, Jacob, entonces, representa la tenacidad.

Sin embargo, existe una dificultad con la idea de que Jacob introdujo la oración de la noche. En un episodio famoso del Talmud, Rabí Yehoshúa opina que, a diferencia del *shajarit* o *minjá*, la oración de la noche no es obligatoria (aunque, como señalan los comentaristas, lo ha sido gracias a la aceptación de generaciones de judíos)[3]. Por qué, si fue instituido por Jacob, ¿no se consideró que tenía la misma obligatoriedad que las oraciones de Abraham e Isaac? La tradición ofrece tres respuestas.

La primera sugiere que la opinión de que *maariv* no es obligatoria fue sostenida solo por aquellos que sostenían que las oraciones diarias no se basan en los patriarcas, sino en los sacrificios que se ofrecían en el Templo.

Había una ofrenda obligatoria por la mañana y por la tarde, pero no había un sacrificio vespertino. Así, los dos enfoques acerca de la fuente de las oraciones conducen a implicaciones prácticas divergentes: para quienes remontan la oración al sacrificio, la oración de la tarde es voluntaria, mientras que para quienes la basan en los patriarcas, es obligatoria.

El segundo enfoque se basa en la ley de que los que están de viaje están exentos de la oración hasta tres días después. En los días en que los viajes eran peligrosos, cuando los viajeros estaban en constante temor de ser atacados por asaltantes, era imposible concentrarse mientras se transitaba y la oración requiere concentración (*cavaná*). Por lo tanto, Jacob estaba exento de la oración y ofreció su súplica no como una obligación sino como un acto voluntario, y así permaneció.

---

3. *Berajot* 27a.

El tercer punto de vista se basa en la tradición de que, mientras Jacob viajaba, "el sol se puso de repente", no en su horario habitual[4]. Jacob tenía la intención de decir la oración de la tarde, pero descubrió, para su sorpresa, que la noche había caído. *Maariv* no se convirtió en una obligación, ya que Jacob no tenía en absoluto la intención de decir una oración vespertina.

No obstante, hay una explicación más profunda. Teniendo en cuenta que se utiliza una construcción lingüística diferente para cada una de las tres ocasiones que los sabios sitúan la base de la oración. Abraham "se levantó muy de mañana al lugar donde había estado delante de Dios" (19:27). Isaac "salió a meditar [*lasuaj*] en el campo hacia la tarde" (24:63). Jacob "se encontró, se encontró, se encontró" con Dios (*vayfgá bamakom*). Estos son diferentes tipos de experiencias religiosas.

Abraham inició la búsqueda de Dios. Tenía una personalidad religiosa creativa: el del padre de todos aquellos que emprenden un viaje del espíritu hacia un destino desconocido, armados solo con la confianza de que aquellos que buscan, encuentran. Abraham buscó a Dios antes que Dios lo buscara.

La oración de Isaac se describe como un *sijá*, literalmente, una conversación o diálogo. Hay dos partes en un diálogo: una que habla y otra que escucha, y habiendo escuchado, responde. Isaac representa la experiencia religiosa como conversación entre la palabra de Dios y la palabra de la humanidad.

La oración de Jacob es muy diferente. Él no la inicia. Sus pensamientos están en otra parte: en Esaú, de quien escapa, y en Labán, hacia cuya dirección se dirige. A esta mente perturbada llega una visión de Dios y los ángeles y una escalera que conecta la tierra y el cielo. No ha hecho nada para prepararse para ello. Es inesperado. Jacob literalmente "encuentra" a Dios como a veces podemos encontrar un rostro familiar entre una multitud de extraños. Este es un encuentro provocado por Dios, no por el hombre. Es por eso que la oración de Jacob no puede ser la base de una obligación regular. Ninguno de nosotros sabe cuándo la presencia de Dios se presentará repentinamente en nuestras vidas.

---

4. *Sanedrín* 95b.

Hay un elemento de la vida religiosa que escapa al control consciente. Surge de la nada, cuando menos lo esperamos. Si Abraham representa nuestro viaje hacia Dios, e Isaac nuestro diálogo con Dios, Jacob representa el encuentro de Dios con nosotros: no planeado, no programado, inesperado; la visión, la voz, la llamada que nunca podremos conocer de antemano pero que nos transforma. Así como fue para Jacob, así es para nosotros. Se percibe como si estaríamos despertando de un sueño y nos diéramos cuenta, como si fuera la primera vez, de que "Dios está verdaderamente en este lugar y yo no lo sabía". El lugar no ha cambiado, pero nosotros sí. Tal experiencia nunca puede ser objeto de una obligación. No es algo que hacemos. Es algo que nos sucede. *Vayfigá bamakom* significa que, pensando en otras cosas, descubrimos que hemos entrado en la presencia de Dios.

Estas experiencias tienen lugar, literal o metafóricamente, por la noche. Ocurren cuando estamos solos, asustados, vulnerables, al borde de la desesperación. Es entonces, cuando menos lo esperamos, que podemos encontrar nuestras vidas inundadas por el resplandor de lo divino. De repente, con una certeza inconfundible, sabemos que no estamos solos, que Dios está ahí y ha estado todo el tiempo, pero que estábamos demasiado preocupados por nuestras propias preocupaciones para notarlo. Así es como Jacob encontró a Dios, no por sus propios esfuerzos como Abraham; no a través del diálogo continuo como Isaac; sino en medio del miedo y el aislamiento. Jacob, al huir, tropieza y cae, y descubre que ha caído en los brazos de Dios que lo esperaban. Nadie que haya tenido esta experiencia la olvida jamás.

"Ahora sé que estuviste conmigo todo el tiempo, pero yo estaba buscando en otra parte", esa fue la oración de Jacob. Hay momentos en los que hablamos y momentos en los que nos hablan. La oración no siempre es predecible, un asunto de horario fijo y obligación diaria. También es una apertura, una vulnerabilidad. Dios puede tomarnos por sorpresa, despertándonos de nuestro sueño, atrapándonos mientras caemos.

La Escalera de la Plegaria

En el inicio de *Parashat Vayetzé,* habiendo "salido" del mundo familiar de la casa de sus padres en Beer Sheva, Jacob se encuentra en lo que se conoce como espacio liminal – el espacio entre[1] – entre el hogar del que escapa y el destino al que aún no ha llegado. Está entre el riesgo conocido de su hermano Esaú, de quien huye, y el peligro aún desconocido de Labán, de quien eventualmente sufrirá grandes males.

Como volverá a suceder veintidós años después a su regreso, cuando se encuentre y luche con un extraño, Jacob tiene sus experiencias más intensas solo, de noche, en medio de un viaje. Es en estos

1. Sobre liminalidad, ver Arnold van Gennep, *The Rites of Passage* (Londres: Routledge & Paul, 1861); Victor Turner, *The Ritual Process: Structure and Anti-Structure* (Londres: Routledge y Paul, 1868). La liminalidad es el espacio entre dos estados o territorios, entre de dónde vienes y hacia dónde vas. Representa transición, y está marcado por la incertidumbre y la vulnerabilidad. Turner sostiene que la liminalidad arroja luz sobre la distinción básica entre sociedad: un lugar de estructura y jerarquía donde todos tienen sus roles – y "*communitas*" – una comunidad y comunión de individuos iguales. La liminalidad es una experiencia de *communitas,* donde se desvanecen el rol, el rango, el estatus y el cargo y nos dejan sin externalidades almas, sin el yo, sin máscaras ni identidades adscritas. Por tanto, las experiencias liminales tienden a combinar humildad y santidad, una hermosa descripción del encuentro de Jacob con Dios, y de nuestra experiencia de oración.

viajes de transición, cuando está más abierto a lo inesperado, donde se define a Jacob, a través de encuentros liminales que bordean el sueño y la realidad. En su viaje a casa, emerge como un hombre nuevo, herido y cojeando, pero con un victorioso nombre diferente. En esta, la primera de sus visiones:

> Soñó, y he aquí una escalera apoyada en la tierra, y su extremo llegando al cielo. Los ángeles de Dios ascendían y descendían por ella. Y he aquí, Dios estaba en lo alto de ella... (28:12–13).

¿Qué significa esta visión? Son muchas las interpretaciones dadas por los sabios y comentaristas, pero la más sencilla es que tiene que ver con el encuentro entre el alma humana y Dios, el encuentro que las generaciones posteriores conocerían como plegaria.

> Jacob se despertó de su sueño y dijo: "Dios está verdaderamente en este lugar, y yo no lo sabía". Y tuvo miedo y dijo: "¡Qué terrible es este lugar! Esta no es otra que la casa de Dios y es la puerta del cielo" (28:16–17).

La Casa de Dios pasó a representar a la sinagoga, porque la oración es la puerta del cielo. Y cuando hemos orado de verdad, el resultado más profundo es que también nosotros somos conscientes del sentimiento: "Dios está verdaderamente en este lugar y yo no lo sabía".

El Zohar (I, 201b) identifica la escalera en la visión de Jacob con la oración: nosotros que oramos estamos en la tierra, sin embargo, nuestras oraciones llegan al cielo, como está dicho en la oración de Salomón en la consagración del Templo: "Tú oirás en los cielos, en el lugar de tu morada, su oración y su súplica..." (I Reyes 8:39).

Me gustaría sugerir que esta visión primordial no nos brindó simplemente un paradigma de la oración: su impacto se extiende hasta influir en la *estructura* misma de la liturgia judía. Si examinamos la oración judía con cuidado, veremos que su forma refleja con precisión el modelo de una escalera por la que los ángeles ascienden y descienden.

Un estudio detenido de la liturgia revela el predominio de una estructura simétrica de tres partes A-B-A, que tiene la siguiente forma:

(a) ascenso, (b) estar parado ante la Presencia, (c) descenso. Por ejemplo, *shajarit,* el servicio de la mañana, comienza con (a) *pesuké dezimrá,* una serie de salmos, que constituyen una preparación para la oración. Continúa hacia (b) la oración propiamente dicha: el *Shemá* con sus tres bendiciones y la *Amidá,* oración de pie. Termina con (c) una serie de himnos finales que incluyen a *Ashrey,* en sí mismo un elemento clave de *pesuké dezimrá.*

La base de esta estructura triple es una declaración del Talmud (*Berajot* 42b) de que "los primeros hombres piadosos solían esperar una hora antes de orar, luego oraban durante una hora y luego esperaban otra hora". El Talmud cuestiona la base de esta costumbre y responde citando el mismo versículo de *Ashrey*: "Felices los que se sientan en Tu casa". Claramente, esto es lo que se conoce como *asmajta,* un versículo de respaldo, más que el origen de la costumbre misma (sin embargo, este pasaje, es sin duda la razón por la que se dice *Ashrey* en la primera y tercera sección).

El patrón triple de *shajarit* se repite en el microcosmos en la estructura de la *Amidá.* También sigue un patrón de tres partes: (a) *shevaj,* alabanza, las primeras tres bendiciones; (b) *bakashá,* petición, las bendiciones intermedias, y (c) *hodayá,* "gracias" o "reconocimiento", las últimas tres bendiciones. En Shabat y Yom Tov, la sección del medio se reemplaza normalmente por una bendición- en Rosh Hashaná tres – relacionada con "la santidad del día" son la base de que no hacemos solicitudes en los días de descanso.

Shevaj es una preparación. Es nuestro ingreso a la Divina Presencia. *Hodayá* es una despedida. Damos gracias a Dios por la bondad con que nos ha favorecido. *Bakashá,* la sección central, es estar de pie ante la Presencia misma. Somos como solicitantes presentando nuestras peticiones de pie ante el Rey. La forma espiritual de la primera y última acción – entrada y salida – se dramatiza dando tres pasos hacia adelante y finalmente, tres pasos hacia atrás. Esta es la coreografía del ascenso y descenso.

Este patrón aparece una vez más en la *Kedushá,* una oración formada alrededor de versos tomados de las visiones místicas de los profetas, que hace referencia explícita a los ángeles. Sus versículos clave son las palabras que Isaías y Ezequiel escucharon decir a los ángeles mientras rodeaban el trono de la Gloria. Hablamos de los ángeles en este punto: los Serafines, Querubines, Ofanim y las santas Jayot. La *kedushá* se dice tres veces en el servicio de la mañana[2]. La primera, conocida como *kedushat yotzer*, aparece en las bendiciones antes del Shemá; la tercera, *kedushá desidrá*, se dice en la sección final de las oraciones, comenzando con *Uva Letzion*. La *kedushá* del medio está en la repetición de la Amidá por parte del oficiante.

Hay diferencias obvias entre la primera y la última versión de la *kedushá*, por un lado, y la segunda, por el otro. La primera y la tercera no necesitan quórum, un *minián*. Se pueden decir en privado. No es necesario decirlos de pie. La segunda requiere un *minián* y debe decirse de pie.

Maimónides explica la diferencia. En la primera y tercera, *describimos* lo que hacen los ángeles cuando alaban a Dios. En la segunda, *estamos representando* lo que hacen. En otras palabras, la primera y la tercera son la preparación y la reflexión sobre un evento. La segunda es el acontecimiento en sí, tal como lo revivimos[3].

Hay otros ejemplos, pero estos serán suficientes.

Las oraciones diarias, como las tenemos ahora, evolucionaron durante un largo período de tiempo. Los sabios nos dicen que los primeros arquitectos fueron los hombres de la Gran Asamblea en los días de Ezra y Nejemiá, el siglo V a.e.c. Hubo un proceso más intensivo de composición y canonización en los días de Rabán Gamliel en Yavne. El modelado y remodelado continuó hasta los primeros libros de oraciones, los de Rav Amram Gaón y Rav Saadiá Gaón, en los siglos IX y X d.e.c.

Lo que vemos en los ejemplos anteriores es que hay una forma básica, una gramática profunda, de la oración. Consiste en ascenso – pararse en la Presencia – descenso. La inspiración de ello no puede haber sido otra cosa que la visión de Jacob.

La oración es una escalera que se extiende desde la tierra hasta el cielo. En esta escala de palabras, pensamientos y emociones, dejamos

---

2. En Shabat, la tercera *Kedushá* se transfiere al servicio de la tarde, porque el servicio de la mañana es más largo de lo habitual. Sin embargo, su lugar adecuado es shajarit.
3. Citado en *Jidushim* en el inicio de *Maasé Rokeaj*, 1. Ver R. Nahúm Rabinovitch, *Yad Pshutá* de Maimónides, *Mishné Torá* (Hiljot Tefilá 7:17), *Sefer Ahavá*, vol. 1 (Jerusalén: Maaliyot, 1984), 294–5; citado también en *Rambam LaAm* (Jerusalén: Mossad Harav Kook, 1958), ad loc.

gradualmente el campo de la gravitacional terrenal. Pasamos del mundo que nos rodea, percibido por los sentidos, a una conciencia de lo que está más allá del mundo: el Creador de la tierra.

Al final de este ascenso, estamos, por así decirlo, directamente en la presencia consciente de Dios, que Maimónides define como el elemento esencial del *cavaná*, el estado intencional esencial para la oración[4].

Luego, lentamente, regresamos a tierra nuevamente, a nuestras preocupaciones mundanas, el ámbito de acciones e interacciones en la que vivimos. Sin embargo, si la oración ha funcionado, después no somos los mismos que antes. Porque hemos visto, como vio Jacob, que "Dios está verdaderamente en este lugar y yo no lo sabía".

Si la primera etapa es el ascenso, y la segunda está en el cielo, entonces la tercera es traer una fracción del cielo a la tierra. Porque lo que Jacob se dio cuenta, cuando despertó de su visión, es que Dios está en este lugar. El cielo no está en otro lugar, pero está aquí, incluso si estamos solos y asustados, si tan solo nos diéramos cuenta. Podemos convertirnos en ángeles, agentes y emisarios de Dios; en última instancia, incluso podemos luchar "con Dios y con los hombres" (32:28), si, como Jacob, tenemos la capacidad de orar y la fuerza para soñar, y la apertura para ver las transformaciones que pueden ocurrir en los difíciles espacios entre ellos.

4. Maimónides, *Mishné Torá, Hiljot Tefilá Venesiat Kapayim* 4:15–16.

Cuando el "Yo" Calla

Regresamos a la visión primordial y poderosa de la plegaria: Jacob, solo y lejos de casa, se acuesta por la noche, con solo piedras como almohada, y sueña con una escalera colocada en la tierra pero que llega al cielo, con ángeles que ascienden y descienden. Este es el encuentro inicial con la "casa de Dios" que un día se convertiría en la sinagoga, el primer sueño de una "puerta del cielo" que permitiría el acceso a un Dios que está arriba, haciéndonos saber finalmente que "Dios está verdaderamente en este lugar."

Sin embargo, hay un matiz en el texto que se pierde en la traducción, y fue necesario que los maestros jasídicos nos lo recordaran. Los verbos hebreos llevan consigo, en sus declinaciones, una indicación de su sujeto. Por lo tanto, la palabra *yadati* significa "yo sabía" y *lo yadati*, "no sabía". Cuando Jacob se despierta de su sueño, sin embargo, dice: "Seguramente el Señor está en este lugar *veanoji lo yadati*". *Anoji* significa "yo", lo que en esta oración es redundante. Para traducirlo literalmente, tendríamos que decir: "Y yo, yo no lo sabía".

¿Por qué el doble "yo"?

Rabí Pinchas Horowitz (*Panim Yafot*) dio una magnífica respuesta a esto. ¿Cómo llegamos a saber que "Dios está en este lugar"? pregunta. Por "*veanoji lo yadati* – sin conocer el yo". Conocemos a Dios cuando nos olvidamos del yo. Sentimos el "Tú" de la Divina Presencia cuando nos movemos más allá del "yo" del egocentrismo. Solo cuando dejamos de pensar en nosotros mismos nos volvemos verdaderamente abiertos al mundo y al Creador.

En este discernimiento, se encuentra la respuesta a algunas de las grandes preguntas sobre la oración: ¿Qué efecto tiene? ¿Realmente cambia a Dios? Ciertamente, Dios no cambia. Además, ¿no contradice la oración el principio más fundamental de la fe, que es que estamos llamados a hacer la voluntad de Dios en lugar de pedirle a Dios que haga la nuestra? ¿Qué sucede realmente cuando oramos?

La oración tiene dos dimensiones, una misteriosa y la otra no. Simplemente, hay demasiados casos de oraciones respondidas como para que podamos negar el hecho tienen efecto sobre nuestro destino. Lo hace. Una vez escuché la siguiente historia: Un hombre en un campo de concentración nazi perdió las ganas de vivir, y en los campos de exterminio, si perdías las ganas de vivir, morías. Esa noche derramó su corazón en oración. A la mañana siguiente, lo trasladaron a trabajar en la cocina del campamento. Allí pudo, cuando los guardias no miraban, robar unas cáscaras de papa. Fueron estos restos de papas los que lo mantuvieron vivo. Escuché esta historia de su hijo.

Quizás cada uno de nosotros tenga una historia así. En tiempos de crisis, gritamos desde lo más profundo de nuestra alma y algo sucede. A veces solo nos damos cuenta más tarde, mirando hacia atrás. La oración modifica cosas en el mundo, pero cómo lo hace es un misterio.

No obstante, existe una segunda dimensión, que no es misteriosa. Más que lo que la oración cambia el mundo, nos cambia a nosotros. El verbo hebreo *lehitpalel*, que significa "orar", es reflexivo, lo que implica una acción hecha a uno mismo. Literalmente, significa "juzgarse a uno mismo". Significa escapar de la prisión del yo y ver el mundo, incluyéndonos a nosotros mismos, desde el exterior. La oración es donde la implacable primera persona del singular, el "yo", se queda en silencio por un momento y nos damos cuenta de que no somos el centro del universo. Hay una realidad afuera. Ese es un momento de transformación.

Si tan solo pudiéramos dejar de hacernos la pregunta, "¿Cómo me afecta esto a mí?", veríamos que estamos rodeados de milagros. Consta de la complejidad y belleza casi infinitas del mundo natural. Existe la palabra divina, nuestro mayor legado como judíos, la biblioteca de libros que llamamos la Biblia. Y existe el drama sin precedentes, que se extiende a lo largo de cuarenta siglos, de las tragedias y los triunfos que han acontecido al pueblo judío. Estos representan respectivamente las tres dimensiones de nuestro conocimiento de Dios: creación (Dios en la naturaleza), revelación (Dios en palabras santas) y redención (Dios en la historia).

A veces se necesita una gran crisis para que nos demos cuenta de lo egocéntricos que hemos sido. La única pregunta lo suficientemente fuerte como para dotar de significado a la existencia no es: "¿Qué necesito de la vida?" sino "¿Qué necesita la vida de mí?" esa es la pregunta que escuchamos cuando oramos de verdad. Más que un acto de hablar, la oración es un acto de escuchar: lo que Dios quiere de nosotros, aquí y ahora. Lo que descubrimos, si somos capaces de crear ese silencio en el alma, es que no estamos solos. Estamos aquí porque alguien, el Único, quería que estuviéramos, y nos ha asignado una tarea que solo nosotros podemos hacer. Salimos fortalecidos, transformados.

Más que la oración cambia a Dios, nos cambia a nosotros. Nos permite ver, sentir, saber que "Dios está en este lugar". ¿Cómo llegamos a esa conciencia? Moviéndonos más allá de la primera persona del singular, de modo que, por un momento, como Jacob, podamos decir: "yo no lo sabía". En el silencio del "yo", nos encontramos con el "Tú" de Dios.

Sobre el Amor y la Justicia

La historia del amor de Jacob por Raquel es una de las más románticas de Torá. Sin embargo, está llena de profundidades y ambigüedades ocultas, retrocesos y giros inesperados. Comienza, al igual que otras narraciones de la Torá, con un hombre que encuentra a la futura esposa, en una escena junto a un pozo de agua. Los pastores se han reunido allí para dar de beber a sus rebaños, pero el pozo está cubierto con una gran piedra, que no sacarán hasta que hayan llegado todos los pastores locales. El texto no nos dice por qué. Puede ser que la piedra sea demasiado grande para ser movida excepto por todos los pastores juntos, o puede ser una costumbre local para asegurar una distribución justa del agua. En ese momento, sin embargo, llega Raquel. Jacob sabe – se lo han dicho los pastores – que ella es la hija de su tío Labán con quien él ha venido a buscar refugio. Inmediatamente, Jacob entra en acción:

> Mientras él aún hablaba con ellos, Raquel vino con el rebaño de su padre, porque ella era la pastora. Y sucedió que cuando Jacob vio a Raquel, hija de Labán hermano de su madre, y las ovejas de Labán el hermano de su madre, se acercó Jacob y removió la piedra de la boca del pozo, y abrevó el rebaño de Labán hermano de su madre. Y Jacob besó a Raquel, y alzó su voz y lloró (29:9–11).

Notamos el marcado contraste con la escena anterior en la que el criado de Abraham buscó una esposa para el hijo de su amo junto un pozo. Aquí es Jacob, no la mujer, quien es activo. Sacar la piedra del pozo es una hazaña de considerable fuerza, así como un atrevido desafío a la costumbre local, atributos que hasta ahora no hemos asociado con el tranquilo hijo de Isaac. Evidentemente, Jacob se siente embargado por una fuerte emoción. Besa a Raquel, llora. El texto al menos plantea la posibilidad de que haya realizado un acto de arrojo para impresionarla tanto con su fuerza como con su amabilidad. Puede ser amor a primera vista.

Durante varios versículos nos mantenemos en suspenso. El argumento pasa a Labán y el deseo de Jacob de quedarse con él por un tiempo. Después de un mes, Labán le pregunta a Jacob cuál le gustaría que fuera su salario a cambio del trabajo que espera de él. Sólo ahora el texto deja claro lo que sospechábamos al principio. De hecho, Jacob se ha enamorado de Raquel:

> Y Labán tenía dos hijas: el nombre de la mayor era Lea, y el nombre de la menor, Raquel. Y los ojos de Lea eran tiernos, pero Raquel era de lindo semblante y de hermoso parecer. Y Jacob amó a Raquel, y dijo: Yo te serviré siete años por Raquel tu hija menor. Y Labán respondió: Mejor es que te la dé a ti, y no que la dé a otro hombre; quédate conmigo (29:16–19).

La palabra *racot,* traducida como "tierno", puede significar "débil, sensible y nublado". También podría significar "atractivo", pero el contraste implícito con la descripción de Raquel, que era doblemente hermosa, en forma y apariencia, lo hace poco probable.

Jacob se ha enamorado de Raquel porque es hermosa: así lo implica el texto. Esto es muy significativo. Se nos dice que Sara y Rebeca también eran hermosas, pero en ambos casos, el texto lo dice en el contexto de una ubicación transitoria entre desconocidos. Abraham ha viajado a Egipto, Isaac a la tierra de los filisteos, a causa del hambre. Piden a sus esposas que digan que son sus hermanas, porque ambos temen que, de lo contrario, los maten para que sus esposas puedan ingresar al harén real. Es como si, al escuchar que Sara y Rebeca son hermosas, las viéramos con ojos egipcios o filisteos. Esta es la primera vez que la belleza física se asocia con el amor y con una razón para el matrimonio.

Jacob está siguiendo sus ojos, lo que generalmente no se considera algo bueno en el Tanaj. Eva siguió sus ojos al desear el fruto prohibido (3:6). Samuel, al ver a los hijos de Isaí, entre los cuales Dios le había dicho que está el futuro rey de Israel, inicialmente elige a Eliav, quien le parece adecuado. Dios le dice que ha juzgado mal: "No mires su apariencia, ni a lo grande de su estatura, porque yo lo desecho; porque Dios no mira lo que mira el hombre; pues el hombre mira lo que está delante de sus ojos, pero el Señor mira el corazón" (I Samuel 16:7).

Sin embargo, Jacob está profundamente enamorado. La Torá nos cuenta esto en una de sus líneas más hermosas:

> Así sirvió Jacob por Raquel siete años; y le parecieron como pocos días, porque la amaba (29:20).

Él es ajeno tanto al trabajo como al tiempo. Ni antes ni después encontramos en la Torá tanta pasión romántica. Pasan los años y llega el momento que Jacob había estado esperando:

> Entonces dijo Jacob a Labán: "Dame mi mujer, porque mi tiempo se ha cumplido, para unirme a ella" (29:21).

Labán reunió a todos los hombres del lugar e hizo un banquete.

> Y sucedió que a la noche tomó a Lea su hija, y se la trajo; y él se llegó a ella. Y dio Labán su sierva Zilpá a su hija Lea por criada. Venida la mañana, he aquí que era Lea; y Jacob dijo a Labán: "¿Qué es esto que me has hecho? ¿No te he servido por Raquel? ¿Por qué, pues, me has engañado?" Y Labán respondió: "No se hace así en nuestro lugar, que se dé la menor antes de la mayor" (29:22–26).

Es un revés asombroso. Jacob ha sido engañado. Labán ha aprovechado la noche y el manto de la oscuridad para sustituir a Lea por Raquel. También ha hecho imposible que Jacob retroceda. Había invitado a "todos los hombres del lugar" a ser testigos de la celebración del matrimonio. No podían haber sabido que, de hecho, les había prometido que la novia sería Raquel. Habrían asumido, insinúa Labán, que sería Lea, ya que la costumbre local es que la mayor se case primero. Además de eso, ¿Labán le había prometido a Raquel? Su respuesta, siete años antes, cuando Jacob había pedido por primera vez a Raquel, fue curiosamente evasiva y oblicua: "Mejor es que te la dé a ti, y no que la dé a otro hombre; quédate conmigo" (29:19). Puede ser que ya se hubiera formado la intención de engañar.

Así, Jacob, confiando en Labán, se casa con la mujer equivocada, a sus ojos. Con el tiempo, como leemos, también se casa con Raquel, pero el daño ya está hecho. El resultado es una tragedia prolongada. Raquel tiene belleza; Lea tiene hijos, seis varones, la mitad de las doce tribus de Israel. Cada esposa es una fuente de dolor para la otra: Raquel porque no tiene hijos, Lea porque se siente desamparada. La tragedia continúa en la próxima generación cuando los otros hijos envidian primero, y luego llegan a odiar a Josef, el hijo favorito de Jacob, hijo de su amada Raquel.

Los detalles de la historia son claros. Lo que no está claro es su mensaje. ¿Es para mostrarnos la naturaleza astuta y calculadora de Labán? Ciertamente, el texto apoya esta lectura, pero Labán es un personaje secundario en este drama de Jacob y sus dos esposas.

¿Es para proporcionar justificación para una ley posterior en el libro de Levítico: "No tomarás mujer juntamente con su hermana, para hacerla su rival, descubriendo su desnudez delante de ella en su vida" (18:18)? Esto también es posible. En la Torá, la ley y la narrativa a menudo están conectadas. En cuanto al problema de que los sabios creían que los patriarcas cumplían con los preceptos de la Torá antes de que se entregara, y aquí Jacob está actuando contra la ley, Najmánides responde que los patriarcas cumplieron con la Torá solo cuando estaban en Israel, no, como en este caso, en el exilio[1].

¿Acaso Jacob está siendo castigado o rectificado por seguir sus ojos y juzgar a su futura esposa por su apariencia en lugar de poner en primer lugar el carácter? El texto, como hemos visto, sugiere esto, pero

1. Rambán, comentario a Génesis 26:5.

aparte de estas sugerencias, no hay nada que haga que esta lectura sea la más probable.

Si escuchamos atentamente el texto, se presenta otra posibilidad.

La palabra que Jacob usa para Labán, "¿Por qué me engañaste [*rimitani*]?" es la misma palabra que Isaac usó para describir el comportamiento de Jacob al recibir la bendición de Esaú: "Tu hermano vino con engaño [*mirma*]" (27:35).

La palabra que Labán usa para describir la hermana menor es *tzeirá,* la misma palabra que aparece en el oráculo de Rebeca acerca de Jacob y Esaú: "el mayor servirá al menor [*tzair*]" (25:23).

Incluso la frase que Labán usa para justificar el engaño – "No se hace así en nuestro lugar, que se dé la menor antes de la mayor" – es profundamente irónica. ¿Sabía Labán que esto, en efecto, era lo que Jacob había hecho en otro lugar? La ironía puede ser involuntaria. Es posible que Labán no lo supiera, pero nosotros, los lectores, sí. Y también lo sabía Jacob mismo.

Si estos indicios están señalando cómo debe leerse el pasaje, entonces la narración es un ejemplo, sin paralelo en su drama, del axioma moral más fundamental de la Torá, *midá kenegued midá,* medida por medida[2]. Lo que hagamos, se hará para nosotros. "El que derramare sangre del hombre, por el hombre su sangre será derramada" (Génesis 9:6) como dice Dios en el pacto con Noé. Los que engañan serán engañados. Eso es lo que le pasa a Jacob.

Un midrash es explícito:

> "Por la mañana, y he aquí que era Lea". – Le dijo: "Engañador, hija de un engañador, ¿no te llamé Raquel anoche y me respondiste?" Ella respondió: "¿Hay un maestro sin estudiantes? ¿No te llamó tu padre Esaú y tú le respondiste?[3]"

Aquí es Lea quien hace la conexión. En general, el midrash no tomó ese camino. El midrash enfatiza las virtudes de los patriarcas y los vicios de los demás. Esto último no es difícil de hacer en este caso, porque Labán

2. *Shabat* 105b.
3. *Génesis Raba* 70:17.

está lejos de ser un personaje noble preocupado por la justicia. Es un hombre taimado preocupado por su propia ventaja. Pero la historia es una imagen en espejo demasiado precisa de la escena del capítulo 27 donde Jacob finge ser Esaú, tomando su bendición al tomar su lugar, para que la conexión sea accidental. Como hemos visto, la Torá nos da tres claves lingüísticas que nos remontan a ese episodio anterior. Lo que le hacemos a los demás, algún día nos harán a nosotros. Más tarde, Hilel vio una calavera flotando en el agua y dijo: "Debido a que ahogaste a otros, ellos te ahogaron a ti, y los que te ahogaron finalmente se ahogarán" (Avot 2:7).

Puede haber un principio aún más profundo en juego. El verbo "amar" no aparece a menudo en Génesis. Frecuentemente se nos ocultan las emociones de sus personajes, por lo que cuando se revelan, tienen una gran fuerza literaria. Por lo tanto, es notable que la palabra "amor" aparezca tres veces en relación con los sentimientos de Jacob por Raquel: "Jacob amaba a Raquel" (29:18). Los siete años parecían unos pocos días "por el amor que le tenía" (29:20). Jacob "amaba a Raquel más que a Lea" (29:30). Más adelante descubriremos lo mismo sobre los sentimientos de Jacob por Josef, hijo de Raquel: tres veces el texto habla de su amor por él, una de las cuales es, como con Raquel, comparativa: así como amaba a Raquel más que a Lea, así "amaba a Josef más que a cualquiera de sus otros hijos" (37:3).

El amor es una emoción; el amor es una virtud; el amor es el lazo definitivo entre alma y alma. Sin embargo, sin justicia, el amor por sí solo es insuficiente para sostener el mundo, exiguo incluso para mantener la paz dentro de una familia. El amor de Jacob por Raquel, y más tarde por Josef, es la causa del conflicto entre sus dos esposas y sus hijos, y Jacob pagó mucho por ello. Lo mucho que lo hizo lo deja en claro muchos años después, hablando con el Faraón en Egipto, donde su hijo perdido hace mucho tiempo es ahora un hombre de poder. "Pocos y malos han sido los días de los años de mi vida" (47:9), dice. No hay otra declaración como esta en Génesis y es aún más sorprendente dado el hecho de que Jacob acababa de reunirse con Josef, a quien una vez pensó que nunca volvería a ver. El amor no es suficiente, porque deja a los menos amados sintiéndose no amados, y el resultado es un conflicto y, a veces, una tragedia.

Si es así, entonces esto tiene un inmenso significado para la relación entre el judaísmo y el cristianismo. Los escritores cristianos a menudo establecen un contraste entre el "Dios de amor" del Nuevo Testamento y el "Dios de justicia" del Antiguo Testamento. Esto no puede ser correcto, porque el cristianismo sostiene que son el mismo Dios. Es más, cuando el Nuevo Testamento se refiere al imperativo del amor, lo hace citando dos versículos de la Torá misma, "Ama a tu prójimo como a ti mismo" y "Ama al Señor tu Dios" con todo su corazón, alma y fuerzas", tan fundamentales para el judaísmo como para el cristianismo.

Lo que nos cuenta la historia de Jacob, sus esposas y sus hijos es que el amor por sí solo no es suficiente. Debe haber justicia, equidad, una consideración por cómo tus sentimientos impactan en los demás. Al final fue de Lea, la menos amada, de la que descendió la santa tribu Levi, y sus reyes, descendientes de Judá.

Tejiendo estos dos hilos, el amor (los intensos sentimientos de Jacob por Raquel) y la justicia (el engañador engañado), la historia de Jacob, Raquel y Lea resulta ser un preludio esencial del libro del Éxodo y la alianza entre Dios e Israel, basada en el amor y la justicia. Porque sin justicia, el amor es ciego; y sin amor, la justicia es impersonal y fría. La familia de Jacob necesitaba a ambos, y nosotros también.

Escuchando la Torá

Las *parashot* están indisolublemente ligadas y definidas como *keriat haTorá,* a lo que comúnmente entendemos como la lectura pública de la Torá en la sinagoga. Sin embargo, la frase *keriat haTorá* no significa simplemente "leer la Torá". En hebreo bíblico, el verbo *likró* no significa "leer" sino "llamar". La frase *mikraei kodesh,* "festivales", significa literalmente "santas convocaciones", días en los que el pueblo era convocado conjuntamente. Cada siete años se le ordenó al rey que "leyera en voz alta [*tikrá*] esta Torá ante ellos para que escuchen [*beaznejem*]", en la ceremonia de *hakhel* que reunía a todo hombre, mujer y niño. En la reunión histórica de los que habían regresado de Babilonia, Esdras "leyó [*tikrá*] en el libro [la Torá] en voz alta [Levítico]... desde el amanecer hasta el mediodía, en presencia de hombres y mujeres y de los que podían entender; y los oídos de todo el pueblo estaban atentos al libro de la ley" (Nehemías 8: 4).

Keriat haTorá por lo tanto no significa leer, sino proclamar la Torá, leyéndola en voz alta. El que la lee tiene la palabra escrita frente a él, pero para el resto de los convocados es una experiencia auditiva y no visual. La palabra divina es algo que se escucha más que se ve. De hecho, fue sólo con la difusión de los manuscritos y la invención de la imprenta en el siglo XV que la lectura se convirtió en una experiencia visual más que auditiva. Hasta el día de hoy, la experiencia principal de *keriat haTorá* consiste en escuchar al lector declamar las palabras del rollo de Torá, en lugar de seguirlas en un libro impreso. Echamos de menos algunos de los efectos más sutiles de Torá si pensamos en ella como un texto visible, en lugar de una la palabra oída.

Existen muchas diferencias entre el sonido y la vista. Me gustaría centrarme en el elemento del tiempo. Podemos ver, pero no escuchar, una oración de un solo vistazo. Ver es a menudo instantáneo. Escuchar es un proceso extendido en el tiempo. A mitad de una oración, podemos adivinar lo que vendrá después, pero no podemos estar seguros hasta que hayamos escuchado realmente las palabras. Por eso, por ejemplo, los chistes son más poderosos cuando se escuchan que cuando se leen. Para una broma, es crucial el elemento sorpresa. Si podemos adivinar el final, la broma no tiene éxito. Escuchando, nos mantienen en suspenso. Leyendo, podemos ir directamente a la última frase.

La Torá está escrita para ser leída en voz alta y varios de sus recursos literarios se basan en la secuencia temporal auditiva. Una y otra vez, la Torá hace uso del hecho de que una palabra posterior tiene el poder de confundir las expectativas que se han formado a partir de lo escuchado hasta ahora. A veces el resultado es gracioso, otras no tanto, pero en todos los casos nos asombra y nos hace prestar atención. Uno de los ejemplos más llamativos ocurre en *Parashat Vayetzé.*

Jacob, huyendo de la ira de Esaú, ha viajado a la casa de Labán. Al llegar, conoce a Raquel la hija menor de Labán, y se enamora de ella. Labán propone un trato: trabaja para mí durante siete años y te la daré en matrimonio. Jacob lo hace, pero en la noche de bodas, Labán sustituye a Lea por Raquel. A la mañana siguiente, cuando Jacob descubre el engaño, protesta: "¿Por qué me engañaste?"

Labán responde intencionadamente: "En nuestro lugar no se da a la menor antes que a la mayor". Labán está de acuerdo, sin embargo, que a cambio de siete años más de trabajo, Jacob pueda casarse con Raquel. No tendrá que esperar hasta que se completen los siete años, sino solo hasta el final de los siete días de la celebración de la boda de Lea (un ejemplo temprano de una costumbre que todavía mantenemos: la semana de las *sheva berajot*). Pasan los siete días. Jacob se casa con Raquel. Luego se nos dice lo siguiente:

> Él también [*gam*] se casó con Raquel, y [*gam*] asimismo amaba a Raquel... (29:30).

La implicación en este punto es clara. El juego repetido del término *gam*, "también", nos lleva a creer que las dos hermanas son iguales a los ojos de Jacob. La historia del engaño tiene basándonos en lo que hemos escuchado hasta ahora o eso debemos suponer, después de todo un final feliz. Jacob se ha casado con ambas. Ama a ambas. La rivalidad entre hermanos que es un tema tan pronunciado en Génesis, desde Caín y Abel, hasta Isaac e Ismael, y hasta Jacob y Esaú, parece finalmente estar alcanzando una resolución positiva. Es posible amar a dos hermanas por igual.

La siguiente palabra hecha por tierra nuestras expectativas:

> ... más que Lea (29:30).

Este es un enunciado que no se atiene a las reglas de la gramática. Las palabras "también" y "más que" no pertenecen juntas a la misma oración. O uno ama a X y también a Y, o ama a X más que a Y, pero no a ambas. El efecto, como una disonancia repentina en medio de una sinfonía de Mozart, es estridente e impactante. Jacob no ama a las dos hermanas por igual. Puede que las ame a ambas, pero su pasión es por Raquel. El siguiente versículo contiene una disonancia aún más aguda:

> Dios vio que Lea era odiada [*senuá*]...

Esta es una frase que no se puede entender literalmente. El versículo anterior acaba de decir que Lea no fue odiada sino amada. Los comentaristas y traductores lucharon con esta dificultad. Najmánides (en su segunda interpretación) y Radak leen la palabra *senuá* no como "odiada" sino como "[relativamente] no amada"[1].

Sin embargo, aunque el texto es semánticamente extraño, es psicológicamente lúcido. Lea sabía que el corazón de Jacob estaba en otra

1. Ramban y Radak, comentarios a Génesis 29:31. En una interpretación, Rambán sugiere que Jacob odiaba a Lea por el engaño que ella le había hecho. Sin embargo,

parte. Ella pudo haber sido amada, pero sintió el amor menor como un rechazo. Las palabras "Dios vio" significan que Dios sintió su humillación. El engaño de Labán tuvo consecuencias humanas, y fueron trágicas. Lea llora por dentro por el marido que adquirió como resultado de las artimañas de su padre, cuyo amor es por otra persona.

Solo ahora, quizás, entendemos el significado de la introducción de Lea por parte de Torá:

> Ahora Labán tenía dos hijas; la mayor se llamaba Lea y la menor Raquel. Los ojos de Lea eran tiernos (*racot*), pero Raquel era encantadora en forma y hermosa en apariencia (29:17).

La palabra *racot,* como mencionamos en el ensayo anterior, podría significar "poco atractivo, débil". El Netziv sugiere que significa "sensible": Lea no podía salir con su rebaño porque la luz del sol brillante lastimaba sus ojos[2]. La ambigüedad es deliberada. Rara vez y con moderación la Torá nos da descripciones físicas de sus personajes, y siempre por una razón que eventualmente será revelada (así, por ejemplo, escuchamos en II Samuel 14 sobre el cabello de Absalón; cuatro capítulos después, descubrimos por qué: quedó atrapado en un árbol, lo que lo llevó a la muerte).

Uno de los significados de la frase "los ojos de Lea eran *racot*" es, como explican Rashí, Radak y varias tradiciones midráshica, que "Lea se conmovía fácilmente hasta las lágrimas"[3]. Era emocionalmente vulnerable. No tenía la capacidad de recuperación que podría haberla ayudado a superar el apego de su marido a su hermana menor. Era delicada, sensible, sensitiva a los matices, fácilmente vulnerable. Sabía que era el amor menor de Jacob y eso le causaba dolor.

Es notable la sutileza con la que se transmite todo esto. La Torá ha esbozado el retrato de Lea con unos hábiles trazos, a cada uno de

también ofrece la posibilidad de que el primer amor de uno sea generalmente el más profundo. Jacob había conocido y se había enamorado de Raquel en el pozo, antes de conocer a Lea (Rambán a Génesis 29:30).

2. Netziv, *Haamek Davar* a Génesis 29:17.
3. Rashí, Radak, comentarios a Génesis 29:17; Midrash *Génesis Raba* 70:16.

los cuales sólo atenderemos si escuchamos con atención. Tampoco se ha hecho esto por el bien de la descripción. Más bien, ha preparado el escenario para el drama que está a punto de desarrollarse, y una vez más lo encontramos hecho con la mayor brevedad y delicadeza. De hecho, a menos que prestemos la máxima atención, no lo notaremos en absoluto.

Lo que sigue a continuación es, a primera vista, un relato simple del nacimiento de cuatro hijos. Sin embargo, debajo de la superficie, estos versos son tan elocuentes como cualquier otro en toda la Torá:

> Dios vio que Lea era odiada y abrió su vientre. Raquel permaneció estéril. Lea quedó embarazada y dio a luz a un hijo. Ella lo llamó Rubén, diciendo: "Dios ha visto (*raá*) mis problemas. Ahora mi esposo me amará". Quedó embarazada de nuevo y tuvo un hijo. "Dios ha oído (*shamá*) que no me amaban", dijo, "y me ha dado también este hijo". Ella nombró al niño Shimón. Quedó embarazada de nuevo y tuvo un hijo. "Ahora mi esposo se apegará (*lava*) a mí", dijo, "porque le he dado tres hijos". Por eso llamó al niño Levi. Quedó embarazada de nuevo y tuvo un hijo. Ella dijo: "Esta vez déjame alabar (*odé*) a Dios", y llamó al niño Judá. Luego dejó de tener hijos (29:31–35).

Leídos superficialmente, estos versículos no son más que una genealogía, una lista de nacimientos, de los cuales hay muchas en el Génesis. Sin embargo, si los oímos mientras estamos en sintonía con la difícil situación de Lea, lo que escuchamos es desgarrador.

Lea suplica por atención. Cada uno de los nombres de sus primeros tres hijos es un grito a su esposo Jacob: verla, escucharla, estar apegado, notarla, amarla. Significativamente, es ella, no Jacob, quien le pone el nombre a tres de los hijos[4].

4. La excepción es Levi. Sin embargo, mientras los comentaristas que enfatizan el sentido simple del texto, Rashbam y Radak, asumen que el "él" que nombra a Levi es Jacob, Rashí, cuyo comentario es más profundo, dice, sobre la base de la tradición midráshica, que era un ángel. Rashí entendió y enfatizó que el hecho clave de los cuatro nacimientos es la ausencia de Jacob.

Lamentablemente, la falta de relación entre Jacob y Lea en el nacimiento de sus hijos se mantiene en los años venideros. La relación de Jacob con Rubén, Shimón y Levi se rompe por completo, con Rubén después del episodio del lecho de Bilhá, con Shimón y Levi después del incidente con Siquem. En su lecho de muerte, los maldice en lugar de bendecirlos. Sin embargo, es de Levi de donde eventualmente vendrán los líderes espirituales de Israel: Moisés, Aarón, Miriam, y eventualmente los *cohanim y leviyim* (sacerdotes y levitas); de Judá vendrán sus reyes, David y su descendencia.

¿Qué sucede en este drama intenso y a veces trágico entre Lea y Jacob?

Jacob es diferente a los otros patriarcas. Si las ideas que me vienen a la mente en relación a Abraham son la bondad y la hospitalidad, y a Isaac, el sacrificio y el miedo, la idea que caracteriza a Jacob es la lucha.

Ya en el útero, lucha con su hermano. Compite con él por la primogenitura y la bendición. La escena definitoria de su vida es su lucha de noche con un adversario anónimo. Ambos nombres, Jacob, "el que agarra por el talón", e Israel, "el que lucha con Dios y el hombre y prevalece", transmiten una sensación de conflicto.

Mientras que Abraham e Isaac representan modos de ser, Jacob representa el devenir. Los dones que tiene, los ha logrado luchando. Ninguno le ha llegado de forma natural. Jacob es la figura suprema de la perseverancia. Él es el hombre que le dijo al ángel: "No te dejaré ir hasta que me bendigas". Más que Abraham e Isaac, Jacob es la persona que lucha con la vida y se niega a desistir.

La Torá describe a Jacob como un *ish tam*, a veces traducido como "un hombre sencillo", pero mejor entendido (según Rabí Samson Raphael Hirsch) como "un hombre decidido". Asociado por el profeta Micá con la verdad: "Otorgarás a Jacob la verdad y a Abraham la misericordia" (Micá 7:20), la vida de Jacob encarna el hecho de por la verdad se debe luchar con determinación. Rara vez llega sin lucha y el dolor de la experiencia.

Hay muchas verdades en juego en la vida de Jacob, pero el motivo central es una verdad sobre el amor. Uno de los hechos más llamativos en la narrativa sobre Jacob es la frecuencia con la que aparece la palabra "amor". Mientras que figura una vez en la historia de Abraham

(Génesis 22:2), y dos veces en la vida de Isaac (24:67, 25:28),[5] figura siete veces en el caso de Jacob (28:10, 20, 30, 32; 37: 3, 4; 44:20). Jacob ama más que cualquier otra figura del Génesis.

No obstante, a través de una experiencia dolorosa, Jacob debe aprender una verdad sobre el amor: no solo une, también divide. Lo hizo en su infancia, cuando Isaac amaba a Esaú y Rebeca amaba a Jacob. Lo hizo de nuevo cuando se casó con dos hermanas. Lo hizo por tercera vez cuando amaba al hijo de Raquel, Josef, más que a sus otros hijos. Lo que Jacob aprendió, y lo que aprendemos al escuchar su historia, es que el amor no es suficiente. También debemos prestar atención a los que no se sienten amados. Sin eso, habrá conflicto y tragedia. Sin embargo, prestar atención a los no amados requiere una capacidad específica: la capacidad de escuchar, en el caso de Jacob, las lágrimas silenciosas de Lea y su sentimiento de rechazo, expresado en los nombres que dio a sus hijos.

Empecé señalando que la Torá era un texto destinado a ser leído en voz alta y escuchado. Es la expresión más grande de fe en un Dios que no podemos ver, solo escuchar. El judaísmo es supremamente una religión del oído, a diferencia de todas las demás civilizaciones antiguas, que eran culturas del ojo. Esto es más que un hecho metafísico. También es moral. En el judaísmo, el don espiritual más elevado es la capacidad de escuchar, no solo la voz de Dios, sino también el grito de otras personas, el suspiro de los pobres, los débiles, los solitarios, los abandonados y, sí, a veces, los menos amado. Ese es uno de los significados del gran mandamiento *Shemá Israel*: "Escucha, Israel". El otro nombre de Jacob, recordemos, era Israel.

Jacob lucha con esto durante toda su vida. No es que tenga un defecto moral. Por el contrario, es el más tenaz de todos los patriarcas, y el único cuyos hijos se convierten en parte del pacto. Es más bien que toda virtud tiene un peligro correspondiente. Aquellos que son valientes a menudo desconocen los miedos de la gente común. Aquellos de intelecto penetrante a menudo desdeñan las mentes inferiores. Aquellos que, como Jacob, tienen una capacidad inusual para amar, deben

5. Sin embargo, también hay tres referencias al amor de Isaac por un tipo particular de comida: 27:4, 9 y 14.

luchar contra el peligro de no honrar los sentimientos de aquellos a quienes no aman con igual pasión. El antídoto es la capacidad de escuchar. Eso es lo que Jacob descubrió en el transcurso de su vida, y el por qué él, sobre todo, es el modelo a seguir para el pueblo judío, la nación preceptuada a escuchar.

Qué hermoso es que este mensaje -uno de los más profundos y sutiles de la Torá- se transmita en una serie de pasajes cuyo significado no se encuentra en la superficie del texto, sino que se revela solo a quienes escuchan que es lo que está aconteciendo y está por debajo de las palabras: el llanto no pronunciado, la súplica implícita, las lágrimas no oídas, el dolor no articulado. Quienes quieren aprender a escuchar a Dios deben aprender a escuchar a los otros – a *kol dmama daká,* al susurro silencioso y quieto, de quienes necesitan nuestro amor.

Vayshlaj
וישלח

Vayshlaj relata la historia del encuentro entre Jacob y Esaú, después de un distanciamiento que duró veintidós años. Al escuchar que su hermano vendría a recibirlo con una fuerza de cuatrocientos hombres, Jacob se sintió "muy asustado y angustiado". Divide su campamento en dos, envía regalos a Esaú y reza. Esa noche lucha con un misterioso extraño, en un episodio en el que termina con un nuevo nombre, Israel, que significa "uno que lucha con Dios y los hombres y prevalece". Al día siguiente los dos hermanos se encuentran, no de manera violenta sino en paz. Se abrazan y luego siguen sus caminos separados. La *parashá* termina con la muerte de Isaac y la genealogía de los descendientes de Esaú.

El primero de los siguientes ensayos examina el estado mental de Jacob antes de la reunión, explorando la diferencia entre el miedo (físico) y la angustia (moral). El segundo analiza la lucha con el extraño y qué nos dice acerca de la lucha interior de Jacob por la identidad y la imagen de sí mismo. El tercero relaciona la lucha de Jacob con nuestras propias respuestas a la crisis, y el cuarto examina qué significa ser descendiente de un hombre cuyo nombre significa "uno que lucha con Dios y con los hombres", argumentando que el judaísmo es la contra voz en la conversación de humanidad.

Miedo Físico, Angustia Moral

Han pasado veintidós años desde que Jacob huyó de su hermano, sin un centavo y solo, han pasado veintidós años desde que Esaú juró venganza por lo que sintió como el robo de su bendición. Ahora los hermanos están a punto de reencontrarse. Es un encuentro tenso. Una vez, Esaú había jurado matar a Jacob. ¿Lo hará ahora, o el tiempo ha curado la herida? Jacob envía mensajeros para que su hermano sepa que está llegando. Regresan, diciendo que Esaú vendrá al encuentro de Jacob con una fuerza de cuatrocientos hombres, un contingente tan grande que le sugiere a Jacob que Esaú está decidido a la violencia.

La respuesta de Jacob es inmediata e intensa:

> Entonces Jacob tuvo mucho miedo y se angustió... (32:8).

El miedo es comprensible, pero su respuesta encierra un enigma. ¿Por qué la duplicación de verbos? ¿Cuál es la diferencia entre miedo y angustia? A esto, un midrash da una respuesta profunda:

> El Rabí Yehudá bar Ilai dijo: ¿No son el miedo y la angustia idénticos? El significado, sin embargo, es que "tenía miedo" de que lo mataran; "Estaba angustiado" porque podría matar. Porque Jacob

> pensó: Si prevalece contra mí, no me matará; mientras que, si lo venzo, ¿acaso no lo mataré? Ese es el significado de "tuvo miedo", no sea que lo maten; "Y angustiado", que él matara[1].

La diferencia entre tener miedo y angustia, según el midrash, es que el miedo provoca una ansiedad física, la segunda una moral. Una cosa es temer a la propia muerte y otra muy distinta ser la causa de la muerte de otra persona. La conmoción de Jacob, entonces, era doble, abarcando lo físico y psicológico, lo moral y lo material.

Sin embargo, esto plantea una pregunta adicional. La autodefensa está permitida en la ley judía[2]. Si Esaú intentara matar a Jacob; Jacob tendría justificado el contraataque, si fuera necesario a costa de la vida de Esaú. Entonces, ¿por qué esta posibilidad debería suscitar escrúpulos morales? Este es el tema abordado por el rabino Shabetai Bass, autor del comentario *Siftei Jajamim* sobre Rashí:

> Se podría argumentar que ciertamente Jacob no debería estar angustiado por la posibilidad de matar a Esaú, porque hay una regla explícita: "Si alguien viene a matarte, prepárate matándolo". No obstante, Jacob tuvo reparos, temiendo que en el transcurso de la pelea pudiera matar a algunos de los hombres de Esaú, quienes no tenían la intención de matarlo, sino simplemente de luchar contra sus hombres. Y aunque los hombres de Esaú estaban persiguiendo a los hombres de Jacob, y cada persona tiene el derecho de salvar la vida del perseguido a costa de la vida del perseguidor, hay una condición: "Si el perseguido pudo haberse salvado mutilando a un miembro del perseguidor, pero en cambio el rescatador mató al perseguidor, el rescatador está sujeto a la pena capital por ese motivo". Por lo tanto, Jacob temió que, en la confusión de la batalla, pudiera matar a algunos de los hombres de Esaú cuando podría haberlos refrenado simplemente infligiéndoles daño[3].

---

1. *Génesis Raba* 76:2; Rashí a 32:8.
2. *Sanedrín* 72a.
3. *Siftei Jajamim* a 32:8.

El principio en juego, según el *Siftei Jajamim*, es el mínimo uso de la fuerza. Las reglas de defensa y autodefensa no son una autorización abierta para matar. Hay leyes que restringen lo que hoy en día se llama "daño colateral", la matanza de civiles inocentes incluso si se lleva a cabo en el curso de la autodefensa. Jacob estaba angustiado ante la posibilidad de que en el fragor del conflicto pudiera matar a algunos de los combatientes cuando las heridas por sí solas podrían haber sido todo lo que se necesitaba para defender las vidas de aquellos, incluido él mismo, que estaban bajo ataque.

Una idea similar se encuentra en la interpretación del midrash de la oración inicial de Génesis 15. Abraham acababa de librar una guerra victoriosa contra los cuatro reyes, emprendida para rescatar a su sobrino Lot, cuando de repente Dios se le apareció y le dijo: "*No temas, Abram; yo soy tu escudo, y tu galardón será sobremanera grande*" (Génesis 15:1). El versículo implica que Abraham tenía miedo, pero ¿de qué? Acababa de triunfar en el encuentro militar. La batalla había terminado. No había motivo de ansiedad. El midrash comenta sobre esto:

> Otra razón del temor de Abram después de matar a los reyes en la batalla fue su repentina comprensión: "Quizás violé el mandamiento divino que el Santo, bendito sea, ordenó a los hijos de Noé: "Quien derrame la sangre del hombre, por el hombre su sangre será derramada". Por la cantidad de personas que maté en la batalla[4]".

O, como dice otro midrash:

> Abraham estaba lleno de recelo, pensando para sí mismo, tal vez había un justo temeroso de Dios entre esas tropas que maté[5].

Sin embargo, hay una segunda posible explicación para el miedo de Jacob, a saber, que el midrash significa lo que dice, ni más ni menos: Jacob

4. Solomon Buber, comp. *Tanjuma*, Lej Lejá 19 (Vilna, 1885).
5. *Génesis Raba* 44:4.

estaba angustiado por la posibilidad de ser obligado a *matar incluso si estuviera totalmente justificado hacerlo.*

Lo que nos encontramos aquí es el concepto de un dilema moral[6]. Esta expresión se usa a menudo de manera imprecisa, para significar un problema moral, una decisión ética difícil. Sin embargo, un dilema no es simplemente un conflicto. Hay muchos conflictos morales. ¿Podemos realizar un aborto para salvar la vida de la madre? ¿Debemos obedecer a un padre cuando nos pide que hagamos algo prohibido por la ley judía? ¿Podemos profanar el *Shabat* para extender la vida de un paciente terminal? Estas preguntas tienen respuestas. Hay un curso de acción correcto y otro incorrecto. Dos obligaciones entran en conflicto y tenemos principios meta-halájico para decirnos cual tiene prioridad. Hay algunos sistemas en los que los conflictos totalmente morales son de este tipo. Siempre hay un procedimiento de decisión y, por lo tanto, una respuesta determinada a la pregunta: "¿Qué debo hacer?"

Un dilema, sin embargo, es una situación en la que no hay una respuesta correcta. Surge en casos de conflicto entre el bien y el bien, o entre el mal y el mal, donde, hagamos lo que hagamos, estamos haciendo algo que en otras circunstancias no deberíamos hacer.

El *Talmud Yerushalmi* (*Terumot* 8) describe uno de esos casos, donde un fugitivo de los romanos, Ula bar Koshev, se refugia en la ciudad de Lod. Los romanos rodean la ciudad diciendo: Entreguen al fugitivo o los mataremos a todos. Rabí Yehoshúa ben Levi convence al fugitivo a que se entregue. Este es un caso complejo, muy discutido en la ley judía, pero en el que ambas alternativas son trágicas. Rabí Yehoshúa ben Levi actúa de acuerdo con la *halajá*, pero el profeta Eliyahu le pregunta: "¿Es este el camino de los piadosos? [*Vezu Mishnat Hajasidim*]".

Los dilemas morales son situaciones en las que hacer lo correcto no es el fin del asunto. El conflicto puede ser intrínsecamente trágico. Jacob, en esta *parashá*, se encuentra atrapado en ese conflicto: por un lado, no debe dejarse matar; por el otro, no debería matar a nadie más; pero debe hacer lo uno o lo otro. El hecho de que un principio (la autodefensa) anule a otro (la prohibición de matar) no significa que, ante tal

6. Ver Christopher Gowans (ed.), *Moral Dilemmas* (Oxford: University Press, 1987), para una colección de ensayos filosóficos acerca de este tema.

elección, no tenga reparos, especialmente dado el hecho de que Esaú es su hermano gemelo. A pesar de sus diferencias, crecieron juntos. Ellos eran familia. Esto intensifica aún más el dilema. A veces, ser moral significa que uno experimenta angustia por tener que tomar esa decisión. Hacer lo correcto puede significar que uno no siente remordimiento ni culpa, pero aún siente pesar o pena por la acción que debe tomar.

Un sistema moral, que deja lugar a la existencia de dilemas, es aquel que no intenta eliminar las complejidades de la vida moral. En un conflicto entre dos aciertos o dos errores, puede haber una forma adecuada de actuar, el menor de dos males o el mayor de dos bienes, pero esto no anula todo el dolor emocional. A veces, una persona justa puede ser capaz de angustiarse aun sabiendo que ha actuado correctamente. Lo que nos dice el midrash es que el judaísmo reconoce la existencia de dilemas. A pesar de la complejidad de la ley judía y sus principios meta-halájicos para decidir cuál de dos deberes tiene prioridad, es posible que todavía nos enfrentemos a situaciones en las que existe una causa de angustia ineludible. La grandeza de Jacob fue que era capaz de sufrir ansiedad moral incluso ante la perspectiva de hacer algo completamente justificado, a saber, defender su vida a costa de la de su hermano.

Esta característica, angustia por la violencia y un posible derramamiento de sangre incluso cuando se realiza en defensa propia, se ha mantenido con el pueblo judío desde entonces. Uno de los fenómenos más notables de la historia moderna fue la reacción de los soldados israelíes después de la Guerra de los Seis Días en 1967. En las semanas anteriores a la guerra, pocos judíos en todo el mundo desconocían que Israel y su pueblo enfrentaban un peligro aterrador. Las tropas, egipcias, sirias y jordanas, se concentraban en todas sus fronteras. Israel estaba rodeado de enemigos que habían jurado arrojar a su pueblo al mar. Sin embargo, obtuvo una de las victorias militares más impresionantes de todos los tiempos. La sensación de alivio fue abrumadora, al igual que el regocijo por la reunificación de Jerusalén y el hecho de que los judíos ahora podían orar (como no habían podido hacerlo durante diecinueve años) en el Muro Occidental. Incluso los israelíes más seculares admitieron haber sentido una intensa emoción religiosa ante lo que sabían que era un triunfo histórico.

Sin embargo, en los meses posteriores a la guerra, mientras en todo Israel se discutía, quedó claro que el estado de ánimo entre los que habían participado en la guerra estaba lejos de ser triunfal[7]. Era sombrío, reflexivo, incluso angustiado. Ese año, la Universidad Hebrea de Jerusalén otorgó un doctorado honorario a Yitzhak Rabin, Jefe de Estado Mayor durante la guerra. Durante su discurso dijo:

> Encontramos cada vez más un fenómeno extraño entre nuestros luchadores. Su alegría es incompleta, un gran dolor y conmoción prevalece en sus festejos, y hay quienes se abstienen de celebrar. Los combatientes del frente vieron con sus propios ojos no solo la gloria de la victoria, sino el precio de la victoria: sus compañeros que cayeron a su lado sangrando, y sé que incluso el terrible precio que pagaron nuestros enemigos tocó los corazones de muchos de nuestros hombres. Puede ser que el pueblo judío nunca haya aprendido o acostumbrado a sentir el triunfo de la conquista y la victoria, y por eso lo recibimos con sentimientos encontrados[8].

Estos sentimientos encontrados nacieron miles de años antes, cuando Jacob, padre del pueblo judío, experimentó no solo el miedo físico a la derrota, sino también la angustia moral de la victoria. Solo aquellos que son capaces de sentir ambos pueden defender sus cuerpos sin poner en peligro sus almas.

---

7. Véase Abraham Shapira (ed.), *The Seventh Day: Soldiers Talk About the Six Day War* (Londres: Andre Deutsch, 1970).
8. Martin Gilbert, *Israel: A History* (Londres: Doubleday, 1998), 395

Luchando Cara a Cara

Jacob está a punto de encontrarse con su hermano Esaú después de un distanciamiento que ha durado veintidós años. La narrativa genera suspenso de una forma incomparable a cualquier otro lugar de Génesis. Jacob tiene miedo y está angustiado. Divide su campamento en dos, para que al menos uno pueda sobrevivir. Reza. Envía emisarios con regalos. Lleva a su familia y posesiones al otro lado del río. Ha hecho todos los preparativos posibles, tomado todas las precauciones posibles. Sin embargo, todavía sentimos su inquietud. Es entonces cuando tiene lugar una de las escenas más inquietantes de la Torá:

> Jacob se quedó solo, y un hombre luchó con él hasta rayar el alba. Cuando vio que no podía prevalecer contra Jacob, lo tocó en la coyuntura del muslo, y se dislocó la coyuntura del muslo de Jacob mientras luchaba con él. (32: 24–25).

Esta historia del combate de lucha libre de Jacob con un adversario anónimo es profundamente enigmática. Todo es misterioso. Tiene lugar en un momento liminal entre la noche y el amanecer, en un lugar no especificado, sin explicación. Ni siquiera sabemos quién era el adversario. El texto mismo lo llama "un hombre"; según el profeta Oseas, era un ángel[1]; para los sabios, era el ángel de la guarda de Esaú[2]. El mismo Jacob no tenía ninguna duda. Fue Dios. Llamó al lugar del encuentro Peniel, "He visto a Dios cara a cara, y tengo la vida salva" (32:30). El mismo adversario lo insinúa cuando le da a Jacob el nombre de Israel: "porque has sido fuerte contra Dios y contra los hombres, y has prevalecido". Hasta ahora, hemos visto a Jacob luchar con los seres humanos, con Esaú y Labán. Ahora, el texto parece sugerir, él ha luchado con Dios mismo.

El pasaje se resiste a una interpretación fácil, pero contiene la clave para comprender la identidad judía. No somos nosotros, los lectores, quienes le damos este significado, sino la Torá misma. Porque fue entonces, cuando estaba a punto de amanecer, cuando Jacob adquirió el nombre que sus descendientes llevarían por la eternidad. El pueblo del pacto no está formado por los hijos de Abraham o Isaac, sino que son "los hijos de Israel". Fue solo con la división del reino y la conquista asiria del norte, que los que quedaron fueron llamados genéricamente Judá (el Reino del Sur), y, por lo tanto, *Yehudim* o, en todos los idiomas, judíos.

Los nombres en la Torá, especialmente un nuevo nombre dado por Dios, no son meras etiquetas, sino señales de carácter o llamado. El momento en el que Jacob se convirtió en Israel contiene la clave de quiénes somos. Sin duda, nuestros antepasados fueron llamados más tarde a ser "un reino de sacerdotes y una nación santa", pero nunca perdimos esa denominación anterior. *Somos el pueblo que luchó con Dios y con el hombre y, aun así, sobrevivió*. ¿Qué significa esto?

Una forma de entrar en el texto (sin duda, sólo una de muchas) es preguntar: ¿qué pasó después? Al razonar al revés, de efecto a causa, podemos tener una idea de lo que sucedió esa noche.

Los eventos del día siguiente son asombrosos, especialmente cuando se yuxtaponen a la batalla de la noche anterior. La narrativa nos ha preparado para esperar un encuentro tenso. Hemos leído cómo Jacob estaba asustado y angustiado, y cómo hizo preparativos complicados. La lucha de Jacob con el adversario nos prepara aún más para una confrontación tensa y posiblemente violenta.

1. Oseas 12:4.
2. *Génesis Raba* 77:3; citado por Rashí 32:24.

Sin embargo, cuando Esaú finalmente aparece, todos los miedos resultan ser infundados. Él "corre" a encontrarse con Jacob, le rodea el cuello con los brazos, lo besa y llora. No hay enojo, animosidad o amenaza de venganza en el comportamiento de Esaú[3]. Eso no quiere decir que los temores de Jacob fueran irracionales. No lo eran. Después de todo, Esaú había jurado venganza veintidós años antes ("Se acercan ya los días del luto por mi padre. Entonces mataré a mi hermano Jacob" [27:41]). Esaú, sin embargo, resulta ser un hombre impulsivo que vive en el estado de ánimo del momento. No tiene la "mirada sesgada y hambrienta" de Cassius ni el frío cálculo de Yago. Es rápido para enojarse, rápido para olvidar. Cuando los hermanos se encuentran el anticlímax es consistente con el carácter de Esaú, no con los temores de Jacob.

Más resuelto e inesperado es el comportamiento de Jacob cuando los hermanos se encuentran. Primero, "se inclinó hasta el suelo siete veces", postrándose ante Esaú. Cada uno de los miembros de su familia hace lo mismo: "entonces se acercaron las sirvientas, ellas y sus hijos, y se inclinaron. Luego vinieron Lea y sus hijos y se inclinaron. Y después vinieron Josef y Raquel, y ellos también se inclinaron" (33:6–7). La triple repetición es significativa.

No menos sorprendente es el uso del lenguaje de Jacob. Cinco veces, llama a Esaú *adoní*, "mi señor" (en el capítulo anterior les dice a sus siervos tres veces que usen esa misma palabra con Esaú). Dos veces se llama a sí mismo el *eved* "siervo" de Esaú (y cuatro veces en el capítulo anterior les dice a sus siervos que hagan lo mismo). Como con su gesto físico de postración séptuple, así con su uso séptuple de las palabras *adon* y *eved*, esta es la coreografía de la auto-humillación.

¿Cómo conectamos esto con la lucha de la noche anterior? Jacob, con certeza, había ganado una victoria sobre su adversario. Por lo menos, se había negado a dejarlo ir hasta que recibiera una bendición. El nuevo nombre implicaba que de ahora en adelante Jacob no debería tener dudas sobre su capacidad para sobrevivir a cualquier conflicto. Un hombre que ha "luchado con Dios y con los hombres y ha prevalecido" no es

3. Sin duda, hay una tradición midráshica (*Génesis Raba* 78:9) que dice que Esaú "trató de morder" a Jacob, un juego de palabras *n-sh-k*, "besar" y *n-sh-j*, "morder". Sin embargo, aquí sólo nos interesa el sentido llano del texto.

uno que necesita inclinarse ante nadie o llamarlo "mi señor". Habríamos esperado que Jacob mostrara una recién descubierta seguridad en lugar de un servilismo totalmente sorprendente.

Quizás una respuesta se encuentre en las palabras de Jacob cuando se encontró con Esaú por primera vez. Esaú al principio rechaza los regalos de Jacob, diciendo: "Tengo bastante [*yesh li rav*], hermano mío; deja que lo tuyo sea tuyo". La respuesta de Jacob es enigmática, se remonta a la misteriosa lucha de la noche anterior, al tiempo que plantea más preguntas:

> No, por favor, si he hallado gracia ante tus ojos, acepta este regalo [*minjá*] de mi mano, que ver tu rostro es como ver el rostro de Dios, ahora que me has recibido favorablemente. Por favor acepta el presente [*Birjatí,* literalmente "mi bendición"] que te he traído, porque Dios ha sido misericordioso conmigo y lo tengo todo [*yesh li kol*]*"* (33:10–11).

¿Por qué el "regalo" se ha convertido en una "bendición"? ¿De qué manera concebible ver el rostro de Esaú es como "ver el rostro de Dios"? Además, ¿qué quiere decir exactamente Jacob al alterar las palabras de Esaú, "tengo en abundancia", por las suyas propias "tengo todo"? Si pudiéramos entender estas palabras, quizás podríamos hallar el vínculo entre la lucha y el encuentro subsecuente.

Hay muchas resonancias en el pasaje. La más significativa tiene que ver con la palabra *panim,* "cara". Las palabras de Jacob a Esaú, "ver tu rostro es como ver el rostro de Dios", claramente hacen eco de su comentario después de la lucha "Llamó al lugar Peniel, diciendo: "He visto a Dios cara a cara, y tengo la vida salva" (32:31). En conjunto, los capítulos 32 y 33 (los preparativos de la reunión, la lucha nocturna y la reunión en sí) se hacen eco una y otra vez con variantes de la palabra *panim.* Esto se pierde en la traducción, porque *panim* tiene muchas formas en hebreo que no son evidentes en inglés. Para tomar un ejemplo, el capítulo 32, versículo 21 se traduce:

> [Jacob dijo a sus siervos] "Diréis: 'Tu siervo Jacob viene detrás de nosotros'", porque pensó: "Lo pacificaré con estos regalos

que estoy enviando adelante; más tarde, cuando lo vea, tal vez me reciba".

No hay nada aquí que sugiera que, de hecho, la palabra *panim* aparece cuatro veces solo en este versículo (literalmente, la segunda mitad del versículo debe traducirse: "porque pensó, 'limpiaré [la ira de] su *rostro* con los presentes que van delante de mi *cara,* después, cuando vea su *cara,* tal vez él levante mi cara...'"). Aquí hay un drama y tiene que ver con rostros: el rostro de Esaú, el de Jacob y el de Dios mismo. ¿Qué está pasando?

La pista está en el uso que hizo Jacob de la palabra "bendición". Esto nos lleva veintidós años atrás a otro momento fatídico (Génesis capítulo 27) en el que Jacob, vestido con las ropas de Esaú, recibe la bendición de su hermano (ya sea por accidente o por proyecto, aparece el término *b.r,j,* "bendecir" o "bendición" exactamente veintidós veces en ese capítulo). Recordemos cuál fue la bendición:

Dios te dé, pues, del rocío del cielo,
Y de la riqueza de la tierra,
Y abundancia de grano y de vino nuevo.
Sírvante pueblos,
Y póstrense ante ti naciones;
Sé señor de tus hermanos,
E inclínense ante ti los hijos de tu madre.
Malditos los que te maldigan,
Y benditos los que te bendigan.

El sentido simple de estas palabras es claro. Implican *riqueza* y *poder.* Esta es la bendición que tomó Jacob, vestido con la ropa de Esaú, tomando el lugar de Esaú.

Sin embargo, debemos recordar que también hubo una bendición posterior, en Génesis 28. Esaú se había casado con dos mujeres hititas, lo cual "fue amargura de espíritu para Isaac y para Rebeca" (26:35). Rebeca aprovecha esto como una oportunidad para enviar a Jacob con su hermano Labán, donde estará a salvo del deseo de venganza de Esaú. Antes de que Jacob se vaya, Isaac lo bendice con estas palabras:

> Y el Dios omnipotente te bendiga, y te haga fructificar y te multiplique, hasta llegar a ser multitud de pueblos; y te dé la bendición de Abraham, y a tu descendencia contigo, para que heredes la tierra en que moras, que Dios dio a Abraham (28:3–4).

Esta segunda bendición es completamente diferente: se enfoca en los *hijos* y en una *tierra,* los dos elementos claves que Dios le había prometido repetidamente a Abraham. Estas son las "bendiciones del pacto" que dominan el libro de Génesis y no tienen nada que ver con la riqueza o el poder. Dios le prometió a Abraham que tendría hijos que continuarían el pacto y una tierra en la que hacerlo. Dios nunca le promete a Abraham "el rocío del cielo y las riquezas de la tierra", ni usa el lenguaje del poder: "Sírvante pueblos, Y póstrense ante ti naciones; Sé señor de tus hermanos, e inclínense ante ti los hijos de tu madre". Antes de enviarlo fuera de casa, Isaac le da a Jacob las bendiciones abrahámicas, diciéndole con tantas palabras: serás tú quien continuará el pacto en el futuro.

Es importante notar que, en el momento de las bendiciones, Isaac estaba ciego. La personificación de Jacob por Esaú fue posible solo porque su padre no podía ver. Génesis 27 es casi un ensayo sobre los sentidos. Privado de un sentido (vista), Isaac usa los otros cuatro. Prueba la comida, toca las manos de Jacob (que Rebeca ha cubierto con pieles de cabra para que se sientan ásperas) y huele su ropa ("He aquí, el olor de mi hijo es como el aroma de un campo que el Señor ha bendecido" [27:27]). También oye su voz ("la voz es la voz de Jacob, pero las manos son las manos de Esaú" [27:22]). Finalmente, después de muchas dudas, Isaac confía en la evidencia del gusto, el tacto y el olfato sobre la del sonido, y le da a Jacob la bendición de Esaú. Lo hace solo porque no puede ver el rostro de Jacob. Estos tres elementos son suficientes para permitirnos descifrar el misterio del encuentro entre Jacob y Esaú veintidós años después.

Los patriarcas fueron más que fundadores de una nueva fe. También fueron modelos a seguir. Sus vidas son importantes no solo por lo que nos cuentan sobre el pasado, sino también por lo que nos cuentan sobre el presente, porque sus desafíos son los nuestros.

Abraham fue el hombre que tuvo la fuerza de la convicción para mantenerse al margen de la cultura de su tiempo: ser diferente, negarse a adorar a los ídolos de la época y, en cambio, escuchar la voz interior del único Dios, incluso cuando significaba emprender un viaje largo y cargado de riesgos. Lo que lo condujo a través de él fue el amor (*jesed*) – el amor de Dios y, sí, el amor de la humanidad que brilla atravesando todas sus acciones y palabras.

Isaac era el hombre que conoció la realidad del sacrificio. Vivió, sobrevivió, pero no sin ver el cuchillo levantado contra él. Sabía hasta el fondo de su ser que ser un hijo del pacto no es fácil ni seguro. Lo que lo impulsó fue el coraje (*guevurá*), y por esta razón, el registro histórico es claro: permanecer judío requiere coraje.

Sin embargo, en relación con Jacob, el profeta Miqueas habla de la verdad ("Cumplirás la verdad a Jacob" [7:20]). Esto no implica verdad en un sentido cognitivo (¿Cuáles son los hechos? ¿Qué es en última instancia real?), sino verdad en un sentido existencial (¿Quién soy yo? ¿A qué historia pertenezco y qué papel estoy llamado a desempeñar?). La búsqueda de la verdad cognitiva – científica, metafísica, artística – no es específica del pacto abrahámico. Es el patrimonio de toda la humanidad. No existe la ciencia, la economía o la psicología judías. Es lo que es; y se le da al *homo sapiens* como tal, para descubrirlo (Rashí traduce la frase "Hagamos al hombre a nuestra imagen, a nuestra semejanza" significando "con capacidad de comprender y discernir")[4]. Jacob pasó gran parte de su vida luchando con una verdad que fue bastante diferente. Era una verdad sobre la identidad. Para las cuales son fundamentales las palabras *rostro* (¿en qué espejo me miro para ver quién soy?), *nombre* (¿con qué término me conozco?) y *bendición* (¿a qué destino soy llamado?).

Una cosa se destaca de la primera fase en la vida de Jacob. Anhela ser Esaú; más específicamente, desea ocupar el lugar de Esaú. Lucha con él en el útero. Nace asido al talón de Esaú (esto es lo que le da el nombre de Jacob, "asidor del talón"). Compra la primogenitura de Esaú. Se viste con la ropa de Esaú. Toma la bendición de Esaú. Cuando el ciego Isaac le pregunta quién es, él responde: "Yo soy Esaú, tu primogénito" (27:19).

¿Por qué? La respuesta parece clara. Esaú es todo lo que Jacob no es. Él es el primogénito. Emerge del útero rojo y cubierto de cabello (Esaú significa "completamente hecho"). Es fuerte, lleno de energía,

4. Rashí, 1:26.

un hábil cazador, "un hombre del campo". Más importante aún, tiene el amor de su padre. Esaú es *homo naturalis*, un hombre de la naturaleza. Sabe que el *homo homini lupus est*, "el hombre es un lobo para el hombre". Tiene la fuerza y la habilidad para luchar y ganar en la lucha darwiniana por sobrevivir y en la guerra hobbesiana de "todos contra todos". Estos son sus campos de batalla naturales y le encanta la competencia.

Esaú es el héroe arquetípico de cientos de mitos y leyendas del mundo antiguo (y de las películas de acción de hoy). No carece de dignidad ni de sentimientos humanos. Su amor por su padre Isaac es genuino y conmovedor. El midrash, por sólidas razones educativas, convirtió a Esaú en un mal hombre. La Torá en sí es mucho más sutil y profunda. Esaú no es un mal hombre; es un hombre natural, que celebra las virtudes homéricas y la voluntad de poder de Nietzsche.

No es de extrañar que el primer deseo de Jacob fuera ser como él. Ese fue el rostro que vio por primera vez en el espejo de su imaginación, el rostro que le presentó al ciego Isaac cuando vino a recibir la bendición. Sin embargo, el rostro no era el rostro de Jacob, como tampoco las manos. Tampoco fue la bendición que tomó la que estaba destinada para él. La verdadera bendición fue la que recibió más tarde, cuando Isaac supo que estaba bendiciendo a Jacob, sin pensar que él era Esaú.

La bendición de Jacob no tuvo nada que ver con la riqueza o el poder. Tenía que ver con los hijos y una tierra: hijos a los que instruiría en los caminos del pacto y una tierra en la que sus descendientes se esforzarían por construir una sociedad del pacto basada en la justicia y la compasión, la ley y el amor. Para recibir esa bendición, Jacob no tuvo que vestirse con la ropa de Esaú. Por el contrario, tenía que ser él mismo, no un hombre de la naturaleza, sino una persona cuyos oídos estaban sintonizados con una voz más allá de la naturaleza, con el llamado del Autor de todo a ser fiel a lo que no se puede comprar con riquezas ni controlar con poder, es decir, el espíritu humano como aliento de Dios y la dignidad humana como imagen de Dios.

Ahora queda claro exactamente lo que estaba haciendo Jacob cuando encontró a Esaú veintidós años después: estaba devolviendo la bendición que había recibido todos esos años antes. Las vacas y los rebaños que envió a Esaú representaban riqueza ("el rocío del cielo y las riquezas de la tierra"). El siete veces inclinado y llamándose a sí mismo "tu siervo" y Esaú "mi señor" representaba poder ("Sé señor de tus hermanos, y que los hijos de tu madre se inclinen ante ti"). Jacob ya no quería ni necesitaba estas cosas. "Lo tengo todo", dice, es decir, "ya no necesito riqueza ni poder para estar completo". Él hace esto explícito en las palabras "Por favor, toma [no solo 'mis regalos' sino también] 'mi bendición'". Ahora sabe que la bendición de Esaú, que recibió, nunca fue para él, y se la está devolviendo.

Es igualmente claro lo que se produjo en la lucha de la noche anterior. Fue la batalla interior de Jacob con la verdad existencial. ¿Quién era él? ¿El hombre que anhelaba ser Esaú? ¿O el hombre llamado a un destino diferente, "al camino menos transitado", el pacto abrahámico? "No te dejaré ir ¡hasta que me bendigas!", le dice a su adversario. El extraño anónimo responde de una manera que desafía las expectativas. No le da a Jacob una bendición convencional (serás rico, fuerte o seguro). Tampoco le promete a Jacob una vida libre de conflictos. El nombre Jacob significa lucha; el nombre Israel también significa lucha. Sin embargo, los términos del conflicto se han invertido.

Es como si el hombre le dijera: "En el pasado, luchaste por ser Esaú. En el futuro, lucharás no por ser Esaú sino por ser tú mismo. En el pasado te aferrabas al talón de Esaú. En el futuro te aferrarás a Dios. No lo soltarás; no te dejará ir. Ahora suelta a Esaú para que puedas ser libre de aferrarte a Dios". Al día siguiente, Jacob lo hace. Deja ir a Esaú devolviéndole su bendición. Aunque Jacob ahora había renunciado tanto a la riqueza como al poder, y aunque todavía cojeaba por el encuentro de la noche anterior, el pasaje termina con las palabras, *Vayavó Yaakov shalem*, "Y Jacob emergió completo". Ésa es la asombrosa verdad a la que finalmente llegó Jacob, y de la que el nombre Israel es testimonio. Para estar completos no necesitamos las bendiciones de riqueza y poder de Esaú. El nuestro es otro rostro, un destino alternativo, una bendición diferente. El rostro que tenemos es la imagen que vemos reflejada en el rostro de Dios cuando luchamos con Él y nos negamos a dejarlo ir.

No por accidente fue este episodio el nacimiento de nuestra identidad (nuestro "nombre") como Israel. En casi todos los momentos importantes de nuestra historia, hemos luchado con civilizaciones que adoraban a los dioses de la naturaleza: la riqueza ("el rocío del cielo y las riquezas de la tierra") o el poder ("sírvante pueblos, y póstrense ante ti naciones"). Israel nunca conoció la riqueza de las antiguas Grecia o Roma, la Italia del Renacimiento o la Francia aristocrática. Nunca conoció el poder de los grandes imperios, sus invencibles ejércitos y sus armas de destrucción. Cuando anhelaba esas cosas, como en los días de Salomón, perdió su rumbo.

La fuerza de Israel nunca radica en sí mismo, sino en lo que era otro y más grande que él mismo: el poder que trasciende todos los poderes terrenales y la riqueza que no es física sino espiritual, una cuestión de mente y corazón. Los judíos a menudo han deseado ser otra persona, el Esaú de la época. Con demasiada frecuencia, sabían lo que era, en palabras de Shakespeare,

Cuando en desgracia con la fortuna y ante los ojos de otros contemplo mi exilio y lloro, y turbo al cielo indiferente con gritos sin destino y me miro a mí mismo y maldigo mi sino, deseo para mí ser uno en esperanza rico: como ese, dotado, como este, con amigos; deseando de un hombre su arte, del otro el rango, con lo cual debo alegrarme algo (Soneto XXIX 4–8).

Ese es un sentimiento que en última instancia debemos rechazar. La Torá no nos pide que pensemos mal de Esaú. Al contrario, nos ordena: "No odies a un edomita [es decir, un descendiente de Esaú], porque es tu hermano" (Deuteronomio 23:7). Sin embargo, nos pidió que lucháramos, como lo hizo Jacob, a solas, de noche, en el fondo de nuestra alma, y descubramos el rostro, el nombre y la bendición que es nuestra. Antes de que Jacob pudiera estar en paz con Esaú, tuvo que aprender que él no era Esaú sino Israel, el que lucha con Dios y nunca lo deja ir.

Sobrevivir a la Crisis

La Torá no es solo un libro para leer; es un libro para vivir. Con ese espíritu, quiero reflexionar en este ensayo sobre cómo la historia de la lucha de Jacob con el ángel puede ayudarnos a sobrevivir una crisis, cuando nosotros, como nuestro antepasado, nos sentimos solos, asustados y angustiados. Puede suceder de muchas maneras: podemos perder nuestro trabajo, nuestros ahorros, el respeto por nosotros mismos. Podemos sufrir el duelo y sentirnos rodeados por una nube de dolor. Podemos encontrarnos en medio de una controversia, sujetos a las críticas a veces brutales de los demás. Podemos sentirnos como un fracaso. Son momentos aterradores en los que la vida parece desprovista de sentido, cuando ya no podemos concentrarnos ni conectarnos con los demás, cuando nos cuesta dormir por la noche o permanecer despiertos durante el día, cuando la mera existencia parece una carga que no tenemos fuerzas para llevar.

En esos momentos, a veces puede ser útil volver sobre los pasos de nuestros antepasados cuando se enfrentaron a situaciones similares. Uno de los aspectos más hermosos de Génesis, que a menudo se pierde cuando leemos las historias a través de la lente del midrash, es que sus héroes y heroínas son reconociblemente humanos. Ellos también tienen temores y dudas, ninguno más que Jacob, el hombre cuyo nombre,

Israel, llevamos. A menudo se argumenta que no debemos leer el texto en su significado superficial, precisamente porque esto los haría parecer simples mortales como nosotros, y hay mucho que decir a favor de este punto de vista. Sin embargo, existe una visión opuesta. La Torá retrata a los patriarcas y a las matriarcas en toda su complejidad humana para que podamos identificarnos con ellos y tomar fuerza de sus historias en lugar de verlos como imposiblemente lejanos de todo lo que sabemos y somos. Lo que sigue es lo que he aprendido de la lucha nocturna de Jacob.

Entonces Jacob se quedó solo: el encuentro de la lucha con el extraño tiene lugar después de los preparativos más elaboradamente concebidos y ejecutados que cualquier otro evento del Génesis. Jacob se había preparado para tres cosas: la diplomacia, la guerra y la oración. Envió enormes cantidades de ganado para apaciguar la ira de Esaú. Dividió su campamento en dos para que incluso si uno fuera destruido, el otro pudiera sobrevivir. Le oró a Dios. Cubrió cada eventualidad, adoptó cada estrategia, anticipó cada resultado, excepto el que realmente sucedió, la aparición de un adversario sin nombre que luchó con él.

Las crisis ocurren y no hay forma de que podamos hacernos inmunes a ellas. Esa es la condición humana y no podemos escapar de ella. Vivimos hacia un futuro desconocido e inescrutable. Incluso la respuesta que Dios le da a Moisés cuando le pregunta su nombre – "Seré el que seré" – nos dice esto. Dios está diciendo: "No sabrás qué, dónde o cómo estaré hasta que llegue el momento". La fe no es certeza: es la valentía de vivir con incertidumbre. De hecho, por eso necesitamos fe, porque la vida es incierta. Incluso en el siglo XXI, cuando sabemos tanto sobre el universo, la cosmología, el genoma humano y el funcionamiento del cerebro humano, hay una cosa que no sabemos y nunca sabremos: lo que traerá el mañana.

Y, un hombre luchó con él: No sabemos quién era este extraño, un hombre, un ángel o Dios mismo. Lo que sin duda sabemos es que la lucha fue una exteriorización del conflicto interno de Jacob, el resultado de su miedo y angustia. Sin embargo, interpretamos el pasaje, Jacob estaba luchando consigo mismo, y ahí es donde tiene lugar la verdadera batalla. Si podemos ganar la lucha "aquí dentro", podemos ganarla "ahí fuera", y si no podemos ganar la lucha con nosotros mismos, eventualmente perderemos nuestra lucha con el mundo.

El difunto Viktor Frankl, psicoterapeuta, fue prisionero en Auschwitz, y fue allí donde descubrió su vocación. Vio lo difícil que era mantener la voluntad de vivir, y quienes la perdieron, murieron. Asumió como su misión devolver a la gente el deseo de vivir. Hablaba con ellos para descubrir si tenían un sueño no cumplido o una tarea que completar. Una vez que lo encontraba, podía darles una razón para sobrevivir. Algo los llamaba desde el futuro, y esto a veces era suficiente para darles la fuerza interior para seguir adelante. Después de la guerra fundó una nueva escuela de psicoterapia – la llamó Logoterapia – basada en lo que tituló "El hombre en busca de sentido", cuyo poder había visto en el campo[1].

La crisis puede desafiarnos en el nivel más profundo del yo, amenazando nuestra confianza en nosotros mismos y el respeto por nosotros mismos. Ahí es donde debemos concentrar nuestro esfuerzo y enfocar nuestras energías. Estamos aquí porque alguien, el Uno, quería que estuviéramos. Él nos ama, nos comprende, nos perdona cuando reconocemos nuestros errores y cree en nosotros más de lo que creemos en nosotros mismos. Ahí es donde nace la verdadera confianza en uno mismo: la fe que ilumina el camino en el corazón de las tinieblas. "El Señor está conmigo; no temeré. ¿Qué puede hacerme el hombre?" (Salmos 118:6). "El Señor es mi luz y mi salvación, ¿de quién podré tener miedo? El Señor defiende mi vida, ¿a quién habré de temer? (Salmos 27:1).

Rashbam, nieto de Rashí, ofrece una interpretación extraordinaria de la lucha de Jacob[2]. Temiendo la confrontación con Esaú, Jacob quiso huir, y Dios envió un ángel a luchar con él para evitar que lo hiciera. En esta lectura, Dios le estaba enseñando a Jacob cómo luchar con sus miedos y vencerlos. "¿Quién es fuerte?" preguntó Ben Zomá. No uno que pueda derrotar a sus enemigos, sino uno que "domina sus impulsos"[3]. La demostración de Ben Zomá es un verso de Proverbios: "Mejor

1. Ver Viktor E. Frankl, *Man's Search for Meaning: An Introduction to Logotherapy* (New York: Simon & Schuster, 1984); *The Doctor and the Soul* (New York: Vintage Books, 1986); *the Will to Meaning* (New York: New American Library, 1988).
2. Rashbam, comentario a Génesis 32. Rashbam compara a Jacob con Jonás, quien también trató de huir.
3. *Avot* 4:1.

es el lento para la ira que el poderoso, y el que domina su espíritu que el que toma una ciudad" (16:32).

¿Qué sucedió realmente al día siguiente, cuando Jacob finalmente se encontró cara a cara con Esaú? En lugar de atacarlo, Esaú corrió a su encuentro y lo abrazó (32:1).

No había ira, ni violencia, ni rastro persistente de resentimiento. Todo lo que Jacob temía, no sucedió. ¿Fue una mera coincidencia, una casualidad? ¿Los temores de Jacob estaban simplemente fuera de lugar? Creo que la Torá está enseñando una verdad más profunda, que una vez que Jacob resolvió el conflicto dentro de sí mismo, eliminó la fuente de tensión entre él y Esaú. Incluso los animales sienten miedo. Los depredadores persiguen a los que huyen. La forma de estar seguros es mantener la calma y la quietud.

Un sentido interno de confianza en uno mismo y de seguridad no significa que uno nunca tendrá que pelear batallas. La economía y la política son intrínsecamente conflictivas. Gran parte de la vida es una competencia de suma cero por bienes escasos en la que algunos ganan, otros pierden. Pero los bienes espirituales (el amor, la confianza, la amistad, la búsqueda del conocimiento) no son de suma cero.

Cuanto más compartimos, más tenemos. Que yo gane no significa que tú pierdas, y viceversa. Por lo tanto, mi respeto nunca debe comprarse a costa del tuyo. Puedo respetarte sin denigrarme. Puedo hacerte espacio sin negarme. De modo que nuestros bienes psicológicos y espirituales más profundos nunca deben comprarse a costa de otros. Ese solo conocimiento, que Jacob y Esaú pueden tener cada uno sus propias bendiciones sin envidiar al otro, es suficiente para eliminar muchos, incluso la mayoría, de los conflictos por los cuales las personas se causan dolor entre sí.

El sol salía cuando Jacob dejó Peniel y se fue cojeando debido a su cadera dislocada (32:31): Jacob cojeó después de la pelea. La crisis es real; el sufrimiento al que da lugar puede herir profundamente; incluso cuando sobrevives, cojeas; mucho después, tal vez durante toda la vida, llevas las cicatrices. Sin embargo, son huellas honorables. Dicen que luchaste y ganaste, y mejor es el que luchó y ganó que el que, temiendo el enfrentamiento, toma el camino de menor resistencia y se somete.

No te soltaré si no me bendices: estas palabras de Jacob al ángel se encuentran en el centro mismo de la supervivencia de la crisis. Cada uno de nosotros sabe por experiencia personal que los eventos que parecieron decepcionantes, dolorosos e incluso humillantes en un momento, pueden ser los más importantes en nuestras vidas. A través de ellos, aprendimos cómo esforzarnos más la próxima vez; o nos enseñaron una verdad sobre nosotros mismos; o cambiaron nuestra vida hacia una dirección nueva y más fructífera. Aprendemos, no de nuestros éxitos, sino de nuestros fracasos. Maduramos y nos fortalecemos y nos volvemos más comprensivos e indulgentes a través de los errores que cometemos. Una vida protegida es una vida frágil y superficial. La fuerza proviene de saber lo peor y negarse a ceder. Jacob/Israel nos ha legado muchos dones, pero pocos más valiosos que la obstinación y la resistencia que pueden enfrentar tiempos difíciles y decir de ellos: *"No te dejaré ir si no me bendices"* No me rendiré ni seguiré adelante hasta que haya extraído algo positivo de este dolor y lo haya convertido en una bendición.

Así es como me ha ayudado la historia de la lucha de Jacob, y sirve para enfatizar lo importante que es no perder de vista el texto bíblico enterrándolo bajo capas de reinterpretación midráshica. Lo que nos dice Génesis es que los héroes de nuestra fe no vivieron vidas encantadas. Sufrieron exilios, conocieron el peligro, sus esperanzas se vieron defraudadas y sus expectativas demoradas. Lucharon, lidiaron, pero ni se rindieron ni se humillaron. No estaban serenos. A veces se reían con incredulidad; hubo momentos en los que temieron, temblaron, lloraron y hasta cedieron a la ira. Porque eran seres humanos, no ángeles; eran personas con las que podemos identificarnos, no santos para ser adorados. Jacob nos enseñó que no podemos adelantarnos a la crisis, ni debemos minimizarla, pero podemos sobrevivirla, haciéndonos así dignos de llevar el nombre de alguien que luchó con Dios y con los hombres y prevaleció.

El Destino de Jacob, el Nombre de Israel

Los dos ensayos anteriores reflexionaron sobre la lucha nocturna de Jacob con el ángel. En este ensayo quiero examinar las secuelas, porque fue como resultado de este encuentro que el pueblo judío adquirió su nombre, Israel, que significa "uno que ha luchado con Dios y con los hombres y ha prevalecido". Desde cualquier punto de vista, es un nombre extraño, poco convencional y que invita a la reflexión.

Jacob no es, a primera vista, la figura más obvia en el Tanaj para representar y personificar al pueblo judío. Hay otras alternativas convincentes: Abraham, que inició el viaje; Isaac, el primer niño judío; Moisés, que condujo al pueblo de la esclavitud a la libertad y les dio su posesión más preciosa, la Torá; David, el mayor rey y poeta de Israel; incluso Isaías, su mayor visionario de la esperanza.

Tampoco es la frase "alguien que ha luchado con Dios y con los hombres y ha prevalecido" la caracterización más natural de la identidad judía. Podemos pensar otras. En Éxodo, Dios convoca a Israel para que sea "un reino de sacerdotes y una nación santa". Isaías habla de Israel como "un pacto para el pueblo y una luz para las naciones" (Isaías 42:6). Zacarías da uno de los resúmenes más concisos de la experiencia judía: "No por el poder ni por la fuerza, sino por mi Espíritu-dice el Señor de los ejércitos" (Zacarías 4:6). Entonces, ¿Por qué Israel, con su implicación de lucha incesante?

Una posibilidad fascinante surge de los escritos de un crítico del judaísmo, Nikolai Berdyaev. Berdyaev (1874–1948) fue un intelectual ruso. Inicialmente marxista, rompió con el movimiento después de la revolución rusa y sus consecuencias, la muerte de la libertad. Se convirtió en un cristiano poco convencional (había sido acusado de blasfemia por criticar a la Iglesia Ortodoxa Rusa en 1913), se exilió y finalmente se instaló en París.

En *El Significado de la Historia*, Berdyaev escribió uno de los tributos más notables al judaísmo:

Recuerdo cuando en mi juventud intenté verificar la interpretación materialista de la historia, aplicándola a los destinos de los pueblos, fracasé en el caso de los judíos, donde el destino parecía absolutamente inexplicable desde el punto de vista materialista... Su supervivencia es un fenómeno misterioso y maravilloso que demuestra que la vida de este pueblo está regida por una predeterminación especial, que trasciende los procesos de adaptación expuestos por la interpretación materialista de la historia. La supervivencia de los judíos, su resistencia a la destrucción, su imperturbabilidad en condiciones absolutamente peculiares y el fatídico papel que desempeñaron en la historia: todo esto apunta a las bases particulares y misteriosas de su destino[1].

Sin embargo, Berdyaev creía que los judíos y el judaísmo estaban profundamente equivocados sobre la cuestión central de la vida humana. Estaban, dice, "obsesionados por la idea apasionada de la justicia y su cumplimiento terrenal". Creían que la redención se podía lograr en la tierra. La "intensa lucha judía por la verdad, la justicia y la felicidad" fue responsable de la eterna inquietud del espíritu judío y de su expresión a menudo revolucionaria. Berdyaev consideraba al marxismo como una versión secularizada de la creencia judía en la era mesiánica.

Su propia opinión fue que esto es un error y una imposibilidad. El destino humano, "cuyos dolores y tormentos no pueden en modo alguno ser redimidos dentro de los estrechos límites de una sola vida, encuentra su cumplimiento en otra vida". La verdad, la justicia y la

1. Nikolai Berdyaev, *The Meaning of History* (Nueva Jersey: Transaction, 2006), 86–87.

felicidad pertenecen al cielo, no a la tierra; el mundo por venir, no este mundo; el alma inmortal, no el cuerpo mortal. "El que cree en la inmortalidad debe mirar con seriedad la vida terrestre y darse cuenta de que es imposible lograr una victoria concluyente en la tierra sobre el oscuro principio irracional; y que los sufrimientos, el mal y las imperfecciones son la suerte inevitable del hombre"[2].

Creo que Berdyaev enmarcó las alternativas de manera clara y correcta. La función clásica de la religión a lo largo de la historia ha sido reconciliar a la gente con las brutalidades aleatorias del destino, las injusticias de la sociedad, el triunfo del poder sobre el derecho, la brevedad de la vida misma y los dolores y desilusiones que la cargan. De mil maneras diferentes, la religión ha representado una realidad alternativa, un "refugio en un mundo sin corazón", un escape de las luchas y conflictos de la vida cotidiana hacia los espacios tranquilos del alma, o el pensamiento de la vida más allá de la muerte. Religión, fe, espiritualidad: estas palabras evocan ideas de paz, serenidad, interioridad, meditación, calma, aceptación, consuelo, dicha.

El judaísmo es, intelectual, espiritual y emocionalmente, la gran excepción.

Porque creemos que los sufrimientos, el mal y las imperfecciones no son la suerte inevitable del hombre; no están entretejidos en el tejido del universo que Dios creó y declaró siete veces "bueno". La justicia, la libertad, la dignidad humana, la igualdad de respeto, la integridad y la compasión se deben luchar aquí, no en el cielo. Los sabios dijeron que cuando Moisés ascendió al cielo para recibir la Torá, los ángeles se opusieron. ¿Cómo podía Dios confiar su posesión más preciosa a simples mortales? ¿Hay asesinos entre vosotros, dijo Moisés a los ángeles, que necesitáis la orden: "No mataréis"? ¿Hay adúlteros entre ustedes que necesitan que se les diga: "No cometerás adulterio"?[3] La Torá no fue dada a los ángeles ministradores, sino a los humanos, porque los humanos la necesitan. Y al dar libre albedrío a los seres humanos, Dios expresó Su fe en que un día aprenderían a usarlo de manera responsable y moral y así crearían un mundo de bienaventuranza social.

---

2. Ibíd. 87–107.
3. *Shabat* 88b–89a.

La visión de Berdyaev representa la perenne tentación conocida como gnosticismo, una doctrina compleja que, no obstante, puede resumirse como "este mundo es malo; el mundo por venir será bueno". En última instancia, el gnosticismo es incompatible con el monoteísmo, porque ¿por qué un Dios bueno crearía un universo en el que "los sufrimientos, el mal y las imperfecciones son la suerte inevitable del hombre"? ¿Por qué crear una especie, el Homo Sapiens, a Su propia imagen y semejanza, solo para someterla a un dolor ineludible? El gnosticismo jugó un papel considerable en la vida temprana de la Iglesia; muchos evangelios gnósticos perdidos fueron redescubiertos entre los manuscritos de Nag Hammadi, encontrados en Egipto en 1945, dos años antes del descubrimiento de los Rollos del Mar Muerto. De hecho, los gnósticos sostenían que el universo físico fue creado por un demiurgo, un dios menor, y que el Dios verdadero, el Dios del espíritu, no tiene lugar en la tierra. Es una forma de dualismo, al que probablemente se referían los sabios cuando hablaban de personas que creían en *shetei reshuyot*, "dos dominios [divinos]"[4].

El gnosticismo suena antiguo y arcano, pero su atractivo es atemporal y poderoso. No es fácil reconciliar la existencia de Dios y los mandamientos de la fe con el mundo tal como lo conocemos, lleno de tensión y tragedia. Es mucho más fácil, intelectual y psicológicamente, pensar que la religión y Dios pertenecen a una dimensión completamente diferente: en el cielo, no en la tierra; en algún otro lugar, no aquí; en la vida después de la muerte o en el alma inmortal, en la calma meditativa o en el retiro místico. Entonces la religión puede hacernos indiferentes al mundo o reconciliarnos con él: indiferentes porque no es allí donde se encuentra Dios, o reconciliados porque de alguna manera el sufrimiento humano es la voluntad de Dios por la cual seremos recompensados en el mundo venidero. A eso se refería Karl Marx cuando escribió su famosa línea: "a religión es el suspiro de la criatura atormentada, el alma de un mundo desalmado, y también es el espíritu de situaciones carentes de espíritu. La religión es el *opio* del pueblo [*Sie ist das Opium des Volkes*]".

4. Sobre el gnosticismo, ver Hans Jonas, *The Gnostic Religion* (Londres: Routledge, 1992); Elaine Pagels, *The Gnostic Gospels* (Londres: Penguin, 1990). *En shtei reshuyot*, ver por ejemplo, *Berajot* 33b.

Debido a que estamos tan acostumbrados a ello, olvidamos lo raro y difícil que es el enfoque judío. De hecho, Europa no desarrolló un enfoque activista hacia la pobreza y el sufrimiento, la libertad y la democracia, la industria, el crecimiento económico y los comienzos de una sociedad sin clases hasta que, en el siglo XVII, los cristianos comenzaron a leer el Tanaj nuevamente, hecho posible por la invención de la imprenta y la disponibilidad de Biblias en traducción vernácula. Esto dio lugar al Calvinismo, el Cristianismo que más cercano llegó al judaísmo, y fue responsable de la Revolución Inglesa y la fe de los Padres Peregrinos que crearon la América moderna[5].

Berdyaev tenía razón en señalar que la creencia de que la redención está en este mundo, no en el próximo, fue responsable de todas las características que asociamos con Jacob/Israel y el pueblo que lleva el nombre de alguien que luchó con Dios y con los hombres y prevaleció. Si crees que la verdad, la justicia y la felicidad, deben perseguirse en este mundo, entonces debes luchar en este mundo. A veces, esto significaba luchar con la idolatría, la superstición, el paganismo y todo el léxico de las creencias antiguas. Ahora significa luchar contra el secularismo, el materialismo y el consumismo. Hubo momentos, hasta el siglo XIX, en que gran parte de Europa era analfabeta y sólo los judíos practicaban la educación universal. Hubo otros, el siglo XX, por ejemplo, en los que los judíos se convirtieron en el blanco del fascismo y el comunismo, sistemas que adoraban el poder y profanaban la dignidad del individuo. El judaísmo es una religión de protesta, la contra-voz en la conversación de la humanidad.

Y significa luchar con Dios, como Moisés, Jeremías y Job lucharon con Dios. En ninguna otra literatura religiosa, ciertamente ni en el cristianismo ni en el islam, los seres humanos discuten con Dios. Recuerda que no son los herejes quienes hacen esto en el judaísmo, sino las personas ejemplares y modelos de fe. Lo hicieron en nombre de la justicia; recuerda el "¿No hará justicia el juez de toda la tierra?" de Abraham.

5. Ver Perry Miller, *The New England Mind: The Seventeenth Century* (Cambridge, MA: Harvard University Press, 1971); Michael Walzer, *La revolución de los Santos*, Buenos Aires/Madrid, Katz editores S.A, 2008,); Christopher Hill, *The English Bible and the Seventeenth-Century Revolution* (Londres: Penguin, 1944).

Porque si la justicia pertenece a la tierra, no solo al cielo, entonces no podemos aceptar la aparente injusticia, debemos protestar. De hecho, fue Dios mismo quien dio poder a Abraham y Moisés para hacerlo.

El judaísmo no es un escape del mundo, sino un compromiso con el mundo. No nos anestesia ante los dolores y aparentes injusticias de la vida. No nos reconcilia con el sufrimiento. Nos pide que desempeñemos nuestro papel en la empresa más desalentadora jamás pedida por Dios a la humanidad: construir relaciones, comunidades y, en última instancia, una sociedad, que creará un hogar para la Presencia Divina[6]. Y eso significa luchar con Dios y con los hombres y negarse a rendirse o a desesperarse.

Nadie ejemplifica esta condición más profundamente que Jacob. Abraham simboliza la fe como amor. Isaac representa la fe como temor, reverencia, asombro. Pero Jacob vive la fe como lucha. A menudo, su vida parece ser una cuestión de escapar de un peligro a otro. Huye de su vengativo hermano solo para encontrarse a merced del falaz Labán. Se escapa de Labán solo para encontrarse con Esaú marchando a su encuentro con una fuerza de cuatrocientos hombres. Sale ileso de esa reunión, solo para enfrentarse a la violación de su hija Dina y el conflicto entre Josef y sus otros hijos. Solo entre los patriarcas, muere en el exilio. Jacob lucha, así como sus descendientes, los hijos de Israel, continúan luchando con el mundo.

Sin embargo, Jacob nunca se rinde y nunca es derrotado. Es el hombre cuyas mayores experiencias religiosas ocurren cuando está solo, de noche y lejos de casa. Jacob lucha con el ángel del destino y con el conflicto interior y dice: "No te dejaré ir hasta que me bendigas". Así es como rescata la esperanza de la catástrofe, como siempre han hecho los judíos. Sus noches más oscuras siempre han sido el preludio de sus amaneceres más creativos.

Los ideales de la Torá son elevados, y la historia contada por el Tanaj y la historia judía a menudo está impregnada de fracasos y deficiencias. Sin embargo, el judaísmo produjo generación tras generación de profetas, sabios, filósofos y poetas, que nunca abandonaron el sueño,

---

6. Ver, para un tratamiento completo del tema, Jonathan Sacks, *To Heal a Fractured World* (London; Continuum, 2005; New York: Schocken, 2005).

abandonaron los ideales ni bajaron la vista. Continuaron, mientras Jacob continuaba. Hay grandeza en este rechazo a abandonar la lucha, esta reticencia sostenida a aceptar el mundo tal como es, conforme a lo convencional sabiduría, siguiendo a la manada. Los judíos siempre han sido pioneros del espíritu, perturbadores de la paz.

El camino elegido por Jacob/Israel no es para pusilánimes. *Es iz schver tzu zain a Yid,* solían decir: "Es difícil ser judío". De alguna manera, todavía lo es. No es fácil enfrentar nuestros miedos y luchar con ellos, negándonos a soltarlos hasta que los hayamos convertido en fuerzas renovadas y bendiciones. Pero hablando personalmente, no lo haría de otra manera. El judaísmo no es la fe como una ilusión, ver el mundo a través de lentes coloreados de rosa como nos gustaría que fuera. Es la fe como una honestidad implacable, ver el mal como mal y luchar contra él en nombre de la vida, del bien y de Dios. Esa es nuestra vocación. Sigue siendo un privilegio llevar el destino de Jacob, el nombre de Israel.

Vayeshev
וישב

Con *Vayeshev*, la historia se desplaza de Jacob a sus hijos. La tensión que ya hemos sentido entre Lea y Raquel se traslada a la siguiente generación en forma de la rivalidad entre Josef y sus hermanos, la historia cuyos giros y vueltas nos llevan al final del libro Génesis.

Josef es el hijo favorito de Jacob, primogénito de su amada Raquel. La envidia y el antagonismo de sus hermanos los lleva a vender a Josef como esclavo en Egipto, un acto que muchos años después resultará en que toda la familia, para entonces ya una nación, sea esclavizada.

La historia de Josef está llena de fascinantes viñetas, y en los estudios que siguen, veremos primero a Rubén, el hijo mayor de Jacob; luego la negativa de Jacob a ser consolado por la pérdida de Josef; en seguida la relación entre Judá y Tamar, y finalmente a Tamar y otra heroína bíblica, Rut.

Todos ellos tienen en común el poder de la narrativa para confundir nuestras expectativas. Rubén, el primogénito, parece tener dudas sobre sí mismo que le despojan del valor para tomar una acción decisiva. El dolor interminable de Jacob esconde una negativa a perder la esperanza. Tamar resulta ser un paradigma de sensibilidad moral y de coraje. Dos mujeres inverosímiles forman parte del linaje de

David, el rey más grande de Israel. Parte del poder continuo de estas historias radica en su desafío a las convenciones narrativas. La Torá parece sugerir que nunca se puede predecir de antemano, dónde se encuentra la virtud.

La Tragedia de Rubén

Rubén es el gran 'podría haber sido' de la Torá. Su padre Jacob, en sus últimas palabras, las bendiciones finales que nos indican cómo vio a cada uno de sus hijos, habla de él así:

> Rubén, mi primogénito eres tú,
> mi vigor y las primicias de mi virilidad,
> plétora de pasión y de ímpetu,
> impetuoso como el agua:
> ¡no serás preeminente! (Génesis 49:3–4).

La suya es una historia de potencial incumplido, de virtud no consumada, de una grandeza que estuvo tan cercana pero que no se alcanzó.

En *Parashat Vayeshev,* se nos confiere una idea de cómo pudo ocurrir tal fracaso. La Torá congela una coyuntura crítica en la vida de Rubén, mostrando los caminos divergentes que afrontó cuando se confrontó a un fatídico desafío moral.

El trasfondo de la escena es la historia de los primeros años de Josef, hijo de Jacob y de Raquel su segunda esposa y primer amor. Jacob, el hombre que ama más que cualquier otra figura del Génesis, no puede evitar mostrar su favoritismo, en perjuicio y desaire de sus otros hijos.

Las viñetas que tenemos de Josef en la adolescencia son (como señala Rashí) menos que entrañables[1]. Le cuenta historias a su padre sobre sus hermanos. Tiene sueños en los que su familia se inclina ante él, y peor aún, los cuenta[2]. Hay en él, el aire de un niño mimado[3]. Su padre tolera su comportamiento y hasta le regala un manto ricamente bordado, la famosa "túnica de muchos colores", cuya vista actúa como una constante provocación para los otros hijos.

Un día, mientras sus hermanos están cuidando los rebaños lejos de casa, Jacob envía a Josef para ver cómo están. De este encuentro dependerá todo el futuro de los hijos de Israel. Los hermanos ven a Josef desde lejos, y la vista del manto los enfurece. Se dan cuenta de que, solos, sin que nadie lo presencie, pueden matar a Josef e inventar una historia que será imposible de refutar. Solo Rubén protesta.

En este punto la Torá hace algo que no hace en ningún otro lugar: una declaración que, interpretada literalmente, es obviamente falsa; de hecho, el texto continúa inmediatamente para mostrar que no fue así. El versículo dice: "Rubén *lo escuchó y lo salvó* [a Josef] de sus manos" (37:21). No lo hizo. La discrepancia es tan obvia que la mayoría de las traducciones simplemente no traducen la frase literalmente. Lo que Rubén realmente hizo fue intentar salvarlo. La frase "*Rubén lo escuchó y lo salvó*", nos dice lo que pudo haber sido, no lo que realmente fue. El plan de Rubén era simple. Les dijo a los hermanos que no mataran a Josef, sino que lo dejaran morir, evitando así el peligro inmediato:

> "No le quitemos la vida", dijo. "No derraméis sangre. Echadlo en este pozo del desierto, pero no le pongáis la mano encima" (37:22).

---

1. Ver Rashí, comentario a Génesis 37:2 sobre las frases *Vehú naar* y *Veet dibatam raa*. Rambán explica que Josef fue odiado por los hijos de las siervas porque "llevó a su padre noticias malas de ellos" (37:2), y por los hijos de Lea porque "vieron que su padre lo amaba más que a todos sus hermanos" (37:4), recordándoles que su padre había amado a la madre de Josef, Raquel, más que a la de ellos.
2. El texto dice "Y lo odiaron aún más a causa de sus sueños y sus palabras" (37:8). *Cli Yakar* (R. Efraím Shlomó de Luntshits, 1550–1619) explica el doble odio: (1) se resintieron con él por soñar que él los gobernaría, y (2) se enojaron por el hecho de que le informó del sueño a ellos cuando en absoluto no querían hablar con él.
3. Rashí, sobre la base de *Génesis Raba*, toma la frase *Vehú naar* (37:2), generalmente traducida como "era un muchacho", para significar que "actuó como un niño".

El texto entonces, de nuevo inusualmente, porque es raro que la Torá describa los pensamientos de una persona, explica la intención de Rubén: "[Rubén dijo esto] *para salvarlo de su mano* y llevarlo de regreso con su padre". Rubén no tenía intención de dejar morir a Josef. Su plan era persuadir a los hermanos de que dejaran a Josef en el pozo para que, cuando su atención estuviera en otra parte, pudiera regresar, sacarlo y llevarlo a casa.

Lo que sucede a continuación es oscuro, aunque el resultado es claro. Mientras Rubén estaba en otro lugar, Josef fue sacado del pozo y vendido a una caravana de mercaderes que lo llevaron a Egipto para venderlo como esclavo. El texto mismo hace que sea imposible determinar si esto fue hecho por los otros hermanos por sugerencia de Judá, o por los madianitas de paso [4]. Rubén, sin darse cuenta de todo esto, regresa al pozo para rescatar a Josef, pero no lo encuentra. Está desolado. "Cuando Rubén regresó al pozo y vio que Josef no estaba allí, se rasgó la ropa. Volvió con sus hermanos y les dijo: '¡El muchacho no está allí!; y yo, ¿adónde iré?'" (37:29–30). Al comentar sobre este episodio, el midrash dice:

> Si Rubén hubiera sabido que el Santo, bendito sea Él, escribiría de él: "Y Rubén lo escuchó y lo salvó de sus manos", lo habría levantado sobre los hombros y lo habría llevado de regreso a su padre[5].

Esta es una afirmación profundamente desconcertante. ¿Rubén realmente necesitaba el respaldo del cielo para hacer lo correcto? ¿Necesitaba la aprobación de Dios antes de rescatar a su hermano? Como veremos, aquí se encuentra la pista esencial sobre el carácter de Rubén. Nos dice lo que se interpone entre lo que pudo haber sido y lo que fue.

Rubén es el Hamlet del Génesis, cuyo "color natural del coraje" es "pálida sombra del pensamiento". Es una persona de buenas intenciones. A él le importa. Él piensa. No se deja llevar por la multitud ni por sus

4. Para un análisis refinado de las diversas lecturas dadas por los comentaristas, véase Nejama Leibowitz, *Iyunim Besefer Bereshit* (Jerusalén, 1972), 279–88.

5. *Levítico Raba*, 34:8.

instintos más oscuros. Penetra hasta el núcleo moral de una situación. Eso es lo primero que notamos de él. Lo segundo, sin embargo, es que de alguna manera sus intervenciones son contraproducentes. No logran su efecto. Al intentar mejorar las cosas, Rubén a menudo las empeora. La Torá claramente quiere que reflexionemos sobre el carácter de Rubén. Con este fin, pinta un retrato del joven en una serie de viñetas rápidamente esbozadas pero reveladoras.

En la primera, lo vemos en el campo durante la cosecha de trigo. Encuentra unas mandrágoras. Por el contexto, parece que se creía que las mandrágoras eran tanto un afrodisíaco como un fármaco para la fertilidad. Su primer pensamiento es dárselos a su madre Lea. Esto nos dice algo sobre Rubén. No está pensando en sí mismo, sino en ella. Sabe que no se siente amada y se identifica con su angustia con toda la sensibilidad de un hijo mayor. Espera que, con la ayuda de las mandrágoras, Lea pueda ganar la atención de Jacob, tal vez incluso su amor.

Es un acto sorprendentemente maduro y reflexivo. Sin embargo, tiene consecuencias negativas. Provoca una amarga disputa entre Lea y Raquel, las dos hermanas. Raquel ve las mandrágoras y las quiere para ella. Entonces se lleva a cabo el siguiente diálogo:

> Raquel le dijo a Lea: "Por favor, dame algunas de las mandrágoras de tu hijo". Pero ella le dijo: "¿No fue suficiente que te llevaras a mi esposo? ¿También te llevarás las mandrágoras de mi hijo? (30:14–15).

Esta es la única vez que aparecen palabras de irritación entre las dos hermanas. Rubén, que busca ayudar a Lea, termina creando una escena en la que su amargura sale a la superficie.

Luego vemos a Rubén después de la muerte de Raquel cuando tiene lugar un oscuro incidente que tiene trágicas consecuencias. El texto bíblico es críptico:

> Entonces Raquel murió y fue enterrada camino a Efrat (es decir, Belén). Sobre su tumba, Jacob colocó un pilar, y hasta el día de hoy, ese pilar marca la tumba de Raquel. Israel avanzó de nuevo y plantó su tienda más allá de Migdal Eder. Mientras Israel vivía

> en esa región, Rubén entró y se acostó con Bilha, la concubina de su padre, e Israel se enteró (35:19–22).

Leído literalmente, esto sugiere que Rubén tomó el lugar de su padre en la tienda de Bilha, un acto de desplazamiento casi edípico, como descubrimos más adelante en la Biblia cuando Absalón hace lo mismo con la concubina de su padre David (II Samuel 16:21). Rashí, siguiendo la tradición midráshica, prefiere una explicación más suave. Cuando Raquel murió, Jacob, que había dormido en su tienda, trasladó su cama a la tienda de su sierva Bilha. Esto, para Rubén, fue una provocación insoportable. Ya era suficientemente malo que Jacob prefiriera a Raquel a su hermana Lea, pero era intolerable para Rubén que prefiriera a su sirvienta que a su madre. Entonces Rubén trasladó la cama de Jacob de la tienda de Bilha a la de Lea.

Sin embargo, incluso de acuerdo con esta interpretación, está claro que Jacob entendió mal el acto y creyó que su hijo había usurpado su lugar. Nunca olvidó ni perdonó el incidente y, en su lecho de muerte, se lo recuerda a Rubén:

> "Incontrolable como el agua, no tendrás preeminencia porque subiste al lecho de tu padre; entonces violaste mi tálamo al subir" (49:4).

La Torá utiliza un recurso estilístico inusual al describir el evento. El texto masorético indica un salto de párrafo en medio de una oración después de las palabras *"E Israel se enteró"*. El efecto es señalar un silencio, una ruptura total de la comunicación. De ahí el patetismo de la interpretación rabínica del pasaje, que ciertamente encaja con todo lo que sabemos sobre Rubén. No buscaba desplazar a Jacob, sino llamar la atención de su padre sobre el dolor y la angustia de Lea. Sin embargo, Jacob no dice nada, y no le da a Rubén la oportunidad de limpiar su nombre o explicar por qué hizo lo que hizo. El resultado fue: una segunda tragedia.

Inevitablemente, nos sentimos atraídos por otra escena, cronológicamente la primera: el nacimiento de Rubén. No es necesario ser freudiano para escuchar en este pasaje la clave del carácter de Rubén. Lea, recordamos, había sido sustituida por Raquel en la noche de bodas.

Era Raquel a quien Jacob amaba y pensaba que se iba a casar con ella, después de siete años trabajando para su padre Labán. A la mañana siguiente, cuando Jacob descubre la identidad de su nueva esposa, hay una escena de enfado entre los dos hombres. Jacob se casa con Raquel una semana después, y luego Lea debe vivir sabiendo que ella no fue la elección de su esposo. Al punto sigue un pasaje de gran patetismo:

> Cuando el Señor vio que Lea no era amada, abrió su matriz, pero Raquel era estéril. Lea quedó embarazada y dio a luz un hijo. Ella lo llamó Rubén ["mira, un hijo"], porque dijo: "Es porque el Señor ha visto mi miseria. Seguramente mi esposo me amará ahora". Concibió de nuevo, y cuando dio a luz a un hijo, dijo: "Porque el Señor oyó que no soy amada, me dio este también". Entonces ella lo llamó Simón (29:31– 33).

Lea esperaba que el nacimiento de Rubén hiciera que Jacob la amara. Pero esto no sucede, lo sabemos porque ella todavía expresa la misma esperanza cuando nace Simón. Rubén tiene que llevar consigo durante toda su vida el conocimiento del desaire de su madre y la falta de atención de su padre. Significativamente, es Lea, no Jacob, quien da los nombres tanto a Rubén como a Simón. Es casi como si Jacob no estuviera allí[6].

Ahora tenemos un retrato rico y penetrante de Rubén, y ahora sabemos que la clave psicológica de su carácter ya se dio en su nacimiento.

Jacob es un héroe de la fe, el hombre que le dio a Israel su nombre, el único patriarca cuyos hijos permanecieron todos dentro del pacto. Sin embargo, la complejidad del carácter de Jacob está a años luz de los

6. Por cierto, es Raquel, no Jacob, quien llama a su hijo Josef (30:23). Hay una insinuación extraordinaria en el texto, que Jacob no solo no prestó atención al estado emocional de Lea, sino también al de Raquel, a pesar de su amor por ella. Cuando Raquel, al principio de la historia, le grita a Jacob: "Dame hijos o me muero" (30:1), Jacob responde: "¿Estoy yo en lugar de Dios, que te ha negado el fruto del útero?" Sobre esto, el midrash (*Génesis Raba* 71:7) comenta: "¿Es esta la manera de responder a una mujer en apuros?" (y ver Rambán ad loc.). Una lectura atenta de la narrativa de Jacob sugiere que uno de sus temas es la falla sistémica de comunicación dentro de la familia. Alternativamente, puede ser que el texto sugiera que si no prestas atención a aquellos a quienes no amas, eventualmente dejarás de prestar atención a los que sí amas.

héroes idealizados de otras tradiciones religiosas. En Jacob descubrimos que la vida de fe no es sencilla. No accidentalmente, su nombre Israel significa "el que luchó con Dios y con los hombres y prevaleció". También descubrimos algo más. Toda virtud conlleva un peligro correspondiente. La persona que es demasiado generosa puede condenar a su propia familia a la pobreza. El individuo que, como Aarón, elige la paz a cualquier precio, a veces puede permitir e incitar a quienes lo rodean a hacer un becerro de oro. No existe un único modelo de autoridad en el judaísmo. En cambio, hay muchos: Abraham, Isaac y Jacob; Moisés, Aarón y Miriam; reyes, profetas y sacerdotes; maestros de la *halajá* y *agadá*; sabios y santos, poetas y filósofos. La razón es que nadie puede encarnar todas las virtudes al mismo tiempo. Una fortaleza aquí es una debilidad allí.

Jacob amaba, apasionada y profundamente. Esa era su fuerza, pero también su debilidad. Su amor por Raquel significaba que no podía otorgar el mismo favor a Lea. Su anhelo de tener un hijo con Raquel significaba que faltaba algo en su relación con Rubén, el primogénito de Lea. Si hubiera amado menos, no habría habido ningún problema. Podría haber dividido su atención de manera más equitativa. Pero si hubiera amado menos, no habría sido Jacob.

El resultado, sin embargo, es que Rubén lleva consigo una falta de seguridad, una irresolución, que en momentos críticos le sustrae su capacidad para llevar a cabo el curso de acción que sabe que es correcto. Empieza bien pero no lleva la acción a una clausura. Al regresar con las mandrágoras, podría haber esperado hasta que Lea estuviera sola. Después de la muerte de Raquel, podría haber hablado directamente con su padre en lugar de mover las camas. En vista de las intenciones asesinas de sus hermanos hacia Josef, podría, como dice el midrash, simplemente haberlo llevado a casa. En cambio, dudó, eligiendo posponer el momento hasta que los hermanos estuvieran en otra parte. El resultado fue una tragedia. Es imposible no reconocer en Rubén a una persona de la más alta sensibilidad ética. Pero, aunque tenía conciencia, le faltaba valor. Sabía lo que estaba bien, pero carecía de la determinación de hacerlo con valentía y decisión. En esa vacilación, se perdió más que a Josef. Rubén también perdió la oportunidad de convertirse en el héroe que podría y debería haber sido.

Si Rubén, dice el midrash, tan solo hubiera sabido que la Torá escribiría de él, "Y Rubén lo escuchó y lo salvó de sus manos" – sabiendo que su intención fue reconocida y valorada por Dios como si fuera el hecho – podría haber encontrado el denuedo para llevar a cabo la acción. Pero Rubén no podía saberlo. No había leído la historia. Ninguno de nosotros puede leer la historia de nuestra vida, solo podemos vivirla. El resultado es que vivimos en y con incertidumbre. La duda puede llevar al aplazamiento hasta que se pierde el momento. En un instante de intención refrenada, Rubén perdió la oportunidad de cambiar la historia.

Rubén no podía leer su historia, pero nosotros sí. Si hay un solo versículo en el Tanaj que se destaca como un comentario sobre su vida, es la línea inexpresablemente conmovedora del Salmo 27:11: "Aunque mi padre y mi madre me dejaran, con todo, el Señor me recogerá". Jacob, siendo humano, amaba a unos, no a otros. Dios, al *no* ser humano, nos ama a cada uno de nosotros y esa es nuestra mayor fuente de fortaleza. Dios escucha a los que no se escucha. Ama a los que los demás no aman. Rubén, aún joven, no lo sabía. Pero nosotros, leyendo su historia y el resto del Tanaj, lo sabemos.

Estamos aquí por una razón, concebida con amor, creada por Aquel que creó el universo, que conoce nuestros pensamientos más íntimos, valora nuestras buenas intenciones y tiene más fe en nosotros que la que tenemos en nosotros mismos. Si tan solo meditamos esto, nos brindaría la fuerza para convertir la intención en hecho; elevándonos de la persona que podríamos haber sido en la persona en la que nos convertimos.

Rechazando el Consuelo, Manteniendo la Esperanza

La decepción ha tenido lugar. Josef ha sido vendido como esclavo. Sus hermanos empaparon su abrigo en sangre. Se lo devuelven a su padre diciendo: "Mira lo que hemos encontrado. ¿Lo reconoces? ¿Es esta la túnica de su hijo o no? Jacob la reconoce y responde: "Es la túnica de mi hijo. Una fiera lo devoró. Josef ha sido despedazado". Luego leemos:

> Y Jacob rasgó sus vestidos, puso cilicio sobre sus lomos y estuvo de duelo por su hijo muchos días. Ciertamente enlutado bajaré a la sepultura por causa de mi hijo (37:34–35).

Hay leyes en el judaísmo sobre los límites del duelo: *shivá, shloshim, un año*. No existe un duelo por el que el dolor sea interminable.

El Talmud dice que Dios amonesta a quien llora más allá del tiempo señalado: "No eres más compasivo que yo"[1]. Y, sin embargo, Jacob se niega a ser consolado.

---

1. *Moed Katán* 27b.

Un midrash da una explicación notable. "Uno se puede consolar por alguien que está muerto, pero no por uno que aún vive", dice. En otras palabras, *Jacob se negó a ser consolado porque aún no había perdido la esperanza de que Josef todavía estuviera vivo*. Ese, trágicamente, es el destino de quienes han perdido a miembros de su familia (los padres de los soldados desaparecidos en combate, por ejemplo), pero no tienen pruebas de que estén muertos. No pueden pasar por las etapas normales del duelo porque no pueden abandonar la posibilidad de que la persona desaparecida aún pueda ser rescatada. Su continua angustia es una forma de lealtad; darse por vencido, llorar y reconciliarse con la pérdida es una especie de traición. En tales casos, el duelo carece de cierre. Negarse a ser consolado es negarse a perder la esperanza.

Sin embargo, ¿sobre qué base siguió Jacob teniendo esperanza? Sin duda, había reconocido el abrigo manchado de sangre de Josef, dijo explícitamente: "Una bestia salvaje lo devoró. Josef ha sido despedazado". ¿No significan estas palabras que había aceptado que Josef estaba muerto?

El difunto David Daube hizo una sugerencia que me parece convincente[2]. Las palabras que los hijos le dicen a Jacob – *haker na*, literalmente "identifica por favor" – tienen una connotación cuasi legal. Daube relaciona este pasaje con otro, con el que guarda estrechos paralelismos lingüísticos:

> Si un hombre le da un burro, un buey, una oveja o cualquier otro animal a su vecino para que lo guarde y muere o resulta herido o se lo llevan sin que nadie lo vea, la cuestión entre ellos se resolverá mediante el juramento ante el Señor de que el vecino no puso las manos en la propiedad de la otra persona... Si [el animal] fue despedazado por un animal salvaje, él traerá el remanente como prueba y no se le pedirá que pague por el animal destrozado (Éxodo 22:10–13).

Lo que está en juego es el alcance de la responsabilidad que tiene un cuidador (*shomer*). Si el animal se pierde por negligencia, el custodio tiene la culpa y debe reparar la pérdida. Si no hay negligencia, meramente

2. David Daube, *Studies in Biblical Law* (Cambridge: University Press, 1947).

fuerza mayor, accidente ineludible, imprevisible, el guardia queda exento de culpa. Uno de esos casos es cuando la pérdida ha sido causada por un animal salvaje. La redacción de la ley – *tarof yitaref*, "despedazada" – exactamente paralela al juicio de Jacob en el caso de Josef: *tarof toraf Yosef*, "Josef ha sido despedazado".

Sabemos que existía alguna ley de este tipo antes de la entrega de la Torá. El mismo Jacob le dice a Labán, cuyos rebaños y manadas habían sido puestos a su cargo: "Nunca te traje lo arrebatado por las fieras; yo pagaba el daño; lo hurtado así de día como de noche, de mi mano lo requerías" (31:39).

Esto implica que los guardianes incluso entonces estaban exentos de responsabilidad por los daños causados por los animales salvajes. También sabemos que un hermano mayor tenía una responsabilidad similar por la suerte de un hermano menor puesto a su cargo, como, por ejemplo, cuando los dos estaban solos. Ese es el significado de la negación de Caín cuando se enfrenta a Dios en cuanto al destino de Abel: "¿Soy el [*shomer*] el guardián de mi hermano?" (4:9).

Comprendemos ahora una serie de matices en el encuentro entre Jacob y sus hijos cuando regresan sin Josef. Normalmente serían considerados responsables de la desaparición de su hermano menor. Para evitar esto, como en el caso de la ley bíblica posterior, "como prueba traen los restos". Si esos restos muestran signos de un ataque de un animal salvaje, deben, en virtud de la ley vigente en ese momento, ser considerados inocentes. Su solicitud a Jacob, *haker na*, debe interpretarse como una solicitud legal, es decir, "examina la evidencia". Jacob no tiene más alternativa que hacerlo, y en virtud de lo que ha visto, absolverlos. Sin embargo, un juez puede verse obligado a absolver a alguien acusado de un delito porque las pruebas son insuficientes para justificar una condena, al tiempo que mantienen dudas persistentes en privado. Sin necesariamente confiar en lo que decían Jacob se vio obligado a encontrar inocentes a sus hijos. De hecho, Jacob no lo creyó, y su negativa a ser consolado demuestra que no estaba convencido. Continuó teniendo esperanza de que Josef todavía estuviera vivo. Esa esperanza finalmente se justificó: Josef todavía estaba vivo y, finalmente, padre e hijo se reunieron.

La negativa a ser consolado resonó más de una vez en la historia judía. El profeta Jeremías lo oyó en una época posterior:

Así dice el Señor:
Se oye una voz en Ramá,
lamento y llanto amargo.
Raquel llora por sus hijos;
rehúsa ser consolada, por sus hijos
que ya no existen.

Así dice el Señor:
Reprime tu voz del llanto,
y tus ojos de las lágrimas;
hay pago para tu trabajo -declara el Señor-,
pues volverán de la tierra del enemigo.

Y hay esperanza para tu porvenir -declara el Señor-,
los hijos volverán a su territorio (Jeremías, 31:15–17).

¿Por qué estaba seguro Jeremías de que los judíos regresarían? Porque se negaron a ser consolados, es decir, se negaron a perder la esperanza.

Así, fue durante el exilio babilónico cuando se articuló una de las expresiones más paradigmáticas de la negativa a ser consolados:

> "A orillas de los ríos de Babilonia estábamos sentados y llorábamos, acordándonos de Sion…
> ¿Cómo podríamos cantar un canto del Señor en una tierra extraña?
> ¡Jerusalén, si yo de ti me olvido, que se seque mi diestra!
> ¡Mi lengua se me pegue al paladar
> si de ti no me acuerdo,
> si no alzo a Jerusalén al colmo de mi gozo"! (Salmos 137:1–6).

Se dice que al pasar por una sinagoga en el día de ayuno de Tishá Beav, Napoleón escuchó los sonidos de lamentos. "¿Por qué lloran los judíos?" preguntó a uno de sus oficiales. "Por Jerusalén", respondió el soldado. "¿Cuánto tiempo hace que la perdieron?" "Más de 1671 años". "Un pueblo que puede llorar tanto tiempo por Jerusalén, algún día le será restituida", se dice que respondió el Emperador.

Los judíos son las personas que se negaron a ser consoladas porque nunca perdieron la esperanza. Jacob finalmente volvió a ver a Josef. Los hijos de Raquel regresaron a la tierra. Jerusalén es una vez más el hogar judío. Toda la evidencia puede sugerir lo contrario: puede parecer que significa una pérdida irrecuperable, un decreto de la historia que no puede ser anulado, un destino que debe ser aceptado. Los judíos nunca creyeron en la evidencia porque tenían algo más con que oponerse a ella: una fe, una certeza, una esperanza inquebrantable que resultó más fuerte que la inevitabilidad histórica. No es exagerado decir que la supervivencia judía se mantuvo por esa esperanza. Y esa esperanza vino de una frase simple, o quizás no tan simple, en la vida de Jacob. Se negó a ser confortado. Y así, mientras vivimos en un mundo todavía marcado por la violencia, la pobreza y la injusticia, también nosotros debemos negarnos.

Llamas y Palabras

Empalmada dentro de la historia de Josef, entre su venta como esclavo (capítulo 37) y su llegada a Egipto (capítulo 39), está la historia de Judá y la muerte de sus hijos. En este oscuro escenario ingresa Tamar una de las heroínas más inesperadas de la Torá. El texto no nos da ninguna insinuación sobre quién es, pero desde su entrada en la narración, esta figura fascinante y misteriosa comienza a dominar la historia.

El capítulo comienza diciéndonos que Judá se había separado de sus hermanos y se había casado con una mujer cananea de quien tuvo tres hijos. El mayor, Er, se casó con Tamar. La extensión simple es que Tamar también era cananea. Este era el pueblo entre quienes vivía Judá; y era poco probable que le hubiera prohibido a su hijo casarse con una mujer de la zona, dado que él mismo lo había hecho.[1]

Er muere joven, dejando a Tamar viuda y sin hijos. Judá instruye a su segundo hijo, Onán, que se case con ella, " y cumple con ella tu deber como cuñado, y levanta descendencia a tu hermano" (38: 8). Dándose cuenta de que un hijo del matrimonio sería considerado como perteneciente a su difunto hermano en lugar de a él, Onán tiene cuidado de no

---

1. La tradición rabínica, identifica a Tamar con la hija de Sem, y por lo tanto *no* como una cananita, ya que estos eran descendientes de Jam, el hermano de Sem.

dejar embarazada a Tamar. Esto es un pecado, y Onán también muere joven. Ahora sería correcto que Shela el tercer hijo de Judá, se casara con Tamar, pero Judá es reacio a permitir que esto suceda, "porque temía que Shela también muriera como sus hermanos" (38:8). En cambio, le dice a Tamar que espere hasta que Shela crezca; pero esto es falso. Judá no tiene la intención de permitir que Shela se case con ella[2].

Operando a lo largo de la historia hay una figura legal que luego se convertiría en parte del judaísmo: *yibum*, levirato, la regla de que un miembro de la familia del esposo muerto debe casarse con su viuda sin hijos "para perpetuar el nombre del hermano muerto para que no sea borrado de Israel" (Deuteronomio 25: 6). De hecho, el versículo 8 usa explícitamente el verbo *y-b-m*. Sin embargo, como señala Najmánides, y esto es decisivo para la historia, la ley pre-mosaica difería de su sucesora mosaica. La ley en Deuteronomio restringe la obligación a los hermanos del esposo fallecido. La ley anterior incluía también a otros miembros de la familia[3].

A medida que pasan los años, Tamar comienza a darse cuenta de que Judá no tiene intención de darle su tercer hijo. Ahora está atrapada como una *aguná*, una "mujer encadenada", inepta de casarse con Shela debido a los temores de Judá, incapaz de casarse con nadie más porque está legalmente ligada a su cuñado. Su difícil situación le preocupa más allá de a ella misma: también significa que no puede tener hijos que mantengan el nombre y la ascendencia de su difunto esposo.

Ella decide un curso de acción audaz. Al enterarse de que Judá va a pasar de camino a la esquila de ovejas, ella se quita su ropa de viuda,

---

2. Rambán, comentario a Génesis 38:8. Alguna forma de esta obligación familiar extendida parece haber sobrevivido incluso después de la entrega de la Torá: se presupone en la historia de Rut (Rut 4:5, 10). Rambán explica que "los antiguos sabios de Israel... lo establecieron como una costumbre [casarse con una viuda sin hijos que es parte de la familia] para ser practicada entre todos aquellos que heredan el legado siempre que no haya prohibición contra el matrimonio".
3. Rambán, comentario a Génesis 38: 8. Alguna forma de esta obligación familiar extendida parece haber sobrevivido incluso después de la entrega de la Torá: se presupone en la historia de Rut (Rut 4:5, 10). Rambán explica que "los antiguos sabios de Israel... lo establecieron como una costumbre [casarse con una viuda sin hijos que es parte de la familia] para ser practicada entre todos aquellos que heredan el legado siempre que no haya prohibición contra el matrimonio".

se pone un velo y se sienta en el cruce de caminos. Judá la ve, no la reconoce y la toma por una prostituta. Negocian. Judá le ofrece un precio, un cabrito del rebaño, pero Tamar insiste en la seguridad, una garantía: su sello, su cordón y su cayado. Judá está de acuerdo y duermen juntos. Al día siguiente, envía a un amigo con el pago, pero no la encuentra y la gente le dice que no hay una prostituta en la zona. Judá se encoge de hombros ante el episodio y dice: "Deja que ella guarde la garantía o seremos el hazmerreír".

Tres meses después, la gente comienza a notar que Tamar está embarazada. Dado que Shela se ha mantenido alejada de ella, solo puede significar que se ha acostado con otro y, por lo tanto, es culpable de adulterio, un crimen capital. Judá ordena "Sacadla y que sea quemada" (38:24). Solo entonces se hace evidente toda la sutileza de la estrategia de Tamar.

> Mientras la sacaban, envió un mensaje a su suegro. "El padre de mi hijo es el hombre a quien pertenecen estas cosas", dijo. "Mira si reconoces de quién son, este sello, el patrón del cordón y el bastón". Judá los identificó y dijo: "Ella es más justa que yo, por cuanto yo no la di *por mujer* a mi hijo Shela" (38:25–26).

Con gran ingenio y audacia, Tamar ha roto el lazo en el que Judá la había puesto. Ella ha cumplido con su deber para con los muertos. Pero no menos importante, ella no hizo pasar vergüenza a Judá. Al enviarle un mensaje codificado -las señales- ella se asegura de que él sepa que él mismo es el padre del niño, pero que nadie más esté al corriente. Por ello, corrió el riesgo enorme de ser condenada a muerte por adulterio.

Su comportamiento se convirtió en modelo. No es sorprendente que los rabinos infirieran de su conducta una enérgica regla moral: "Es mejor que una persona se arroje a un horno de fuego en lugar de avergonzar a su vecino en público"[4]. Esta aguda sensibilidad a la humillación que muestra Tamar impregna gran parte del pensamiento rabínico:

4. *Bava Metzia* 59b.

> Quien avergüenza a su vecino en público, es como si derramara su sangre (*Bava Metzia* 58b).
>
> Quien humilla públicamente a otro, pierde su lugar en el mundo venidero (*Bava Metzia* 59a).
>
> Rabí Tanjumá enseñó: sabe a quién avergüenza, si avergüenzas a tu vecino [avergüenzas de Dios mismo, porque está escrito], "a imagen de Dios, hizo al hombre" (*Génesis Raba* 24:7).
>
> Cuando Rabí Elazar ben Azariá estaba a punto de morir, sus discípulos se sentaron frente a él y le preguntaron: "Maestro nuestro, enséñanos una cosa [fundamental]". Él respondió: "Hijos míos, ¿qué les puedo enseñar? Que cada uno de ustedes sea cuidadoso con la dignidad de los demás" (*Derej Eretz Raba,* 3).

El Talmud incluso incluye en la definición de *onaat devarim,* "avasallamiento verbal que afecta a un ser", recordarle a una persona algo de su pasado que pueda encontrar vergonzoso.

El judaísmo es una religión de palabras. Dios creó el mundo natural con palabras. Creamos, y a veces destruimos, el mundo social con palabras. Ésa es una de las razones por las que el judaísmo tiene tan fuerte ética del habla. La otra razón, sin duda, es su preocupación por proteger la dignidad humana. Las lesiones psicológicas pueden no ser menos dañinas, a menudo incluso más, que las físicas. De ahí la regla: nunca humillar, nunca avergonzar, nunca refugiarse en la excusa de que fueron sólo palabras, que no se hizo daño físico.

Nunca olvidaré un episodio que ocurrió cuando era estudiante rabínico a mediados de la década de 1970, mientras asistía a una conferencia en Suiza. Un grupo de nosotros, estudiantes de la Yeshivá, junto con estudiantes de un seminario rabínico, estábamos rezando juntos, en una de las habitaciones del castillo donde nos habíamos quedado. A los pocos minutos de las oraciones, entró un recién llegado: una mujer rabina reformista, vestida con talit y tefilín. Ella se sentó entre los hombres.

Los estudiantes estaban conmocionados y no sabían qué hacer (entre los judíos ortodoxos, los sexos se separan en la oración y las mujeres normalmente no usan talit y tefilín). ¿Deberían pedirle que se fuera? ¿Deberían irse a otra parte a orar? Se agruparon alrededor del rabino que lideraba el grupo, hoy un Rosh Yeshivá muy respetado en Israel. Levantó la vista, vio la situación, y sin vacilar y con gran solemnidad recitó a los alumnos la ley derivada de Tamar: "Es mejor que alguien se arroje en un horno de fuego que avergüence en público a su vecino". Les dijo a los estudiantes que volvieran a sus asientos y siguieran rezando. Dios no permita que avergüencen a la mujer. El recuerdo de ese momento se ha quedado conmigo desde entonces.

Que aprendamos esta ley de Tamar, una mujer en el margen mismo de la sociedad israelita, que arriesgó su vida en lugar de avergonzar a su suegro nos enseña algo sobre la Torá y la espiritualidad judía. El dolor psicológico es tan grave como el físico. La pérdida de la dignidad es una especie de pérdida de la vida. Quizás no sea una coincidencia que fue este episodio – Judá y Tamar – el que inició un árbol genealógico del que diez generaciones después nació David, el rey más grande de Israel.

Tamar, una viuda sin hijos, imposibilitada de volver a casarse, era una persona sin posición ni poder. ¿Fue esto lo que le dio una visión inusual del hecho de que el dolor psicológico puede ser tan grave como el dolor físico, que la pérdida de la dignidad es una especie de pérdida de la vida? Dice algo acerca de la naturaleza de la espiritualidad judía que la Torá le atribuye esta grandeza moral a ella y no a un miembro directo de la familia del pacto, a uno de los hijos de Jacob, y que los rabinos tomaron su acto como un precedente vinculante para todos nosotros.

Tamar tomó su sentido de la vergüenza y lo usó para sensibilizarse y evitar avergonzar a los demás. ¿Nosotros podemos hacer menos?

Un Relato de Dos Mujeres

Tamar, cuya historia se cuenta en Génesis 38, tiene un parecido asombroso con otra figura del Tanaj: Rut, nuera de Noemí, heroína epónima de uno de los libros más tiernos y sublimes de la Biblia hebrea. Las semejanzas entre sus respectivas historias son muchas y sorprendentes[1]. Estas son algunas de ellas:

Ambas historias comienzan con un descenso, literal o metafórico: un viaje de un entorno judío a uno gentil. En Génesis 38, Judá "descendió de sus hermanos" para vivir entre los cananeos. En el libro de Rut, Elimélej lleva a su esposa e hijos a vivir en Moab. En ambos casos, hay "matrimonios fuera del grupo". Judá se casa con una mujer cananea; los hijos de Elimélej se casan con mujeres moabitas. En ambas historias, dos hijos mueren: los hijos mayores de Judá, Er y Onán, y los hijos de Elimélej, Majlón y Kilyon. Tamar y Rut, las figuras centrales, quedan viudas sin hijos.

1. El *Zohar* hace explícitamente la conexión: "había dos mujeres, Tamar y Rut, de quienes se construyó la línea de descendencia de Judá, y de quienes surgieron el rey David, el rey Salomón y el Mesías. Estas dos mujeres eran similares: después de la muerte de sus primeros maridos, se esforzaron por ganar a sus segundos maridos. Al hacerlo, ambos actuaron correctamente en aras de la bondad hacia los muertos [al tener hijos que perpetuarían su memoria]" (*Zohar* 1:188b).

La perspectiva de la viudez juega un papel central en cada una de sus historias, aunque de diferentes formas. Tamar está condenada a ello, porque solo puede casarse con Shela el hijo restante de Judá, y Judá se lo niega, aparentemente con el argumento de que es demasiado joven, aunque en realidad porque sus dos hijos anteriores murieron después de casarse con Tamar:

> Y Judá dijo a Tamar su nuera: Quédate viuda en casa de tu padre, hasta que crezca Shela mi hijo; porque dijo: No sea que muera él también como sus hermanos. Y se fue Tamar, y estuvo en casa de su padre (38:11).

En el caso de Rut, es lo opuesto. Precisamente porque su suegra Noemí se encuentra viuda y sin hijos, insta a sus nueras a que no sufran la misma suerte, ya que pueden evitarlo permaneciendo en Moab:

> Y Noemí respondió: "Volveos, hijas mías; ¿para qué habéis de ir conmigo? ¿Tengo yo más hijos en el vientre, que puedan ser vuestros maridos? Volveos, hijas mías, e idos; porque yo ya soy vieja para tener marido. Y aunque dijese: Esperanza tengo, y esta noche estuviese con marido, y aun diese a luz hijos, ¿habíais vosotras de esperarlos hasta que fuesen grandes? ¿Habíais de quedaros sin casar por amor a ellos? No, hijas mías" (Rut 1:11–13).

Tamar es, pues, una viuda involuntaria, una *aguná*; Rut es viuda voluntariamente. Pero ambos son vulnerables, sin marido ni hijos que las mantengan o les den, por así decirlo, un lugar, dentro de una sociedad todavía tribal y familiar. Ambos eran forasteras en otro sentido también. Rut era moabita. Los moabitas fueron enemigos de Israel durante mucho tiempo. En cuanto a Tamar, notamos en el estudio anterior una tradición rabínica de que descendía de Sem, hijo de Noé. Sin embargo, la ausencia de genealogía en el texto, y el hecho de que su aparición en la historia ocurre inmediatamente después de que supimos que Judá había dejado a sus hermanos y se había casado con una mujer cananea, sugiere que debemos asumir que ella también era una "forastera", en cierto sentido no pertenecía a la familia del pacto (Filón dice que era hija de idólatras).

Ambas mujeres fueron impulsadas por un tipo específico de lealtad: la lealtad que motiva la ley bíblica del *yibum*, el levirato. La Torá dice acerca de la viuda sin hijos que se casa con su cuñado y luego tiene un hijo, "el primer hijo que dé a luz será contado al hermano muerto, para que su nombre no sea borrado en Israel" (Deuteronomio 25:6). Asimismo, el libro de Rut explica, en el contexto de su matrimonio con Boaz, "el nombre del difunto no desaparecerá de entre sus parientes" (Rut 4:10). Ambas, en otras palabras, se mantienen leales a sus esposos fallecidos en la búsqueda de tener un hijo que lleve su nombre. Cada una también muestra lealtad a sus suegros, Rut al negarse a separarse de Noemí, Tamar al asegurarse de que no avergonzará a su suegro Judá.

En el punto crítico de la narración, cada uno tiene un comportamiento audaz. Tamar se disfraza de prostituta. Rut espera hasta que Boaz se duerma, luego:

> Y cuando Boaz hubo comido y bebido, y su corazón estuvo contento, se retiró a dormir a un lado del montón. Entonces ella vino calladamente, y le descubrió los pies y se acostó. Y aconteció que a la medianoche se estremeció aquel hombre, y se volvió; y he aquí, una mujer estaba acostada a sus pies. Entonces él dijo: ¿Quién eres? Y ella respondió: Yo soy Rut tu sierva; extiende el borde de tu capa sobre tu sierva, por cuanto eres pariente cercano redentor (Rut 3:7–9).

Noemí había sugerido un enfoque diferente. Le dijo a Rut que descubriera los pies de Boaz; "Entonces te dirá lo que tienes que hacer" (3:4). Noemí supuso que era Boaz quien tomaría la iniciativa. En cambio, al decir "extiende la esquina de tu manto sobre mí", Rut estaba iniciando la propuesta, diciéndole a Boaz que era su deber casarse con ella (en Ezequiel 16:8, Dios dice acerca del pueblo de Israel, "Y pasé yo otra vez junto a ti, y te miré, y he aquí que tu tiempo era tiempo de amores; y extendí mi manto sobre ti, y cubrí tu desnudez; y te di juramento y entré en pacto contigo, y fuiste mía" (El gesto fue, pues, una propuesta de matrimonio). En otras palabras, en ambos casos, Tamar y Rut fuerzan osadamente el ritmo de los acontecimientos.

En ambas historias, está involucrada una forma extendida de levirato, y en ambos casos, el hombre que se convierte en el padre del niño o los niños. En ambos casos, Judá y Boaz, no son los más cercanos en la línea familiar. Para Tamar, lo era Shela, el tercer hijo de Judá; para Rut era el anónimo *Ploní-Almoní* (esta expresión ha llegado a significar, en hebreo "Sr. Fulano de Tal" o "Sr. ¿Cuál es-su-nombre?").

Finalmente, en ambos casos, los hombres rinden homenaje a las virtudes ejemplares de las mujeres. Judá dice de Tamar: "Ella ha sido más justa que yo" (Génesis 38:26). Boaz dice de Rut:

> Y respondiendo Boaz, le dijo: He sabido todo lo que has hecho con tu suegra después de la muerte de tu marido, y que dejando a tu padre y a tu madre y la tierra donde naciste, has venido a un pueblo que no conociste antes. El Señor recompense tu obra, y tu remuneración sea cumplida de parte del Señor Dios de Israel, bajo cuyas alas has venido a refugiarte (Rut 2:11–12).

Y más adelante: "esta bondad es mayor que la que mostraste antes: no has corrido detrás de los jóvenes, sean ricos o pobres" (3:10).

Estas similitudes son demasiado pronunciadas para ser accidentales, y el libro de Rut mismo, en sus líneas finales, es el que proporciona la conexión. Cuando los ancianos dan permiso a Boaz para comprar el campo de Noemí y casarse con Rut, pronuncian esta bendición:

> "Que el Señor haga a la mujer que está entrando en tu casa como Raquel y Lea, que juntas edificaron la casa de Israel… Que tu familia sea como la de Péretz, el *que le dio a luz Tamar a Judá*" (4:11–12).

Luego sigue una genealogía que enumera las diez generaciones desde Péretz hasta el rey David: el comienzo del árbol genealógico de David, es Péretz, el hijo nacido de Judá y Tamar. La séptima generación Oved, el hijo nacido de Rut y Boaz. El árbol genealógico del futuro gran rey de Israel incluye tanto a Tamar como a Rut, dos mujeres cuya virtud y lealtad, bondad y discreción sin duda contribuyeron a la grandeza de David.

Encuentro excepcionalmente conmovedor que la Biblia haya dado estos heroicos roles a dos figuras ubicadas en los márgenes extremos de la sociedad israelita: mujeres, viudas sin hijos, extranjeras. Tamar y Rut, desprovistas de poder excepto por su coraje moral, escribieron sus nombres en la historia judía como modelos a seguir que dieron a luz a la realeza, para recordarnos, en caso de que lo olvidemos, que la verdadera realeza reside en el amor y la fidelidad, y que la grandeza, a menudo, existe donde menos la esperamos.

Miketz
מקץ

Miketz está dominado por dos de los grandes encuentros en la Torá. El primero es el trastrocamiento de la suerte de Josef. Olvidado y abandonado en la cárcel, lo sacan para interpretar los sueños del Faraón, lo que hace con facilidad. Habiendo dicho al Faraón que los sueños presagian una eventual sequía y hambruna, articula luego una solución al problema. El Faraón, impresionado, nombra a Josef para un alto cargo en Egipto, solo superado por él Faraón mismo.

El segundo ocurre cuando los hermanos de Josef, impulsados por la hambruna en Canaán, van a Egipto a comprar comida. Se presentan delante de Josef, pero no lo reconocen como su hermano, aunque él los reconoce a ellos. Josef, sin revelar su identidad, pone en marcha un escenario complejo, diseñado para poner a prueba a sus hermanos, que alcanzará un clímax en la próxima *parashá*.

Los dos primeros de los siguientes estudios analizan la sutil interacción entre la elección humana y la intervención divina, trazada de manera más delicada y profunda en la historia de Josef que en cualquier otro lugar de Tanaj. El tercero explora los temas de particularidad y universalidad en el judaísmo, como se ejemplifican en la conversación entre Faraón y Josef. El cuarto sitúa el encuentro entre Josef y sus hermanos en el contexto de otras tres narrativas de reconocimiento y no reconocimiento en Génesis. Este resulta ser uno de los temas principales de Génesis: apariencia y realidad en la interacción humana, la diferencia entre quiénes parecemos ser y quiénes somos.

Estas tres tensiones (libre albedrío versus providencia, particular vs. universal y apariencia vs. realidad) se encuentran en el corazón del judaísmo, y alcanzan su máxima exposición en la historia de Josef.

El Hombre Propone, Dios Dispone

Hoy en día pensamos en Génesis como en un libro, algo que leemos a nuestro propio ritmo, posiblemente en una sola sesión. Sin embargo, escuchar la Torá en la sinagoga es un tipo de experiencia diferente e implica una relación diferente con el texto. Allí, la lectura es pública, no privada. Las palabras se cantan, no se dicen. Nos encontramos con el texto a través del oído que escucha más que a través del ojo que ve. Y lo hacemos sección por sección (cada una llamada *parashá*), en entregas semanales. El Génesis está dividido en doce de esas secciones. El punto en el que la costumbre judía pone la interrupción es a veces significativo y contribuye a nuestra comprensión del texto.

Rara vez es una interrupción más sutil y sugerente que la que existe entre *Vayeshev* y *Miketz*. *Vayeshev* termina con la apuesta de Josef por la libertad. Habiendo interpretado correctamente el sueño del jefe de los coperos – que en tres días sería restaurado a su cargo – Josef le suplica:

> "Sólo le pido que se acuerde de mí cuando le vaya bien, y le ruego que me haga el favor de hacer mención de mí a Faraón, y me saque de esta casa. Porque la verdad es que yo fui secuestrado de la tierra de los hebreos, y aun aquí no he hecho nada para que me pusieran en el calabozo" (40:14–15).

El jefe de los coperos no lo hace. La última línea de *Vayeshev* subraya el punto repitiéndolo: "Sin embargo, el jefe de los coperos no se acordó de Josef; se olvidó de él ". Con esa nota desalentadora, termina *Vayeshev*, y en los días previos a la imprenta y la disponibilidad generalizada de libros, aquellos que no conocían la historia tenían que esperar una semana completa antes de descubrir qué sucedería a continuación. La pausa se calcula para maximizar el suspenso.

Las palabras de apertura de *Miketz* son: "Al final de dos años completos". Resulta ahora que nuestro suspenso, refleja el de Josef. Hemos esperado una semana; Josef tuvo que esperar dos años, su esperanza de ser liberado aparentemente se desvaneció. Entonces sucede algo que despierta la memoria del copero principal. Sueños del Faraón. Intuitivamente siente que los sueños son significativos y pregunta a sus *jartumim* (magos, intérpretes de misterios) qué significan. Sus explicaciones no lo satisfacen. Sólo entonces el copero recuerda a Josef, quien había interpretado con tanta precisión su propio sueño dos años antes.

Entonces, Josef es sacado de la cárcel, lavado, vestido y llevado ante Faraón. Interpreta los sueños, propone una solución al problema que predicen: siete años de hambruna, después de siete años de abundancia, y es nombrado virrey de Egipto, segundo en autoridad después del mismo Faraón. Se acaba la oscuridad de la última *parashá*, y de la tragedia y avanzamos hacia un final de cuento de hadas.

Pero la impresión inicial de esta *parashá* no es la feliz conclusión, sino la demora: "Al cabo de dos años completos". Josef buscó su libertad y la obtuvo, pero no la obtuvo porque la buscó. El jefe de los coperos olvidó. Josef tuvo que esperar algo más que los sueños del Faraón. Hubo una ruptura entre causa y efecto, una interrupción enfatizada experimentalmente por la división de la *parashá*, que nos obliga a revivir, por así decirlo, algo de la sensación de decepción de Josef, del paso del tiempo, del lento desvanecimiento de la esperanza. Esto, resulta, que es más que un simple recurso estilístico, una forma de mantener el suspenso. Hay algo más sustantivo en juego, un mensaje codificado que debemos descifrar si queremos comprender la total profundidad de la historia.

La razón es que esta no es la primera vez que la Torá usa tal recurso en la narrativa de Josef. Varios capítulos antes hay un pasaje extremadamente enigmático en el punto en el que los hermanos deciden vender a Josef como esclavo:

> Después se sentaron a comer, y alzando los ojos miraron, y he aquí que una caravana de ismaelitas venía de Galaad con sus camellos cargados de perfumes, bálsamo y mirra para llevarlos a Egipto. Entonces Judá dijo a sus hermanos: – ¿Qué provecho hay en matar a nuestro hermano y en encubrir su sangre? Vengan, vendámoslo a los ismaelitas. No pongamos nuestra mano sobre él, porque es nuestro hermano, nuestra carne. Sus hermanos estuvieron de acuerdo con él. Y cuando pasaban los mercaderes madianitas, sacaron a Josef, subiéndolo de la cisterna, y lo vendieron a los ismaelitas por doscientos veinte gramos de plata. Estos se llevaron a Josef a Egipto (37:25–28).

Es un episodio confuso. ¿*Quién* sacó a Josef del pozo? ¿Quién lo vendió a los ismaelitas? ¿Fueron los hermanos o los madianitas? El sujeto "ellos", es ambiguo.

Los comentaristas ofrecieron muchas interpretaciones. La más simple de estas es la da Rashbam, quien lo lee de la siguiente manera: los hermanos, habiendo arrojado a Josef al pozo, se sentaron a comer a cierta distancia. Rubén se escabulló para rescatar a Josef, pero encontró el pozo vacío y gritó: "¡El niño no está! Y yo, ¿a dónde puedo ir?" Rashbam señala que los hermanos no lo calmaron diciéndole que habían vendido a Josef. Parecen tan sorprendidos como él. De ello se deduce que los hermanos, habiendo visto a los ismaelitas a la distancia, decidieron venderles a Josef, pero antes de que tuvieran la oportunidad de hacerlo, un segundo grupo de viajeros, los madianitas, oyeron los gritos de Josef, vieron la posibilidad de venderlo a los ismaelitas, y así lo hicieron.

En otras palabras, los hermanos tenían la intención de vender a Josef, y Josef fue vendido, pero *no por los hermanos*. Ellos deseaban hacerlo, y fue entregado, pero no por ellos.

Eso es precisamente lo que sucedió en el caso de la jugada de Josef por la libertad. Él procuró ser liberado de la prisión, y fue liberado de la prisión, *pero no de la manera que había planeado*. Tuvieron que pasar dos años. Algún evento adicional inesperado – los sueños del faraón – tuvo que suceder. Hay una ruptura entre causa y efecto, entre intención y resultado. El paralelo preciso entre estos dos pasajes – la venta de Josef, y la liberación de la prisión – están demasiado marcados para ser accidentales. La Torá está señalando algo al lector atento.

Nos está hablando de la naturaleza de la providencia divina. En ambos episodios, entre la intención y el resultado, hubo una intervención: en el primer caso, la aparición de los madianitas, en el segundo, los sueños del faraón. La Torá nos está dando un raro atisbo al funcionamiento de la providencia en la vida de las personas. Nada en la historia de Josef sucede por casualidad, y donde un evento parece más al azar, es donde la intervención divina es más evidente en retrospectiva.

La historia de Josef está escrita para ser leída en dos niveles. En la superficie, es una historia sobre los seres humanos y sus relaciones. No es una historia feliz. Los hermanos están dispuestos a vender a su propia carne y sangre como esclavos. El copero principal, liberado de la prisión, olvida inmediatamente a su compañero de prisión y no intercede en su favor. La gente traiciona a la gente. Los sueños son meros sueños. Las esperanzas están destinadas a estrellarse contra las rocas de la realidad. Ese es el punto en el que termina *Vayeshev*.

Pero a medida que se desarrollan los acontecimientos en *Miketz*, nos damos cuenta de que, en un nivel más profundo, alguna otra fuerza ha estado trabajando todo el tiempo. Dios ha estado monitoreando toda la secuencia de eventos, organizando las intervenciones estratégicas necesarias para asegurar que el resultado sea el planeado. Esto no es obvio, como lo es, por ejemplo, en la historia del Éxodo. Allí se manifiesta la mano de Dios, en forma de plagas y de la partición del mar. Aquí está oculto. Se necesita reflexión y la capacidad de leer debajo de la superficie para sentirlo. La historia de Josef es más que una historia sobre Josef. Es una historia sobre cada uno de nosotros y el sutil entretejido de una aparente casualidad y un destino divinamente escrito.

Somos, en el mejor de los casos, coautores de nuestras vidas. Sin darse cuenta en ese momento, el mismo acto que hicieron los hermanos para *evitar* que los sueños de Josef se hicieran realidad fue el primer paso para que se hicieran realidad. En cuanto a Josef, sin que él lo supiera, su vida era parte de una historia más amplia, la revelada por Dios a Abraham generaciones antes cuando le dijo que sus hijos sufrirían la esclavitud en una tierra que no era la suya.

A veces, también nosotros vislumbramos el funcionamiento del destino en nuestras vidas. Muchas mis oraciones han sido respondidas, pero nunca cuando lo esperaba, ni de la manera que imaginaba. En muchos casos, la respuesta llegó después de haber perdido la esperanza. La Providencia existe. En palabras de Shakespeare, "*Hay* una *divinidad* que forja *nuestros fines*, por mucho que *queramos* alterarlos"[1]. Pero hay una pausa, una intervención, una ruptura en la secuencia de causa y efecto, que dice: las cosas no suceden simplemente porque los deseamos, sino porque son parte del esquema más amplio de las cosas. Lo que Josef descubrió en la pausa entre los dos *parashot* es que, además de iniciativa y emprendimiento, también necesitamos paciencia, humildad y confianza. Si nuestras oraciones son legítimas, Dios las responderá, pero no necesariamente cuándo o cómo pensamos que lo hará. Ese es el significado de *Miketz*: "Al final de dos años completos". Debemos hacer nuestra parte; Dios hará la suya. Entre ellos, hay una brecha, no solo en el tiempo, sino en la conciencia. Aprendemos que no somos los únicos dueños de nuestro destino. A veces es solo después de muchos años que, mirando hacia atrás, vemos el patrón en nuestra vida y entendemos cómo la Providencia ha moldeado nuestro destino. *Miketz* es el espacio que hacemos en nuestra mente para las cosas que no están bajo nuestro control. El nombre de ese espacio es fe.

1. *Hamlet*, acto V, escena 2, 10–11.

Entre Libertad y Providencia

En uno de las grandes inversiones de papeles en el Tanaj, Josef, a quien vimos al final de *Vayeshev,* languideciendo en prisión, se convierte, en *Miketz,* en un gobernante de Egipto, solo superado por Faraón. Sucede con asombrosa velocidad. Faraón tiene dos sueños inquietantes. Ninguna de las interpretaciones ofrecidas por sus magos lo satisface. El copero principal de Faraón recuerda a Josef, su antiguo compañero de prisión, que tiene un don extraordinario para descifrar sueños. Apresuradamente, sacan a Josef de la cárcel, le dan un lavado, le cambian de ropa y lo llevan ante el gobernante.

No solo interpreta los sueños, sino que se convierte, de hecho, en el primer economista del mundo que inventa la teoría de los ciclos comerciales: los sueños presagian siete años de abundancia seguidos de siete de escasez. Habiendo diagnosticado el problema, Josef procede inmediatamente a resolverlo: almacena el excedente de grano en los años de abundancia, luego usa estas reservas en los años de hambruna. Faraón lo invita a implementar la estrategia, dándole el control de la economía egipcia. Josef pasa de prisionero a primer ministro en un salto sin esfuerzo.

Tan fascinante es la historia, y se mueve a un ritmo tan rápido, que tendemos a perder un detalle muy significativo. Faraón no tiene un sueño, sino dos: uno sobre vacas y el otro sobre espigas. Josef explica que son, sustancialmente, el mismo sueño, transmitiendo el mismo mensaje a través de diferentes imágenes. La razón por la que el Faraón ha tenido dos sueños, no uno, es porque un sueño doble significa "que la cosa es firme de parte de Dios, y que Dios se apresura a hacerla" (41:32).

En el contexto inmediato, esta es solo otra información sobre Egipto y su futuro. Sin embargo, examinado dentro del contexto completo de la historia de vida de Josef, cambia por completo nuestra comprensión de los eventos. Porque no fue solo Faraón quien tuvo dos sueños con una estructura similar. Josef también los tuvo. Al principio de la historia, soñó, una vez con gavillas de trigo inclinadas ante su gavilla, y luego con el sol, la luna y las estrellas inclinándose ante él.

En esa etapa, no teníamos idea de lo que significaban los sueños. ¿Fueron una profecía, o el fruto de la imaginación febril de un niño demasiado complacido y exageradamente ambicioso? La tensión de la narrativa de Josef depende de esta ambigüedad. Solo ahora, capítulos y años después se nos da la información vital: un sueño, repetido en diferentes imágenes, no es solo un sueño. Es un mensaje enviado por Dios sobre un futuro que pronto se consumará.

Hay varias razones posibles por las que no recibimos esta información antes. Puede ser que fue sólo más tarde que Dios se la reveló a Josef. O quizás Josef llegaba a vislumbrarla sólo ahora. O puede ser simplemente un recurso literario para crear y mantener la tensión en la trama que se desarrolla. Sin embargo, también es posible que señale algo mucho más profundo sobre la condición humana vista a través de los ojos de la fe.

Solo en retrospectiva comprendemos la historia de nuestra vida. Los eventos posteriores explican los anteriores. Al principio, ni Josef ni sus hermanos sabían que sus sueños eran una forma de profecía, que de hecho estaba destinado a la grandeza y que cada desgracia que sufriera influiría en la realización de los sueños. En la primera lectura, la historia de Josef se observa como una serie de sucesos aleatorios. Solo más tarde, mirando hacia atrás, vemos que cada evento fue parte de un plan preciso y providencial para llevar a un joven de una familia de pastores nómadas a convertirse en virrey de Egipto.

Esta es una verdad no solo sobre Josef, sino también sobre nosotros. Vivimos nuestras vidas en equilibrio entre un pasado conocido y un futuro ignorado. El presente, en el que tomamos nuestras decisiones, los vincula. Resolvemos entre alternativas. Hay varios caminos divergentes delante de nosotros y depende de nosotros cuál sigamos. Nuestra vida adquiere carácter de una historia solo mirando hacia atrás. Nos damos cuenta qué decisiones fueron fatídicas y cuáles irrelevantes únicamente muchos años después. Las cosas, que en ese momento parecían pequeñas, resultan decisivas. Cuestiones que alguna vez parecieron importantes, al evocarlas, demuestran haber sido triviales. Vista desde la perspectiva del presente, una vida puede parecer una secuencia aleatoria de eventos desconectados. Con el paso del tiempo podemos mirar hacia atrás y ver la ruta que hemos tomado, y los desvíos correctos e incorrectos en el camino.

El novelista Dan Jacobson pone este pensamiento en la mente del narrador de su novela *Las Confesiones de Josef Baisz*:

> Contada de una manera, mirando hacia adelante por así decirlo, y pasando de un evento a otro, mi historia puede parecer una mera secuencia, sin diseño ni propósito. Dicho de otra manera, mirando hacia atrás, se puede hacer que parezca una trama, un plan, un desarrollo astutamente involucionado que conduce a una conclusión necesaria. Siendo tanto narrador como sujeto, ¿cómo voy a saber en qué dirección mirar?[1]

Ya sea en la literatura o en la vida, existe una conexión intrínseca entre tiempo y significado. La misma serie de hechos que antes parecían una mera casualidad se convierte, en retrospectiva, en el desarrollo de un guion.

Esta intuición nos permite resolver una de las grandes paradojas de la vida religiosa: la aparente contradicción entre la providencia divina y el libre albedrío humano. Como dijo Rabí Akiva en su famoso: "Todo está previsto pero la libertad nos fue dada[2]".

---

1. Dan Jacobson, *The Confessions of Josef Baisz* (Londres: Secker y Warburg, 1977), 80.
2. Mishná, *Avot* 3:15.

A primera vista, estas dos proposiciones no pueden ser ambas verdaderas. Si Dios sabe de antemano que vamos a hacer X, entonces no somos libres de no hacerlo. Si, por otro lado, somos genuinamente libres, entonces nadie puede saber qué elegiremos antes de elegirlo.

La aparente paradoja surge debido a la naturaleza del tiempo. Vivimos en el tiempo. Dios vive más allá del tiempo. Las diferentes perspectivas temporales dan lugar a niveles de conocimiento disímiles. Una analogía: imagina ir a ver un partido de fútbol. Mientras el partido está en curso, estás al borde de tu asiento. No sabes, nadie lo sabe, qué va a pasar a continuación. Ahora imagina ver una grabación del mismo partido en la televisión más tarde esa noche. Sabes exactamente lo que va a pasar a continuación.

Ese conocimiento no significa que los jugadores hayan perdido su libertad de forma retroactiva. Todo lo que significa es que ahora estás viendo el partido desde una perspectiva temporal diferente. Cuando estabas en el estadio, lo veías en el presente. En la televisión, lo estás viendo como un evento en el pasado.

Lo mismo ocurre con la vida misma. Como la vivimos día a día, elegimos en el presente lo que dará forma a lo que es para nosotros un futuro desconocido e indeterminado. Solo mirando hacia atrás somos capaces de ver las consecuencias de nuestras acciones y darnos cuenta de su papel en el desenvolvimiento de nuestra autobiografía. Es entonces, en retrospectiva, que comenzamos a ver cómo la providencia ha guiado nuestros pasos, llevándonos a donde Dios necesita que estemos. Ese es uno de los significados de la frase que Dios le dijo a Moisés "Después apartaré mi mano, y verás mis espaldas; mas no se verá mi rostro" (Éxodo 33:23). Solo mirando hacia atrás vemos la providencia de Dios entretejida con nuestra vida, nunca mirando hacia adelante ("mas no se verá mi rostro").

Cuán sutil y hábilmente se expresa este punto en la historia de Josef, el ejemplo supremo de una vida en la que la acción humana y la intervención divina están inextricablemente entrelazadas. Todo está allí, en el versículo sobre el doble sueño de Faraón. Al retrasar esta información hasta este punto de la vida de Josef, la Torá nos muestra cómo un evento posterior puede obligarnos a reinterpretar uno anterior, enseñándonos la diferencia entre dos perspectivas de tiempo: la presente y la comprensión que solo la retrospectiva, puede aportar a la realidad pasada. No lo hace exponiendo complejas proposiciones filosóficas, sino mediante el arte de contar historias, una forma mucho más simple y poderosa de transmitir una difícil verdad.

Estas dos perspectivas temporales están incorporadas, en el judaísmo, en dos literaturas diferentes. A través de la *halajá,* aprendemos a tomar decisiones en el presente. A través de *agadá,* nos esforzamos por comprender el pasado. Juntas, estas dos formas de pensar constituyen los hemisferios gemelos del cerebro judío. Somos libres. Pero también somos personajes de un drama con guion divino. Elegimos, pero también somos elegidos. La imaginación judía vive en la tensión entre estos dos marcos de referencia: entre la libertad y la providencia, entre nuestras decisiones y el plan de Dios.

Lo Universal y lo Particular

La historia de Josef es una de esas narraciones relativamente raras en el Tanaj en las que un judío (israelita/hebreo) llega a desempeñar un papel destacado en una sociedad gentil; las otras son, sobre todo, los libros de Ester y Daniel. En cierto sentido, es un preludio obvio del cambio de suerte con el que comienza el libro del Éxodo. Un nuevo faraón, que "no conocía a Josef" (Éxodo 1:6), sube al trono, y el agradable interludio de la vida en Egipto se convierte en la pesadilla de la esclavitud y la opresión. La vida en el exilio, nos advierte la Torá, puede comenzar cándidamente, pero a la larga es peligrosa en extremo.

Hay un tema secundario cuyos ecos continúan reverberando hoy. ¿Puede la identidad judía sobrevivir fuera de Israel? Específicamente, ¿puede subsistir a la libertad y a la igualdad? La ironía es que, en condiciones de pobreza y persecución, los judíos tienden a seguir siendo judíos. Sólo cuando son ricos y están integrados, se asimilan en gran número y abandonan su identidad. Vemos esto en la historia de Josef cuando, habiendo sido nombrado segundo al mando en Egipto, nombra a su primogénito Menashé, diciendo: "Dios me hizo olvidar [*nashé*] todo mi trabajo, y toda la casa de mi padre" (41:51). El héroe perdurable de la familia patriarcal es Judá (cuyo nombre llevamos como *Yehudim*, "judíos"), no Josef, el hombre de doble identidad[1]. Los descendientes de Judá sobreviven al exilio babilónico; Josef desaparece cuando el Reino del Norte es conquistado por los asirios.

Sin embargo, quiero explorar aquí un tercer tema, no menos fundamental para el judaísmo y la identidad judía a lo largo de los siglos. ¿Qué es particular y qué es universal en la vida religiosa? El judaísmo ocupa una posición única en la historia de la fe. Por un lado, creemos que el Dios de Abraham es el Dios de todos. Todos, judíos y no judíos por igual, estamos hechos a imagen y semejanza de Dios. Por otro lado, la religión de Abraham no es la religión de todos. Nació en el pacto específico que Dios hizo con Abraham y sus descendientes. Decimos acerca de Dios en nuestras oraciones que "nos escogió de entre todos los pueblos". Por lo tanto, cuando Josef un miembro de la familia de Abraham, se encuentra con un gobernante de una civilización muy diferente, el faraón rey de Egipto, ¿qué conceptos comparten y qué permanece ininteligible?

La Torá presenta este tema con destreza y discreción. Cuando traen a Josef de la cárcel para interpretar los sueños del faraón, ambos hombres se refieren a Dios. La palabra *Elokim*, Dios, aparece tres veces en Génesis 41. La primera es cuando Josef rechaza explícitamente cualquier habilidad personal para interpretar sueños:

> "No puedo hacerlo", respondió Josef, "No está en mí; Dios [*Elokim*] será el que dé respuesta propicia a Faraón" (41:16).

La segunda y la tercera son pronunciadas por el mismo Faraón, después de que Josef interpretó los sueños, planteó el problema (siete años de hambre), proporcionó la solución (almacenar grano en los años de abundancia) y le aconsejó que nombrara un hombre prudente y sabio" (41:33) para supervisar el proyecto.

---

1. Sobre esto, ver Aaron Wildavsky, *Assimilation versus Separation: Josef the Administrator and the Politics of Religion in Biblical Israel* (Nueva Jersey: Transaction Publications, 2001).

> El plan le pareció bueno a Faraón y a todos sus funcionarios. Entonces Faraón les preguntó: "¿Podemos encontrar a alguien como este hombre, en quien está el espíritu de Dios [*Elokim*]?" entonces Faraón le dijo a Josef: "Ya que Dios [*Elokim*] te ha dado a conocer todo esto, no hay entendido ni sabio como tú. Tú estarás a cargo de mi palacio..." (41:37–39).

A primera vista, esto es sorprendente. El Egipto faraónico no era una cultura monoteísta. Al contrario, era un lugar de muchos dioses y diosas: el sol, el Nilo, etc. Sin duda, hubo un breve período bajo Akenatón (Amenofis IV), cuando la religión oficial fue reformada hacia la monolatría (adoración de un dios sin discutir la existencia de otros). Sin embargo, esto duró poco, y ciertamente no en la época de Josef. Toda la descripción bíblica de Egipto se basa en su creencia en muchos dioses, contra los cuales Dios "ejecutó juicio" en los días de Moisés y las plagas. Entonces, ¿por qué Josef da por sentado que Faraón entenderá su referencia a Dios, una suposición que resultó correcta cuando Faraón usó la palabra dos veces? ¿Cuál es el significado de la palabra *Elokim*?

Como hemos señalado en otra parte de estos estudios[2], el Tanaj en general y la Torá específicamente tienen dos formas principales de referirse a Dios, el nombre de cuatro letras al que aludimos como *Hashem* ("el nombre" por excelencia) y la palabra *Elokim*.

Los sabios entendieron la diferencia en términos de la distinción entre Dios-como-justicia (*Elokim*) y Dios-como-misericordia (*Hashem*). Sin embargo, el filósofo-poeta del siglo XI, Yehudá Haleví, propuso una distinción bastante diferente, basada en modos de relación[3] y no en atributos éticos, una visión revivida en el siglo XX por Martin Buber en su distinción entre *yo-tú*, y *yo*-ello. La opinión de Haleví era la siguiente: los antiguos adoraban las fuerzas de la naturaleza, que personificaban como dioses. Cada uno era conocido como *El* o *Eloha*. Por lo tanto, la palabra "*El*" significa genéricamente "una fuerza, un poder, un elemento de la naturaleza".

---

2. Consulte "*Vestiduras de Luz*", págs. 33–40.
3. Yehudá Haleví, *Cuzarí*, libro IV, párrafo 1.

La diferencia fundamental entre esos sistemas de creencias y el judaísmo consistía en que el judaísmo creía que las fuerzas de la naturaleza no eran independientes y autónomas. Representaban una sola totalidad, una voluntad creadora, el Autor del ser. Por tanto, la Torá habla de *Elokim* en plural, es decir, "la suma de todas las fuerzas, la totalidad de todos los poderes". *Elokim* es un sustantivo abstracto que significa "todo lo que existe, y cada causa que da forma a sus interacciones, bajo el aspecto de la única fuerza creativa que las creó". Pasando del mundo antiguo al contemporáneo, podríamos decir que *Elokim* es Dios tal como lo revela la ciencia: el Big Bang, las diversas fuerzas que dan su configuración al universo y el código genético que da forma a la vida desde la bacteria más simple hasta el Homo Sapiens.

Hashem es una palabra de una forma lógica diferente. Es, según Haleví, el nombre propio de Dios. Así como "el primer patriarca" (una descripción genérica) se llamaba Abraham (un nombre), y "el líder que sacó a los israelitas de Egipto" (otra descripción) se llamaba Moisés, así "el Autor del ser" (*Elokim*) tiene un nombre propio, *Hashem*.

La diferencia entre nombres propios y descripciones genéricas es fundamental. Las *cosas* tienen descripciones, pero solo las *personas* tienen nombres propios. Cuando llamamos a alguien por su nombre, estamos inmersos en un encuentro existencial fundamental. Nos relacionamos con ellos en su singularidad y la nuestra. Nos abrimos a ellos y los invitamos, con prontitud y respeto, a abrirse a nosotros. Estamos, en la famosa distinción de Kant, considerándolos como *fines,* no como *medios,* como centros de valor en sí mismos, no como herramientas potenciales para la satisfacción de nuestros deseos. La palabra *Hashem* representa una revolución en la vida religiosa de la humanidad. Significa que nos relacionamos con la totalidad del ser, no como lo hace un científico (viéndolo como algo que debe ser comprendido y controlado), sino como lo hace un poeta (parado ante él con reverencia y asombro, dirigiéndose y siendo abordado por él).

Elokim es Dios cuando lo encontramos en la naturaleza. *Hashem* es Dios cuando lo encontramos en las relaciones personales, sobre todo en ese modo de relación esencialmente humano que llamamos habla, comunicación verbal, conversación, diálogo, palabras. *Elokim* es el aspecto de Dios que se encuentra en la creación. *Hashem* es el aspecto de Dios manifiesto en la revelación.

De ahí la tensión entre lo universal y lo particular, dentro del judaísmo. Dios, tal como Lo encontramos en la creación, es universal; Dios, tal como Lo escuchamos en la revelación, es particular. Esto se refleja en la forma en que se desarrolla la narrativa del Génesis. Comienza con personajes y eventos cuya importancia es porque son arquetipos universales: Adán y Eva, Caín y Abel, Noé y el Diluvio, los constructores de Babel. Sus historias nos hablan de la condición humana como tal: obediencia y rebelión, fe y fratricidio, arrogancia y némesis, tecnología y violencia, el orden que Dios hace y el caos que creamos. No es sino hasta el capítulo doce del Génesis que la Torá se dirige a lo particular, a una familia, la de Abraham y Sara, y el pacto que Dios establece con ellos y sus descendientes.

Esa dualidad y su secuencia, de lo universal a lo particular, no es marginal al judaísmo. Casi podría llamarse la estructura básica, la gramática profunda, de la mente judía. Dos ejemplos ilustrarán este punto.

El primero es *birkat hamazón*, "la bendición de agradecimiento después de las comidas". Comienza con una bendición que es completamente universal. Hablamos de Dios que "alimenta con gracia al mundo entero", que "da alimento a todas las criaturas" y que "alimenta y sostiene a todos". La segunda bendición está saturada de singularidad. Habla de las cosas que son específicas al judaísmo y al pueblo judío: la "*tierra*" (Israel) que nos ha dado como herencia; la historia de nuestros antepasados ("por habernos sacado... de la tierra de Egipto y librado de la casa de servidumbre"); *el pacto* (brit) que Él ha "sellado en nuestro carne" y "Tu *Torá* que nos has enseñado". Estos no son universales. Son los que diferencian a los judíos y al judaísmo.

El segundo ejemplo son las bendiciones que decimos antes del *Shemá*, mañana y tarde. En ambos casos, la primera bendición es universal. Habla de la naturaleza y el cosmos, la luz y la oscuridad, y el ciclo del tiempo a medida que pasa del día a la noche o de la noche al día. No hay nada aquí sobre los judíos y el judaísmo, Israel y su pacto con Dios. La segunda bendición, sin embargo, tiene que ver con la relación especial entre Dios e Israel. En una poesía exquisita, habla del amor de Dios por este pueblo y de la expresión de ese amor en la Torá que nos ha dado. Aquí la oración se eleva a alturas a la vez poéticas y apasionadas. Este es el lenguaje supremo del Yo-Tú.

La dualidad tiene expresión teológico-legal en la forma de dos pactos, el primero con Noé y toda la humanidad después del diluvio, el segundo con Abraham y sus descendientes, dado con una detallada articulación en el Monte Sinaí y durante los años del desierto. Por un lado, está el pacto de Noé con sus siete mandatos: no asesinar, no robar, no cometer adulterio, no blasfemar, no adorar ídolos y no practicar crueldad innecesaria contra los animales, junto con un mandato positivo: establecer un sistema de justicia. Estos son los requisitos mínimos y básicos de la humanidad como tal, los cimientos de cualquier sociedad estable y moralmente aceptable. Por otro lado, está el código ricamente detallado de 613 mandamientos que forman la constitución de Israel como "un reino de sacerdotes y una nación santa" (Éxodo 19:6).

La dualidad no solo se resuelve en forma de ley y ética, pacto y mandato. También se expresa en la epistemología dual del judaísmo, su doble esquema de conocimiento humano. A esto se le da una expresión lúcida en un Midrash: "Si se te dice, 'hay sabiduría [*Jojmá*] entre las naciones', créelo. Si te dicen, 'hay Torá entre las naciones', no lo creas"[4].

Torá y *Jojmá* son ambas categorías bíblicas. La Torá se encuentra principalmente en los cinco libros de Moisés conocidos genéricamente por ese nombre. *Jojmá* se encuentra principalmente en el libro de Proverbios, pero también en Eclesiastés y Job. La palabra *Jojmá* aparece treinta y siete veces en Proverbios, dieciocho veces en Job, veinticinco veces en Eclesiastés, y solo treinta y cinco veces en la totalidad del resto de Tanaj.

La diferencia entre ellos es esta: *Jojmá* es la verdad que descubrimos; la Torá es la verdad que heredamos. *Jojmá* es la herencia universal de la humanidad, en virtud del hecho de que fuimos creados a "imagen y semejanza" de Dios (Rashí traduce "a nuestra semejanza" como "con la capacidad de comprender y discernir")[5]. Torá es la herencia específica de Israel ("Él ha revelado su palabra a Jacob, sus leyes y decretos a Israel. No ha hecho esto por ninguna otra nación" [Salmos 147: 19]). *Jojmá* revela a Dios en la creación. Torá es la palabra de Dios en revelación. *Jojmá*

4. Midrash *Lamentaciones Raba*, 2:13
5. Rashí a Génesis 1:26.

es verdad ontológica (cómo son las cosas); Torá es la verdad del pacto (cómo deberían ser las cosas). *Jojmá* puede definirse como cualquier cosa que nos permita ver el universo como obra de Dios y la humanidad como imagen de Dios. Torá es el pacto de Dios con el pueblo judío, la arquitectura de la santidad y la constitución escrita de Israel como una nación bajo la soberanía de Dios.

Aunque los sabios valoraban la Torá por encima de todo, tenían un alto respeto por *Jojmá*. Instituyeron una bendición especial para *jajmei umot olam* ("los sabios de las naciones" o, como lo traduce la edición Singer del Libro de Oraciones "distinguidas en el saber del mundo"): "Bendito eres... que has dado de Tu sabiduría a los mortales". De acuerdo con el patrón establecido en la bendición de después de las comidas y las bendiciones de antes del *Shemá*, la oración de *Amidá* habla primero de sabiduría universal ("Tú favoreces al hombre con conocimiento y enseñas a la humanidad comprensión") y solo después, de la herencia particular de Israel ("Tráenos de regreso, oh Padre nuestro, a Tu Torá").

Así, están los universales del judaísmo: la creación, la humanidad como imagen de Dios, el pacto con Noé y el conocimiento-como-*Jojmá*. También están sus particularidades: la revelación, Israel como el "hijo primogénito" de Dios, los pactos con Abraham y el pueblo judío en el Sinaí y el conocimiento como Torá. El primero representa el rostro de Dios accesible a toda la humanidad (creación); el segundo, esa relación especial, íntima y personal que tiene con las personas a las que tiene cerca, como se revela en la Torá (revelación) y la historia judía (redención). La palabra para el primero es *Elokim*, y para el segundo, *Hashem*.

Ahora podemos entender por qué Génesis trabaja sobre la suposición de que un aspecto de Dios, *Elokim*, es inteligible para todos los seres humanos, independientemente de si pertenecen a la familia de Abraham o no. Entonces, por ejemplo, *Elokim* aparece en una visión a Avimelej, rey de Guerar, a pesar de que es un pagano. Abraham mismo, defendiendo el hecho de que ha dicho una verdad a medias al llamar a Sara su hermana, le dice a Avimelej: "Me dije a mí mismo, seguramente no hay temor de Dios [*Elokim*] en este lugar, y me matarán porque es mi esposa". Los hititas llaman a Abraham "un príncipe de Dios [*Elokim*] en medio de nosotros". Jacob, en sus conversaciones con Labán y luego con Esaú usa el término *Elokim*. Cuando regresa a la tierra de Canaán, la Torá dice que "el terror de Dios [*Elokim*]" cayó sobre los pueblos circundantes. Todos estos casos se refieren a individuos o grupos que están fuera del pacto abrahámico. Sin embargo, la Torá no duda en designarle el término Elokim.

Es por eso que Josef puede suponer que los egipcios entenderán la idea de *Elokim*, aunque no estén familiarizados con la idea de *Hashem*. Esto se aclara en dos contrastes puntuales. El primero ocurre en Génesis 39, el pasaje que describe la experiencia de Josef en la casa de Potifar. El capítulo usa de manera consistente y repetida la palabra Hashem en relación con Josef ("*Hashem* estaba con Josef... *Hashem* le dio éxito en todo lo que hizo" [39: 2, 5]), pero cuando Josef habla con la esposa de Potifar, quien está intentando seducirlo, dice: "¿Cómo, pues, podría hacer algo tan perverso y pecar contra *Elokim*?" (30:9). El segundo radica en el contraste entre Faraón que le habla a Josef y usa dos veces la palabra *Elokim*, y el Faraón de los días de Moisés, que dice: "¿Quién es *Hashem* para que le obedezca y deje ir a Israel? No conozco a *Hashem* y no dejaré ir a Israel" (Éxodo 5:2). Un egipcio puede entender a *Elokim*, el Dios de la naturaleza. No puede entender a *Hashem*, el Dios de la relación personal.

El judaísmo fue, y sigue siendo hasta el día de hoy, único en su combinación de universalismo y particularismo. Creemos que Dios es el Dios de toda la humanidad. Él creó todo. Es accesible para todos. Él se preocupa por todos. Ha hecho un pacto con todos. Sin embargo, también existe una relación con Dios que es exclusiva del pueblo judío. Solo él ha puesto su vida nacional bajo Su soberanía directa. Solo él ha arriesgado todo su ser en un pacto divino. Solo él da testimonio en su historia de la presencia dentro de él de una Presencia más allá de él. Como dijo Tolstoi:

> El judío es ese ser sagrado que ha traído del cielo el fuego eterno y ha iluminado con él al mundo entero. Él es el origen religioso, manantial y fuente de la que todos los demás pueblos han sacado sus creencias y sus religiones...
>
> El judío es el emblema de la eternidad. Aquel a quien ni la matanza ni la tortura de miles de años pudo destruir, aquel a quien ni el fuego ni la espada ni la inquisición pudieron borrar

> de la faz de la tierra, el que fue el primero en producir los oráculos de Dios, el que, por tanto, ha sido durante mucho tiempo el guardián de la profecía, y quien la ha transmitido al resto del mundo, tal nación no puede ser destruida. El judío es tan eterno como la eternidad misma.[6]

Mientras buscamos en el siglo XXI una manera de evitar un "choque de civilizaciones", me parece que la humanidad puede aprender mucho de esta forma antigua y aún convincente de comprender la condición humana. Todos somos "imagen y semejanza" de Dios. Hay principios básicos no negociables de dignidad humana. Están expresados en el pacto de Noé, en la sabiduría humana (*Jojmá*), y en ese aspecto del Dios Único, que llamamos *Elokim*. Pero hay muchas formas, cada una distinta y única, en las que diferentes culturas y civilizaciones definen su relación con el Autor de todo el ser. No pretendemos juzgarlos, excepto en la medida en que tienen éxito o no en respetar y honrar los principios básicos y universales de la dignidad humana (la santidad de la vida, la integridad de la familia y la propiedad, los fundamentos de la justicia, etc.). Nosotros, como judíos, estamos (o deberíamos estar) seguros en nuestra relación con Dios, el Dios que se ha revelado a Sí mismo en la intimidad del amor, cuya expresión es la Torá. Por tanto, el desafío de la fe en su particularidad y universalidad es hoy lo que fue en los días de Abraham y Sara: ser fieles a nuestra herencia particular y ser una bendición para los demás, cualquiera que sea su herencia. Esa es una fórmula para la paz y la bondad en una era que necesita urgentemente de ambos.

---

6. Carta encontrada en los archivos del estadista búlgaro F. Gabai. El texto aparece en Allan Gould, *What Did They Think of the Jews?* (Northvale, NJ: Jason Aronson, 1991), 180–181.

Detrás de la Máscara

Josef es ahora el gobernante de Egipto. La hambruna que predijo se ha cumplido. Se extiende más allá de Egipto hasta la tierra de Canaán. Los hermanos de Josef viajan a Egipto, procurando de comprar comida. Llegan al palacio del encargado de la distribución de los cereales:

> Y Josef era el que mandaba en aquella tierra; él era quien vendía a todo el pueblo de la tierra. Y llegaron los hermanos de Josef y se postraron ante él rostro en tierra. Cuando Josef vio a sus hermanos, los reconoció, pero fingió no conocerlos y les habló duramente... Josef había reconocido a sus hermanos, aunque ellos no lo habían reconocido (42: 6–8).

Hay algo familiar en esta situación. Una vez más nos encontramos en el reino de los disfraces y las identidades equivocadas que definen la historia temprana de Jacob y su familia.

Aquí encontramos lo que Robert Alter define como una *escena tipográfica*, un drama representado varias veces con variaciones. Estos están particularmente en evidencia en el libro de Génesis. No existe una regla universal sobre cómo decodificar el significado de una *escena tipográfica*. Un ejemplo es: el chico-conoce-chica en-pozo, un encuentro que tiene lugar tres veces en la Torá, entre el sirviente de Abraham y Rebeca, Jacob y Raquel, y Moisés y las hijas de Jetró. Aquí, el entorno probablemente no sea significativo (los pozos son el lugar donde se encontraban extraños en esos días, como el dispensador de agua en una oficina de Nueva York). Más bien, a lo que debemos prestar atención en estos tres episodios son sus variaciones: el activismo de Rebeca, la demostración de fuerza de Jacob, la pasión de Moisés por la justicia. La forma en que las personas se comportan con extraños en un pozo es, en otras palabras, una prueba de su carácter.

En algunos casos, sin embargo, una *escena tipográfica* parece indicar un tema recurrente. Este es el caso aquí. Si queremos entender lo que está en juego en el encuentro entre Josef y sus hermanos, tenemos que verlo en el contexto de otros tres episodios, todos los cuales ocurren en el Génesis.

La escena uno tiene lugar en la tienda de Isaac. El patriarca está viejo y ciego. Le dice a su hijo mayor que salga al campo, atrape un animal y prepare una comida para que su "alma lo bendiga" (27:4). Sorprendentemente pronto, Isaac escucha a alguien entrar. "¿Quién eres tú?" pregunta. "Soy Esaú, tu primogénito", responde la voz. Isaac no está convencido. "Acércate y déjame sentirte, hijo mío. ¿Eres realmente Esaú o no?" Extiende la mano y siente la textura áspera de la piel que cubre los brazos de su hijo. Aún inseguro, vuelve a preguntar: "¿Pero eres realmente mi hijo Esaú?" la voz responde: "Lo soy". Entonces Isaac lo bendice: "Ah, el olor de mi hijo es como el olor de un campo bendecido por Dios". Pero no es Esaú. Es Jacob disfrazado.

Escena dos: Jacob ha ido a la casa de su tío Labán. Al llegar, conoce y se enamora de Raquel, y se ofrece a trabajar siete años para su padre para casarse con ella. El tiempo pasa rápido: los años "parecían unos días porque él la amaba" (27:20). Se acerca el día de la boda. Labán hace un banquete. La novia entra en su tienda. A altas horas de la noche, Jacob la sigue. Ahora, por fin, se ha casado con su amada Raquel. Cuando llega la mañana, descubre que ha sido víctima de un engaño. No es Raquel. Es Lea disfrazada.

Escena tres: Judá se ha casado con una mujer cananea y ahora es padre de tres hijos. El primero se casa con una chica local, Tamar, pero misteriosamente muere joven, dejando a su esposa viuda sin hijos.

Siguiendo una versión pre mosaica de la ordenanza del levirato, Judá casa a su segundo hijo con Tamar para que ella pueda tener un hijo "para mantener vivo el nombre de su hermano" (38:8). Onán detesta tener un hijo que, de hecho, pertenecerá a su difunto hermano, por lo que "derramaba su semen en tierra" (38:9), y por esto también muere joven. Judá es reacio a darle a Tamar su tercer hijo, por lo que ella queda *aguná*, "anclada", atada a alguien con quien no puede casarse y no puede enlazarse con nadie más.

Pasan los años. Muere la propia esposa de Judá. Al regresar a casa de la esquila de ovejas, ve a una prostituta con velo al lado del camino. Él le pide que se acueste con él, prometiéndole, a modo de pago, un cabrito del ganado. Ella le pide su "sello y su cordón y su cayado" (38:18) como garantía. Al día siguiente envía por medio de su amigo el adulamita el cabrito, pero la mujer ha desaparecido. Los lugareños niegan todo conocimiento sobre ella. Tres meses después, Judá se entera que su nuera Tamar ha quedado embarazada. Está indignado. Atada a su hijo menor, no tenía permitido tener una relación con nadie más. Ella debe ser culpable de adulterio. "Sacadla, y que sea quemada", dice. La llevan para que la maten, pero pide un favor. Ella le dice a una de las personas que lleve a Judá el sello, el cordón y el bastón. "El padre de mi hijo", dice, "es el hombre a quien pertenecen estas cosas". Judá lo comprende de inmediato. Tamar, incapaz de casarse todavía y obligada por el honor a tener un hijo para perpetuar la memoria de su primer marido, ha engañado a su suegro para que cumpla con el deber que debería haberle permitido hacer a su hijo menor. "Ella es más justa que yo", admite Judá. Pensó que se había acostado con una prostituta. Pero era Tamar disfrazada.

Este es el marco en el que debe entenderse el encuentro entre Josef y sus hermanos. El hombre al que se inclinan los hermanos no se parece a un pastor hebreo. Habla en egipcio. Está vestido con una túnica de gobernante egipcio. Se le llama *Tzofnat Paneaj*, un nombre egipcio. Lleva el anillo de sello del Faraón y la cadena de oro de la autoridad. Creen que están en presencia de un príncipe egipcio, pero es Josef, su hermano, disfrazado.

Cuatro escenas, cuatro disfraces, cuatro desengaños para ver detrás de la máscara. ¿Qué tienen en común? Algo muy llamativo en verdad. Solo al *no ser reconocidos*, Jacob, Lea, Tamar y Josef, *pueden ser reconocidos* en el sentido de ser atendidos, tomados en serio, escuchados. Isaac ama a Esaú, no a Jacob. Jacob ama a Raquel, no a Lea. Judá piensa en su hijo menor, no en la difícil situación de Tamar. Josef es odiado por sus hermanos. Solo cuando aparecen como algo o alguien diferente de lo que son, pueden lograr lo que buscan: Jacob, la bendición de su padre; Lea, un marido; Tamar, un hijo; Josef, la atención no hostil de sus hermanos. La difícil situación de estos cuatro individuos se resume en una sola frase conmovedora: "Josef reconoció a sus hermanos, pero ellos no lo reconocieron a él".

¿Funcionan los disfraces? A corto plazo, sí; pero a largo plazo, no necesariamente. Jacob sufre mucho por haber recibido la bendición de Esaú. Lea, aunque se casa con Jacob, nunca gana su amor. Tamar tuvo un hijo (de hecho, gana) pero Judá "ya no vivía en intimidad con ella"[1]. En cuanto a Josef, sus hermanos ya no lo odian, pero ahora le temen. Incluso después de que él les aseguró que no les guarda rencor, todavía piensan que se vengará de ellos después de la muerte de su padre. Lo que se logra disfrazado nunca es el amor buscado.

Pero sucede algo más. Jacob, Lea, Tamar y Josef descubren que, aunque es posible que nunca se ganen el afecto de quienes lo buscan, Dios está con ellos. Eso, en última instancia, es suficiente. Un disfraz es un acto de ocultamiento, de los demás y tal vez de uno mismo. Sin embargo, no podemos ni necesitamos escondernos de Dios. "Pues el hombre mira la apariencia exterior, pero el Señor mira el corazón" (I Samuel 16:7). Él conoce nuestros pensamientos, atiende nuestro clamor, responde a nuestra oración tácita. Él escucha a los desatendidos y les brinda consuelo.

Este es un asunto de inmensas consecuencias cuando comparamos el pensamiento judío y el europeo (helenístico). Sorprendentemente, el hebreo bíblico carece de un término con la gama precisa de significados y resonancias como la palabra "persona". Las palabras

---

1. Sin duda, hay un punto de vista en el Talmud (*Sotá* 10b) que sostiene que Judá tuvo intimidad con ella nuevamente, de hecho, tomándola como su esposa, bajo las leyes de *aguná* como se practicaba entonces (y leyendo la frase *veló yasaf* no significa "y no lo volví a hacer" sino "y no dejó de hacerlo"). Sin embargo, esta es una interpretación claramente minoritaria.

hebreas *adam, ben-adam, ish* y *enosh* se traducen aproximadamente como "ser humano, mortal, hombre, miembro de la especie Homo Sapiens". A menudo, el significado preciso viene dado por el contexto. Sin embargo, no existe un equivalente exacto de "persona", con sus sentidos de tener un cierto estatus dentro de la sociedad, un portador de derechos legales (de modo que un individuo sin derechos puede ser llamado una no-persona), un cuerpo ("armas ocultas en su persona") y así sucesivamente.

Entonces, por ejemplo, la frase "un Dios personal", que en español es una descripción del Dios de Abraham, es casi imposible de traducir al hebreo sin cambiar el significado por completo. La razón, como mencioné en el ensayo citado anteriormente, "Un nuevo Tipo de Héroe" es que la palabra "persona" ingresó al español a través del latín "persona", que significa "máscara". Originalmente señalaba el papel de un actor en el escenario, en una cultura, el helenismo, en la que el teatro desempeñaba un papel central en la representación de la condición humana. Luego se convirtió en un papel desempeñado por el individuo dentro de la sociedad, debido a la metáfora de la sociedad como teatro. Más tarde se generalizó para referirse a cualquier individuo dentro de la sociedad. Pero aún conserva vestigios de sus orígenes teatrales ("Era una persona en el trabajo, otra en casa"). Hablamos, en inglés, de los roles que ocupamos, los "juegos que juega la gente", las máscaras que usamos (los judíos usan máscaras solo en Purim, como una parodia del fenómeno no judío de la sociedad cortesana, sus bailes y engaños). Por lo tanto, se vuelve profundamente problemático en la filosofía occidental, especialmente en el existencialismo, en cuanto a lo que queda del "yo" cuando se han restado todos los roles sociales.

El hebreo bíblico no tiene una palabra para "persona" precisamente porque rechaza las metáforas de la sociedad como teatro y el yo como parte representada en el escenario. Esto no es un mero rechazo: en Génesis va al corazón mismo de la concepción del individuo y la condición humana. No somos las máscaras que usamos; somos los individuos cuyos pensamientos más íntimos son conocidos por Dios. Somos lo que se esconde detrás de la máscara. Esa es una de las razones por las que la Torá devalúa sistemáticamente la vista en favor del sonido, la voz y la escucha. No somos lo que otros perciben que somos; somos lo que

Dios sabe que somos. El drama del yo no se desarrolla en el escenario de la sociedad; se trata en el diálogo interno entre el individuo y Dios.

De aquí la centralidad de estas cuatro narrativas – de Jacob, Lea, Tamar y Josef – en Génesis, el libro de los primeros principios. Es como si las "apariencias" – identidades como las máscaras que usamos – fueran una relación genuina como lo hace la idolatría con la adoración del Dios viviente. El Génesis tiene sorprendentemente poco que decir sobre la idolatría (solo lo encontramos de pasada, por ejemplo, cuando Raquel roba los *terafim* de Labán), pero mucho que decir sobre la interacción humana. Es como si nos estuviera preparando para el tema bíblico más amplio, la batalla contra la idolatría, al señalar lo que está en juego en términos humanos. Así como la idolatría implica adorar una imagen de Dios en lugar de Dios mismo, las relaciones humanas no auténticas implican confundir la apariencia de alguien con lo que realmente es, confundir la máscara con el yo.

A raíz de los disfraces de Jacob, Lea, Tamar y Josef, no hay recuperación de la relación, pero hay una reparación de la identidad. Eso es lo que hace que no sean narrativas seculares, sino crónicas profundamente religiosas de crecimiento y maduración psicológica. Lo que nos dicen es simple y profundo: quienes están ante Dios no necesitan máscara, ningún disfraz para alcanzar la autoestima cuando están ante la humanidad.

Vaygash
ויגש

Vaygash comienza con la escena culminante en la que Josef finalmente se revela a sus hermanos. Josef descubre su identidad movido por la apasionada súplica de Judá por la libertad de Benjamín, a cambio de lo cual se declara dispuesto a ocupar el lugar de Benjamín como esclavo, y el alejamiento de los hermanos llega a su fin. Siguiendo las instrucciones de Josef, regresan a Jacob con la noticia de que su amado hijo todavía está vivo y que la familia se ha reunido.

Tres de los siguientes ensayos tratan sobre los principios fundamentales que acentúan estos eventos. El primero es acerca de *teshuvá,* arrepentimiento; el segundo se refiere a la aparente paradoja de que en el judaísmo se considera que el penitente es superior incluso a un individuo perfectamente justo. El cuarto tiene que ver con el perdón y por qué es esencial para el funcionamiento de cualquier grupo humano, desde la familia hasta la sociedad. El tercero ofrece una explicación de una característica de la historia de Josef que desconcierta a la mayoría de los lectores: ¿por qué Josef no envió un mensaje a su padre de que estaba vivo? La respuesta sugerida vincula la historia de Josef con varias otras en Génesis, sobre los trágicos malentendidos que pueden surgir cuando los seres humanos no logran comunicarse.

En Busca del Arrepentimiento

El drama de Josef y sus hermanos, que hasta ahora ha abarcado dos *parashot* y ocho capítulos, llenos de tensión y giros totales del destino, ahora alcanza su clímax. Judá y Josef se enfrentan. Benjamín, el menor de los hijos, está acusado de robo y enfrenta una vida de esclavitud. Judá hace una súplica apasionada por su liberación. Sí, se ha encontrado en su poder la copa de plata que faltaba. Judá no cuestiona los hechos. En cambio, se arroja a merced del gobernante egipcio, cuya identidad aún desconoce, y le ruega que considere el impacto que tendrá el encarcelamiento de Benjamín en su padre. Jacob ya perdió a un hijo amado. El impacto de perder a otro lo matará:

> Te ruego que quede este tu siervo como esclavo de mi señor, en lugar del muchacho, y que el muchacho suba con sus hermanos. Pues, ¿cómo subiré a mi padre no estando el muchacho conmigo, sin que yo vea el mal que sobrevendrá a mi padre? (44:33–34).

Estas palabras son las que finalmente rompen el corazón de Josef. Abrumado por la emoción, ordena a todos sus asistentes que se vayan, luego se vuelve hacia sus hermanos y les revela su identidad:

> No podía ya Josef contenerse delante de todos los que estaban a su lado, y clamó: Haced salir de conmigo a todos. Y no quedó nadie con él, al darse a conocer Josef a sus hermanos. Entonces se dio a llorar a voz en grito; y oyeron los egipcios, y oyó también la casa de Faraón (45:1–3).

Su silencio es elocuente. Están desconcertados. El extraño resulta ser su hermano. El gobernante de Egipto es el niño que, años antes, habían vendido como esclavo. La combinación de conmoción y culpa los paraliza.

Rompiendo el silencio, Josef continúa. Tiene otra sorpresa para sus hermanos. Él no los considera culpables. No hay ira en sus palabras. En cambio, hace lo menos esperado. Los consuela. Los perdona. Habla con una gracia majestuosa:

> Entonces dijo Josef a sus hermanos: Llegaos ahora a mí. Y ellos se llegaron. Y él dijo: Yo soy Josef vuestro hermano el que vendisteis para Egipto. Ahora pues, no os entristezcáis, ni os pese de haberme vendido; que para preservación de vida me envió Dios delante de vosotros: Que ya ha habido dos años de hambre en medio de la tierra, y aún quedan cinco años en que ni habrá arada ni siega. Y Dios me envió delante de vosotros, para que vosotros quedaseis en la tierra, y para daros vida por medio de grande salvamento. Así pues, no me enviasteis vosotros acá, sino Dios, que me ha puesto por padre de Faraón, y por señor de toda su casa, y por gobernador en toda la tierra de Egipto (45:4–8).

Con esto, la larga historia llega a su fin. El alejamiento, que comenzó con las palabras "[los hermanos] lo odiaban y no podían hablarle pacíficamente" (37: 4), ha terminado. Josef es, como soñó que sería dos veces, un gobernante. Sus hermanos se han postrado ante él. Ha sobrevivido a su intento de matarlo. Ha salido de la esclavitud para convertirse en el segundo hombre más poderoso del imperio más grande del mundo antiguo. Pero queda una pregunta central. ¿Qué *tipo* de historia es esta? ¿Es un cuento de hadas de la pobreza a la riqueza? ¿Una historia de venganza? ¿Una tragedia de disolución interna y luchas familiares? ¿Cuáles son los temas más profundos que se reproducen bajo la superficie aparentemente simple? Para comprender la narrativa, debemos rastrear la secuencia de hechos, tratando de descubrir la intención que impulsa a Josef en los sucesivos encuentros con sus hermanos.

Primero, los hermanos se presentan ante Josef para comprar grano. Él los reconoce, pero ellos no lo reconocen a él. Luego "habla con dureza", acusándolos de espionaje. Los tiene encarcelados durante tres días.

Luego los libera, manteniendo a Simón como rehén, y les dice que deben traer a Benjamín con ellos la próxima vez, para verificar su historia. Sin que ellos lo supieran, les devuelve el dinero que habían pagado por el grano en sus sacos. Al descubrir esto, los hermanos se ponen nerviosos. Les está pasando algo, pero no saben qué. Regresan sin Simón, pero con dinero. No tiene sentido, pero les evoca una conciencia culpable. ¿No vendieron, una vez antes, (o al menos planearon vender) a uno de sus hermanos por dinero? Tiemblan y preguntan: "¿Qué es esto que Dios nos ha hecho? (42:28).

Al regresar al hogar, le cuentan a su padre lo que ha sucedido, pero Jacob se niega a permitir que Benjamín regrese con ellos a Egipto. Finalmente, la comida se acaba. Después de mucha persuasión por parte de Judá, Jacob permite que Benjamín acompañe a los hermanos de regreso a Egipto. Esta vez, Josef los saluda con calidez, liberando a Simón e invitándolos a comer con él. Después de proporcionarles provisiones frescas de grano, los despide de regreso. Ahora, sin embargo, hace más que poner dinero en sus sacos. Tiene su copa de adivinación favorita colocada entre el grano de Benjamín.

Los hermanos han abandonado la ciudad, aliviados de que la visita haya sido inesperadamente fácil. Apenas se han ido, fueron alcanzados por el mayordomo de Josef. Alguien ha robado la copa de plata de su amo. Los hermanos protestan por su inocencia. El mayordomo registra sus bultos, comenzando por el mayor. Finalmente, llegan a Benjamín y allí, en su costal, está la copa. Es la peor pesadilla de los hermanos hecha realidad. Sabían que habiendo vuelto a casa una vez sin Josef, no pueden perder también a Benjamín. Judá ha apostado su vida por ello. Le ha dicho a su padre: "Yo mismo garantizaré la seguridad [de Benjamín]; puedes hacerme personalmente responsable de él. Si yo no te lo volviere y lo pusiere delante de ti, seré para ti el culpable todos los días" (43:9). Entonces, los hermanos aparecen ante Josef una vez más y el drama avanza hacia su clímax.

Hay varias lecturas posibles de la lógica que impulsa esta tragedia que tanto desconcierta a los hermanos y a los lectores. La primera, sugerida por la Torá misma ("entonces él [Josef] recordó sus sueños sobre ellos y les dijo: espías sois; por ver lo descubierto del país habéis venido" [42:9]), es *que Josef estaba actuando para cumplir sus sueños de infancia,* en que su familia se inclinó ante él.

Sin embargo, este no puede ser el caso. Antes de que Josef actúe como un extraño, leemos: "Cuando llegaron los hermanos de Josef, y se inclinaron ante él rostro por tierra" (42:6), cumpliendo su primer sueño. Si la historia fuera simplemente sobre el cumplimiento del segundo sueño de Josef, debería haber ideado una estrategia que llevaría a toda la familia, incluido Jacob, a Egipto. Jacob y todos sus hermanos se habrían inclinado ante él, los sueños se cumplirían y Josef podría entonces revelar su identidad. No ocurre nada de esto. Las acciones de Josef no hacen avanzar, sino que en realidad retrasan este resultado. Entonces, no puede ser que Josef estuviera actuando simplemente para cumplir sus sueños.

La segunda posibilidad es que Josef esté impulsado por un ansia de venganza: está haciendo sufrir a sus hermanos como una vez lo hicieron sufrir a él. Pero esto también es insostenible. En cada etapa significativa (42:24, 43:30, 45:1–2), Josef se aparta para llorar, cuidando de que los hermanos no lo vean en ese estado. Las personas que se están vengando no lloran cuando la ejecutan. La Torá enfatiza su incontrolable respuesta emocional, repitiendo este detalle tres veces, precisamente para *excluir* la posibilidad de que Josef estuviera actuando por deseo de hacer a sus hermanos lo que una vez le hicieron a él. Aquellos que pagan mal con mal se sienten satisfechos al hacerlo. Josef no se siente satisfecho en absoluto. Actúa en contra de sus inclinaciones y le causa un dolor insoportable. Por tanto, la pregunta vuelve con toda su fuerza. ¿Cuál es la lógica de la trama cuidadosamente construida de Josef?

Uno de los conceptos clave del judaísmo, el tema de sus días más sagrados desde Rosh Hashaná hasta Yom Kipur, es la *teshuvá,* un concepto complejo que involucra el remordimiento, el arrepentimiento y el retorno. El sustantivo abstracto *teshuvá* es post-bíblico, pero la idea que encarna es fundamental para la Biblia hebrea. Es lo que los profetas llaman a hacer a Israel. Es para lo cual Jonás es enviado a Nínive. En un sentido, es lo que deben conseguir ciertos sacrificios (ofrendas por la culpa y por el pecado).

Teshuvá, analizada por los sabios y luego por Maimónides, tiene ciertos elementos clave. El primero es la confesión y el reconocimiento de las malas acciones:

> ¿Cómo se confiesa uno? El penitente dice: "Te ruego, oh Señor, he pecado, he obrado perversamente, he transgredido delante de ti y he hecho tal y cual cosa, y me arrepiento y me avergüenzo de mis obras"[1].

El segundo es comprometerse a no repetir la infracción:

> ¿Cuál es esta *teshuvá*? Es cuando el trasgresor abandona su trasgresión, la elimina de sus pensamientos, y decide en su corazón no repetirla nunca, como está dicho. "Deje el malo su camino, el hombre inicuo sus pensamientos, y vuélvase al Señor, que tendrá compasión de él, a nuestro Dios, que será grande en perdonar[2] (Isaías 55:7).

Hay una condición adicional de arrepentimiento completo. Según la definición de Maimónides:

> ¿Qué es la *teshuvá* perfecta? Ocurre cuando se presenta una oportunidad para repetir el delito una vez cometido y el transgresor puede cometerlo, pero se abstiene de hacerlo debido a la *teshuvá,* no por miedo o falta de vigilancia[3].

Tan pronto como comprendemos estos tres puntos, la lógica del curso de acción de Josef se vuelve clara. El drama al que somete a sus hermanos no tiene nada que ver con los sueños, ni con la venganza. Por el

1. Maimónides, *Mishné Torá, Hiljot Teshuvá,* 1:1.
2. Ibíd., 2:2.
3. Ibíd., 2:1.

contrario, Josef no actúa para sí mismo, *sino por el bien de sus hermanos.* Él los está guiando, por primera vez en la historia, a través de las tres etapas de *teshuvá.*

Recuerda lo que sucedió como resultado de su intervención. Su movimiento inicial fue acusar a sus hermanos de un crimen que no habían cometido (ser espías), manteniéndolos bajo custodia durante tres días, para ver si esto les recordaría el crimen que cometieron (vender a su hermano como esclavo). El efecto es directo e inequívoco:

> Se decían el uno al otro: Verdaderamente hemos pecado [*aval ashemim anajnu*] contra nuestro hermano, que vimos la angustia de su alma cuando nos rogaba, y no le oímos: por eso ha venido sobre nosotros esta angustia... Y ellos no sabían que los entendía Josef, porque había intérprete entre ellos (42:21–23).

Tras el primer encuentro con Josef, los hermanos confiesan y expresan remordimiento por lo que hicieron. Ha tenido lugar la primera etapa de la *teshuvá.*

La segunda tiene lugar lejos de Josef, pero él ha arreglado los asuntos de tal manera que sabrá si ha sucedido o no. Josef tiene a Simón como rehén[4]. Les dice a los hermanos que solo lo liberarán si regresan con Benjamín. Conociendo a su padre como lo conoce, Josef ha calculado, con razón, que Jacob solo permitirá que Benjamín se vaya si está seguro de que sus hijos no dejarán que le suceda a Benjamín lo que permitieron que le suceda a Josef. De hecho, esto acontece cuando Judá le dice a Jacob:

> "Yo te respondo por él; a mí me pedirás cuenta. Si yo no te lo vuelvo a traer [a Benjamín], y si no lo pongo delante de ti, seré para ti el culpable para siempre" (43:9).

4. Este es un detalle significativo. Simón es el segundo de los hijos. Por derecho, Josef debería haber mantenido a la fuerza a Rubén, el mayor. Sin embargo, sabe que Rubén fue el único hermano que intentó salvarlo. Por lo tanto, Simón es el mayor de los que conspiraron para matar a Josef.

Se ha logrado la segunda condición del arrepentimiento: el compromiso de no repetir la ofensa. Judá se compromete a no dejar pasar esta vez lo que sucedió la última vez, es decir, que los hijos de Jacob regresaron sin su hermano menor cuya seguridad debían haber garantizado.

El tercer acto es un golpe maestro. Para ver si sus hermanos realmente cambiaron Josef construye una escena, que casi se podría llamar un experimento controlado. Una vez lo habían vendido como esclavo. Ahora los pone en una situación en la que tendrán la abrumadora tentación de repetir el crimen al abandonar a Benjamín como esclavo. Es por eso que coloca la copa en el costal de Benjamín, dispone que sea acusado de robo, dictamina que su castigo será permanecer en Egipto como esclavo y les dice a los otros hermanos que son libres de irse.

Josef, en efecto, recrea el pasado. Benjamín, como Josef, es hijo de Raquel y, por lo tanto, es probable que los otros hermanos lo envidien y lo desprecien. El resentimiento de los hermanos hacia Josef aumentó por los celos que sintieron al ver la túnica de colores que Jacob le había dado. Por tanto, Josef vuelve a crear una situación de desigualdad. Cuando sienta a los hermanos a comer, organiza que se sienten por orden de edad, destacando el hecho de que Benjamín es el más joven, y luego se asegura de que "la porción de Benjamín *era cinco veces mayor* que cualquiera de las de ellos" (43: 34). Solo hay una explicación para este extraño detalle. Josef está tratando de hacer que sus hermanos se sientan celosos de su hermano menor.

En la medida de lo posible, las circunstancias de su crimen original ahora se han replicado. Su hermano menor, un hijo de Raquel, está a punto de ser tomado como esclavo en Egipto. Los hermanos tienen motivos para estar celosos de él como lo estaban de Josef. Esta vez están a la altura del desafío. Cuando Benjamín está a punto de ser detenido, sus hermanos se ofrecen a acompañarlo en la cárcel. Josef se niega: "Nunca yo tal haga. El varón en cuyo poder fue hallada la copa, él será mi siervo; vosotros id en paz a vuestro padre" (44:17).

Ahora ha comenzado el momento del juicio. Josef les ha ofrecido a los hermanos una sencilla ruta de escape. Todo lo que tienen que hacer es marcharse. Es entonces, cuando "Judá se acercó a él, y dijo..." (44:18), que la historia llega a su clímax. Judá, el mismo hermano responsable de vender a Josef como esclavo (37:27), ahora ofrece sacrificar su propia libertad en lugar de dejar que Benjamín sea tomado como esclavo.

Las circunstancias son similares a lo que eran años antes, pero el comportamiento de Judá es diametralmente opuesto ahora al que fue entonces. Tiene la oportunidad y la capacidad de repetir la infracción, pero no lo hace. Judá ha cumplido las condiciones establecidas por los sabios y Maimónides para la "*teshuvá perfecta*". Tan pronto como lo hace, Josef revela su identidad y el drama llega a su fin.

No fueron sueños, ni venganza, sino *teshuvá* lo que ha impulsado a Josef todo el tiempo. Sus hermanos lo vendieron una vez como esclavo. Sobrevivió: más que sobrevivió, ha prosperado. Él sabe (lo dice constantemente) que todo lo que le ha sucedido es de alguna manera parte del plan de Dios. Su preocupación no es por él mismo sino por sus hermanos. ¿Han sobrevivido? ¿Se dan cuenta de la gravedad del crimen que cometieron? ¿Son capaces de arrepentirse? ¿Pueden cambiar? La secuencia completa de eventos entre la primera llegada de los hermanos a Egipto y el momento en que Josef se les revela, es un ensayo extenso de *teshuvá*, un ensayo preciso de lo que luego se convertirá en la ley normativa judía.

Y debe suceder en este punto preciso porque, sin que ninguno de los participantes lo sepa, la familia de Abraham está a punto de exiliarse en Egipto, antes de convertirse en una nación bajo la soberanía de Dios. Eso impondrá más exigencias a Israel que a cualquier otro pueblo en la historia. Dios sabe que a menudo fracasarán: pecarán, se quejarán, adorarán ídolos, violarán Sus leyes. Él acepta, aunque a veces le causa gran dolor. Dios no exige perfección: al darnos libre albedrío, nos da la posibilidad y el poder para cometer desaciertos. Todo lo que pide es que reconozcamos nuestros errores y nos comprometamos a no volver a cometerlos; en una palabra, que seamos capaces de hacer *teshuvá*. Judá, al someterse a la prueba de Josef, demostró que los hijos de Israel se habían convertido en *baalei teshuvá*, contritos y arrepentidos, capaces de aprender de sus errores y superarlos. Ahora podría comenzar la historia judía, comenzando con el exilio y el éxodo en Egipto.

El Hombre Penitencial

La secuencia desde Génesis 37 hasta 50 es la narración ininterrumpida más larga de la Torá, y no cabe duda de que Josef es su héroe: La historia comienza y termina con él. Lo vemos como un niño, amado – incluso mimado – por su padre; como un adolescente soñador, afligido por sus hermanos; como esclavo, luego prisionero, en Egipto; y finalmente como la segunda figura más poderosa del mayor imperio del mundo antiguo. En cada etapa, la narrativa gira en torno a él y su impacto sobre los demás. Domina el último tercio del Génesis, proyectando su sombra sobre todo lo demás. Casi desde el principio, parece destinado a la grandeza.

Sin embargo, la historia no resultó así. Al contrario, es otro hermano quien, en la plenitud de los tiempos, deja su huella en el pueblo judío. De hecho, llevamos su nombre. La familia del pacto ha sido conocida por varios nombres. Uno es *Ivri*, "hebreo" (posiblemente relacionado con el antiguo *apiru*), que significa "intruso, forastero, nómada, uno que vaga de un lugar a otro". Así es como los demás conocían a Abraham y sus hijos. El segundo es Israel, derivado del nuevo nombre de Jacob después de que "luchó con Dios y con el hombre y prevaleció". Posteriormente de la división del reino y la conquista del norte por los asirios, sin embargo, se les conoció como *Yehudim* o judíos, porque fue la tribu de Judá la que dominó el reino del Sur, y los que sobrevivieron al Exilio babilónico.

Así que no fue Josef, sino Judá quien confirió su identidad al pueblo, Judá quien se convirtió en el antepasado del mayor rey de Israel, David. Judá de quien nacerá el mesías. ¿Por qué Judá y no Josef? La respuesta sin duda está en el comienzo de *Vaygash*, cuando los dos hermanos se enfrentan y Judá suplica por la liberación de Benjamín. Sin embargo, esta confrontación final solo puede entenderse completamente en el contexto del comportamiento inicial de Judá hacia Josef. Es Judá, en sus primeras palabras registradas, quien sugirió vender a Josef como esclavo:

> Entonces Judá dijo a sus hermanos: ¿Qué provecho hay en que matemos a nuestro hermano y encubramos su muerte? Venid, y vendámosle a los ismaelitas, y no sea nuestra mano sobre él; porque él es nuestro hermano, nuestra propia carne. Y sus hermanos convinieron con él (37:26–27).

Este es un alegato de monstruosa crueldad. No se menciona la maldad del asesinato, simplemente un cálculo pragmático ("¿Qué ganaremos?") En el mismo momento en que llama a Josef "nuestra propia carne y sangre", Judá se propone venderlo como esclavo. Aquí no hay nada de la trágica nobleza de Rubén, el único de los hermanos, que ve que lo que están haciendo está mal y hace un intento por salvar a Josef. En este punto, Judá es la última persona de la que esperamos grandes acciones.

Sin embargo, Judá cambia, más que ningún otro en la Torá. El hombre que vemos confrontando a Josef todos estos años después no tiene la misma personalidad que el que habló cuando Josef quedó atrapado en el pozo. En ese entonces estuvo dispuesto a ver a su hermano vendido como esclavo. Ahora está preparado para sufrir él mismo ese destino en lugar de ver a Benjamín como esclavo. Como le dice a Josef:

> Te ruego que quede este tu siervo como esclavo de mi señor, en lugar del muchacho, y que el muchacho suba con sus hermanos. Pues, ¿cómo subiré a mi padre no estando el muchacho conmigo, sin que yo vea el mal que sobrevendrá a mi padre? (44:33–34).

Es un preciso cambio de rumbo de su carácter. La insensibilidad ha sido reemplazada por la preocupación. La indiferencia por el destino de su hermano se ha transformado en valor. Judá está dispuesto a sufrir lo que una vez le infligió a Josef para que la misma suerte no le suceda a Benjamín. En este punto, Josef revela su identidad. Sabemos por qué. Judá ha pasado la prueba que Josef ha construido cuidadosamente para él. Josef quiere saber si Judá ha cambiado. Lo hizo.

Este es un momento muy significativo en la historia del espíritu humano. Judá es el primer penitente, el primer *baal teshuvá,* en la Torá.

Esto no sucedió por un cambio repentino de su carácter. Fue puesto en marcha por otro evento que ocurrió entre estas dos reuniones: la historia de Tamar. Tamar, recordemos, se había casado con los dos hijos mayores de Judá, quienes habían muerto, dejándola viuda sin hijos. Judá, temiendo que su tercer hijo compartiera su destino, se lo negó, dejándola en una situación imposible de volver a casarse y tener hijos.

Cuando Tamar comprende su situación, se disfraza de prostituta. Judá duerme con ella sin reconocerla. Ella queda embarazada. Judá, sin darse cuenta del disfraz, concluye que su nuera debe haber tenido una relación prohibida y ordena que la ejecuten. En este punto, Tamar, quien, mientras estaba disfrazada, había tomado el sello, el cordón y el bastón de Judá como prenda, los envía a Judá con un mensaje: "el padre de mi hijo es el hombre a quien pertenecen estos objetos".

Judá comprende ahora todo el significado de lo que había sucedido. Había colocado a Tamar en la situación imposible de ser una viuda viviente. Es el padre de su hijo. Y más, también se da cuenta de que ella se ha comportado con extraordinaria discreción al revelar la verdad sin avergonzarlo. Tamar es la heroína de la historia, pero tiene una consecuencia significativa: Judá admite que estaba equivocado. "Ella era más justa que yo", dice.

Esta es la primera vez que en la Torá alguien reconoce su propia culpa. También fue el punto de inflexión en la vida de Judá. Aquí nació la capacidad de reconocer las malas acciones propias, de sentir remordimiento y de cambiar, el complejo fenómeno conocido como *teshuvá.* Este es el comienzo del proceso que luego conduce a la gran escena de *Vaygash,* donde Judá es capaz de cambiar su comportamiento anterior y hacer lo contrario de lo que había hecho antes. Judá es *ish teshuvá,* un hombre penitencial.

Tan pronto como nos damos cuenta de esto, comprendemos el profundo significado de su nombre. Su raíz, el verbo *lehodot,* tiene dos significados principales. Significa "agradecer", que es lo que Lea tenía en mente cuando le dio a Judá, su cuarto hijo, su nombre: "Esta vez alabaré al Señor" (29:35). Sin embargo, también significa "admitir, reconocer". El término bíblico *vidui,* "confesión", entonces y ahora parte del proceso de *teshuvá* y, según Maimónides, su elemento clave, proviene de la misma raíz. Judá significa "el que reconoció su pecado".

Reconociendo su pecado, Judá también demuestra uno de los axiomas fundamentales de la *teshuvá*: "En el lugar donde están los penitentes, incluso los justos de pleno derecho no pueden estar"[1]. Su texto de evidencia es el versículo de Isaías (57:19), "Paz, paz al que está lejos y al cercano", que pone al que "estaba lejano" por delante del que "está cerca". Sin embargo, como deja en claro el Talmud, la lectura del Rabí Abahu no deja de ser controvertida. Rabí Yojanán interpreta "lejos" como "lejos del pecado" en lugar de "lejos de Dios". La verdadera comprobación es Judá.

Josef es conocido constantemente en la tradición como *Hatzadik,* "el justo". Judá es un penitente, el primero en la Torá. Josef se convirtió en *mishné lamelej,* "segundo después del rey". Judá, sin embargo, se convirtió en el padre de los reyes de Israel. Al lugar donde está el arrepentido Judá, incluso Josef, el perfectamente justo, no puede llegar. Por muy grande que pueda ser un individuo en virtud de su carácter natural, aún más grande es aquel que es capaz de crecer y cambiar. Ese es el poder de la penitencia, y comenzó con Judá.

---

1. *Berajot* 34b.

¿Mi Padre me Ama?

Una de las grandes preguntas que naturalmente nos hacemos cada vez que leemos la historia de Josef es: ¿Por qué no envió un mensaje a su padre de que estaba vivo, en ningún momento durante sus veintidós años de separación? Durante parte de ese tiempo, cuando era esclavo en la casa de Potifar y cuando estaba en prisión, no habría sido posible. Pero ciertamente pudo haberlo hecho cuando se convirtió en la segunda persona más poderosa de Egipto. Al menos pudo haberlo hecho cuando los hermanos se le presentaron en su primer viaje para comprar comida.

Josef sabía cuánto lo amaba su padre. Debe haber sabido cuánto le dolía su separación. No sabía, no podía saber, lo que Jacob pensaba que le había pasado, pero esto seguramente lo sabía, que era su deber comunicarse con él cuando surgiera la oportunidad, decirle a su padre que estaba vivo y bien. Entonces, ¿por qué no lo hizo? La siguiente explicación[1], es una posibilidad tentadora de revelarlo.

La historia del descenso de Josef a la esclavitud y el exilio comenzó cuando su padre lo envió, solo, para ver cómo les estaba yendo a los hermanos.

1. Estoy en deuda por toda esta línea de pensamiento con el Sr. Joshua Rowe de Manchester.

> Sus hermanos habían ido a pastar los rebaños de su padre cerca de Siquem, e Israel le dijo a Josef: "Como sabes, tus hermanos están pastando los rebaños cerca de Siquem. Ven, te voy a enviar con ellos".
>
> "Muy bien", respondió.
>
> Entonces le dijo: "Ve ahora, mira cómo están tus hermanos y cómo están las ovejas, y tráeme la respuesta. Y lo envió del valle de Hebrón, y llegó a Siquem" (37:12–14).

¿Qué nos dice la narrativa inmediatamente antes de este episodio? Nos habla del segundo de los sueños de Josef. En el primero, había soñado que él y sus hermanos estaban en el campo atando gavillas. Se puso de pie mientras las gavillas de sus hermanos se inclinaban ante él. Naturalmente, cuando les contó sobre el sueño, se enojaron. "¿Tienes la intención de reinar sobre nosotros? ¿Nos gobernarías? No se menciona a Jacob en relación con el primer sueño. El segundo sueño fue diferente:

> Luego tuvo otro sueño y se lo contó a sus hermanos. "Escucha", dijo, "tuve otro sueño, y esta vez el sol, la luna y once estrellas se inclinaban ante mí".
>
> Cuando se lo contó a su padre, así como a sus hermanos, su padre lo reprendió y dijo: "¿Qué sueño es el que tuviste? ¿Vendremos tu madre, tus hermanos y yo y nos postraremos en tierra ante ti? Y sus hermanos le tenían envidia, pero su padre meditaba en esto (37:9–11).

Inmediatamente después, leemos que Jacob envió a Josef, solo, a sus hermanos. Fue allí, en esa reunión lejos de casa, donde planearon matarlo, lo bajaron a un pozo y finalmente lo vendieron como esclavo.

Josef tuvo muchos años para reflexionar sobre ese episodio. Que sus hermanos le eran hostiles, lo sabía. Pero seguramente Jacob también lo sabía. En cuyo caso, ¿por qué envió a Josef hacia ellos? ¿No contempló Jacob la posibilidad de que pudieran hacerle daño? ¿No conocía los peligros de la rivalidad entre hermanos? ¿No contempló al menos la posibilidad de que al enviarles a Josef estaba arriesgando la vida de su hijo?

Nadie sabía esto mejor por experiencia personal. Recordemos que el mismo Jacob se vio obligado a irse de casa porque su hermano Esaú amenazó con matarlo, cuando descubrió que Jacob había recibido su bendición. Tengamos presente también que cuando Jacob estaba a punto de encontrarse de nuevo con Esaú, después de un intervalo de veintidós años, él estaba "con gran temor y angustia", creyendo que su hermano trataría de matarlo. Ese miedo provocó una de las grandes crisis de la vida de Jacob. Entonces Jacob sabía, mejor que nadie en todo Génesis, que el odio puede llevar a la muerte, que la rivalidad entre hermanos conlleva el riesgo de fratricidio.

Sin embargo, Jacob envió a Josef con sus otros hijos sabiendo que le tenían envidia y lo odiaban. Josef presumiblemente conocía estos hechos. ¿Qué más podía concluir, al reflexionar sobre los eventos que llevaron a su venta como esclavo, que Jacob lo había puesto deliberadamente en este peligro? ¿Por qué? Debido al evento inmediatamente anterior, cuando Josef le había dicho a su padre que "el sol y la luna", su padre y su madre, se inclinarían ante él.

Esto enfureció a Jacob y Josef lo sabía. Su padre lo había "reprendido". Era indignante sugerir que sus padres se postrarían ante él. Estuvo mal imaginarlo, más aún decirlo. Además de eso, ¿quién era la "luna"? La madre de Josef, Raquel, el gran amor de la vida de Jacob, estaba muerta. Entonces, presumiblemente, se refería a Lea. Pero su sola mención de "el sol, la luna y las once estrellas" debió haberle devuelto a su padre el dolor de la muerte de Raquel. Josef sabía que había provocado la ira de su padre. ¿Qué más podía concluir, sino que Jacob había arriesgado deliberadamente su vida?

Josef no se comunicó con su padre porque creía que su padre ya no quería verlo ni saber de él. Su padre había terminado la relación. Esa era una inferencia razonable de los hechos, tal como los conocía Josef. No podía haber sabido que Jacob todavía lo amaba, que sus hermanos habían engañado a su padre mostrándole el manto manchado de sangre de Josef, y que su padre lo lloraba, "negándose a ser consolado". Conocemos estos hechos porque la Torá nos lo dice. Pero Josef, lejos, en otra tierra, sirviendo como esclavo, no podría haberlo sabido. Esto coloca la historia bajo una luz completamente nueva y trágica.

¿Hay alguna evidencia que apoye esta interpretación? La hay. Josef debe haber sabido que su padre podía enojarse con sus hijos. Lo había visto dos veces antes.

La primera vez fue cuando Simón y Levi mataron a los habitantes de Siquem después de que su príncipe violó y secuestró a su hermana Dina. Jacob los reprendió amargamente: "Entonces Jacob dijo a Simón y a Levi: Me habéis traído dificultades, haciéndome odioso entre los habitantes del país, entre los cananeos y los ferezeos; y como mis hombres son pocos, ellos se juntarán contra mí y me atacarán, y seré destruido yo y mi casa" (34:30). El segundo ocurrió después de la muerte de Raquel. "Mientras Israel vivía en esa región, Rubén entró y se acostó con Bilha, la concubina de su padre, e Israel se enteró" (35:22). Como hemos visto antes, según los sabios, Rubén simplemente movió la cama de su padre[2], pero Jacob creyó que se había acostado con su sirvienta, un acto de usurpación.

Como resultado de estos dos episodios, Jacob prácticamente rompió el contacto con sus tres hijos mayores. Todavía estaba enojado con ellos al final de su vida, maldiciéndolos en lugar de bendecirlos. De Rubén, dijo:

Impetuoso como un torrente, ya no serás el primero: te acostaste en mi cama; profanaste la cama de tu propio padre (49:4).

De su segundo y tercer hijo dijo:

Simón y Levi son hermanos;
Armas de iniquidad sus armas.
En su consejo no entre mi alma,
Ni mi espíritu se junte en su compañía.
Porque en su furor mataron hombres,
Y en su temeridad desjarretaron toros.
Maldito su furor, que fue fiero;
Y su ira, que fue dura.
Yo los apartaré en Jacob,
Y los esparciré en Israel (49:5–7).

2. Rashí a Génesis 35:22; *Shabat* 55b.

Entonces Josef sabía que Jacob era capaz de enojarse con sus hijos y de terminar su relación con ellos (por eso, en ausencia de Josef, Judá se convirtió en la figura clave. Era el cuarto hijo de Jacob, y Jacob ya no confiaba en los tres mayores).

También hay evidencia de otro tipo. Cuando Josef fue nombrado segundo al mando en Egipto, recibió el nombre de Tzofnat Paneaj y se casó con una esposa egipcia, Asenat, con quien tuvo su primer hijo. Luego leemos:

> Josef llamó a su primogénito Menashé, diciendo: "Es porque Dios me ha hecho olvidar todos mis problemas *y toda la casa de mi padre*" (41:51).

Lo más importante en la mente de Josef era el deseo de olvidar el pasado, no solo la conducta de sus hermanos hacia él, sino "toda la casa de mi padre". ¿Por qué, si no es que asoció "todos mis problemas" no solo con sus hermanos sino también con su padre Jacob? Josef creía que su padre lo había puesto deliberadamente a merced de sus hermanos porque, enojado por el segundo sueño, ya no quería tener contacto con el hijo que una vez había amado. Por eso nunca le envió un mensaje a Jacob de que todavía estaba vivo.

Si es así, se arroja nueva luz sobre la gran escena de apertura de *Vaygash*. ¿Qué del discurso de Judá fue lo que hizo que Josef rompiera a llorar y finalmente revelara su identidad a sus hermanos? Una respuesta es que Judá, al pedir que lo tomaran como esclavo para que Benjamín pudiera salir libre, demostró que había hecho *teshuvá*; que era un penitente; que ya no era la misma persona que una vez vendió a Josef como esclavo. Eso, como he argumentado en los dos ensayos anteriores, es un tema central de toda la narrativa. Es una historia sobre el arrepentimiento y el perdón.

Pero ahora podemos ofrecer una segunda interpretación. Judá dice palabras que, por primera vez, le permiten a Josef entender lo que realmente había ocurrido veintidós años antes. Judá relata lo que sucedió después de que los hermanos regresaron de su primer viaje para comprar comida en Egipto:

> Y dijo nuestro padre: Volved a comprarnos un poco de alimento. Y nosotros respondimos: No podemos ir; si nuestro hermano va con nosotros, iremos; porque no podremos ver el rostro del varón, si no está con nosotros nuestro hermano el menor.
>
> Entonces tu siervo, mi padre, nos dijo: Vosotros sabéis que dos hijos me dio a luz mi mujer; y el uno salió de mi presencia, y pienso de cierto que fue despedazado, y hasta ahora no lo he visto. Y si tomáis también a éste de delante de mí, y le acontece algún desastre, haréis descender mis canas con dolor al Sheol (44:25–31).

En ese momento, Josef se dio cuenta de que su temor de que su padre lo hubiera rechazado era injustificado. Al contrario, había quedado desolado cuando Josef no regresó. Creía que había sido "despedazado", asesinado por un animal salvaje. Su padre todavía lo amaba, todavía estaba afligido por él. En este contexto, podemos comprender mejor la reacción de Josef a esta revelación:

> No podía ya Josef contenerse delante de todos los que estaban al lado suyo, y clamó: "Haced salir de mi presencia a todos. Y no quedó nadie con él, al darse a conocer Josef a sus hermanos. Entonces se dio a llorar a gritos; y oyeron los egipcios, y oyó también la casa de Faraón. Y dijo Josef a sus hermanos: Yo soy Josef; ¿vive aún mi padre?" (45:1–3).

El primer pensamiento de Josef no es sobre Judá o Benjamín, sino sobre Jacob. Una duda que había albergado durante veintidós años había resultado infundada. De ahí su primera pregunta: "¿Mi padre sigue vivo?"

¿Es esta la única interpretación posible de la historia? Claramente no. Pero es una posibilidad. En cuyo caso, ahora podemos situar la narrativa de Josef en otros dos contextos temáticos que juegan un papel importante en el Génesis en su conjunto.

El primero es un trágico malentendido. Pensamos aquí en al menos otros dos episodios. El primero tiene que ver con Isaac y Rebeca. Isaac, recordamos, amaba a Esaú; Rebeca amaba a Jacob. Al menos una posible explicación, ofrecida por Abrabanel[3], es que Rebeca había sido informada "por Dios", antes de que nacieran los gemelos, que "el mayor servirá al menor". De ahí que se apega a Jacob, el menor, y su determinación de que él, y no Esaú, debería tener la bendición de Isaac.

El otro se refiere a Jacob y Raquel. Cuando dejaron a Labán para regresar a la tierra de Canaán, Raquel había robado los *terafim* de su padre, "genios protectores" o "dioses domésticos". No le dijo a Jacob que lo había hecho. El texto dice explícitamente: "Jacob no sabía que Raquel había robado los dioses" (31:32). Cuando Labán los persiguió y los alcanzó, acusó al grupo de Jacob de haberlos robado. Jacob, indignado, niega esto y dice: "Aquel en cuyo poder hallares tus dioses, no viva" (31:32). Varios capítulos después, leemos que Raquel murió prematuramente, en el camino. La posibilidad insinuada por el texto, articulado por un midrash y por Rashí[4], es que, sin quererlo, Jacob la había condenado a muerte.

En ambos casos, el malentendido se debió a una falla en la comunicación. Si Rebeca le hubiera contado a Isaac sobre el oráculo y si Raquel le hubiera contado a Jacob acerca de los *terafim*, la tragedia podría haberse evitado. El judaísmo es una religión de palabras sagradas, y uno de los temas del Génesis en su conjunto es el poder del habla para crear, engañar, dañar o curar. Desde Caín y Abel hasta Josef y sus hermanos ("lo odiaban y no podían hablarle pacíficamente"), se nos muestra cómo, cuando fallan las palabras, comienza la violencia.

El otro tema, aún más conmovedor, tiene que ver con padres e hijos. ¿Qué sintió Isaac por Abraham, sabiendo que había levantado un cuchillo para sacrificarlo? ¿Qué sintió Jacob por Isaac, sabiendo que amaba a Esaú más que a él? ¿Qué sentían los hijos de Lea por Jacob, sabiendo que amaba más a Raquel y a sus hijos? *¿Mi padre realmente me ama?* – Esa es una pregunta que creemos que debe haber surgido

3. Abrabanel a Génesis 25:28. Isaac amaba a Esaú, argumenta Abrabanel, porque era el primogénito. Isaac creyó, por tanto, que heredaría la bendición y el pacto divinos. Por su oráculo, Rebeca sabía lo contrario. En esta lectura, el drama se desarrolló debido a una falla en la comunicación entre esposo y esposa.

4. Rashí a Génesis 31:32; *Génesis Raba* y *Zohar* ad loc.

en cada uno de estos casos. Ahora vemos que hay un fuerte argumento para suponer que Josef también debe haberse hecho la misma pregunta.

"Aunque mi padre y mi madre me abandonen, el Señor me recibirá" dice el Salmo 27. Esta es la línea que resuena en todo Génesis. Nadie hizo más que Sigmund Freud para colocar esto en el corazón de la psicología humana. Para Freud, el complejo de Edipo, la tensión entre padres e hijos, es el determinante más poderoso de la psicología del individuo y de la religión en su conjunto.

Freud, sin embargo, tomó como texto clave un mito griego, y no las narrativas del Génesis. Si hubiera recurrido a la Torá en su lugar, habría visto que esta tensa relación puede tener una resolución no trágica. Abraham amaba a Isaac. Isaac bendijo a Jacob por segunda vez, esta vez sabiendo que era Jacob. Jacob amaba a Josef. Y para trascender todos estos amores humanos está el amor divino, que nos rescata de los sentimientos de rechazo y redime la condición humana de la tragedia.

Perdón

Judá ha superado la prueba tan elaboradamente ideada por Josef. Veintidós años antes, fue Judá quien propuso vender a Josef como esclavo. Ahora Josef, todavía no reconocido por sus hermanos, lo ha sometido a una prueba cuidadosamente construida para ver si sigue siendo la misma persona o ha cambiado. Él ha cambiado. Judá ahora está dispuesto a convertirse él mismo en esclavo para que su hermano Benjamín pueda salir libre. Esto es todo lo que Josef necesita saber. Ahora, por fin, revela su identidad a sus hermanos en un momento de intensa emoción.

Sin embargo, la característica más importante de la escena es el completo perdón de Josef por lo que los hermanos le habían hecho todos esos años antes.

> "Ahora, pues, no os entristezcáis, ni os pese de haberme vendido acá; porque para preservación de vida me envió Dios delante de vosotros. Pues ya ha habido dos años de hambre en medio de la tierra, y aún quedan cinco años en los cuales ni habrá arada ni siega. Y Dios me envió delante de vosotros, para preservaros posteridad sobre la tierra, y para daros vida por medio de gran

> liberación. Así, pues, no me enviasteis acá vosotros, sino Dios" (45:5–8).

Josef no hace referencia al complot de los hermanos para matarlo ni al hecho de que lo habían vendido como esclavo. No menciona los años perdidos que pasó, primero como esclavo de Potifar y luego como prisionero en la cárcel. No solo los perdona, sino que hace todo lo posible para aliviarlos de un sentimiento de culpa. Les dice que ellos no fueron realmente responsables; que había sido el plan de Dios desde el principio; que había sido lo mejor, para que pudiera salvar vidas durante los años de hambruna y para poder actuar como su protector en los años venideros. Es un momento de suprema generosidad de espíritu.

Tampoco es este el único momento así. Cinco capítulos después, al final del libro de Génesis, Josef repite el acto de perdonar. Jacob ha muerto y los hermanos ahora temen que después de todo, Josef se vengará. Temen que su aparente amabilidad sea simplemente una forma de esperar el momento oportuno hasta que su padre ya no esté vivo (recordemos las palabras de Esaú: "Los días de luto por mi padre están cerca; entonces mataré a mi hermano Jacob" [27:41]). Esto es lo que dice Josef en esta segunda ocasión:

> "Y les respondió Josef: No temáis; ¿acaso estoy yo en lugar de Dios? Vosotros pensasteis mal contra mí, mas Dios lo encaminó a bien, para hacer lo que vemos hoy, para mantener en vida a mucho pueblo. Ahora, pues, no tengáis miedo; yo os sustentaré a vosotros y a vuestros hijos". Así los consoló, y les habló al corazón (50:19–21).

A veces se dice que el judaísmo carece del concepto de perdón. En ocasiones, la afirmación es más específica que en el judaísmo, Dios perdona, pero la gente no. Esto simplemente no es así. En palabras de Maimónides:

> Está prohibido que una persona sea obstinada y no se apacigüe. Por el contrario, uno debería sosegarse fácilmente y ser difícil en llegar a la ira. Cuando un ofensor pide perdón, uno debe perdonar

> con una mente sincera y un espíritu dispuesto... el perdón es natural en la simiente de Israel[1]...

Tampoco es necesario que el infractor se disculpe:

> Si alguien agravió a un prójimo, y este que no quiso reprenderlo ni hablarle nada, porque el pecador es extremadamente común, o posee una mente confundida, pero dentro de su corazón lo perdonó, y no tuvo odio contra él, aunque no le reprendió, he aquí, tal es una conducta piadosa[2].

En otras palabras, si juzga que el ofensor no se disculpará porque es el tipo de persona incapaz de admitir o comprender que ha hecho mal, entonces debe perdonarlo de todos modos. No es necesario hacerlo, pero es *midat jasidut*, "el estándar de los píos".

Entonces no es que Dios perdone, mientras que los seres humanos no. Por el contrario, creemos que, así como solo Dios puede perdonar los pecados contra Dios, solo los seres humanos pueden perdonar los pecados contra los seres humanos. Es por eso que Yom Kipur expía nuestros pecados contra Dios, pero no nuestros pecados contra otros seres humanos[3].

La razón por la que hay tan poca referencia al perdón interpersonal en otras partes de la Biblia radica en el hecho de que, como se menciona en la Introducción, el libro de Génesis trata sobre los "primeros principios". Es aquí más que en ningún otro lugar donde se hace hincapié en las relaciones personales, y se exploran los temas de la hostilidad, el resentimiento, el alejamiento y la reconciliación en toda su profundidad y patetismo. Una vez que la Torá ha establecido el principio del

---

1. Maimónides, *Mishné Torá, Hiljot Teshuvá,* 2:10.
2. Ibíd. *Hiljot Deot* 6:9.
3. Para una discusión fascinante sobre el perdón, ver Simon Wiesenthal, *The Sunflower: On the Posssibility and Limits of Forgiveness,* edición revisada y ampliada (Nueva York: Schocken, 1997). En español puede consultarse: Simon Wiesenthal *Los límites del perdón, Dilemas éticos y racionales de una decisión.* Ediciones Paidós, 1998.

perdón humano, lo que hace aquí en la narrativa de Josef, no necesita repetirlo en otra parte.

Notemos cuán profundo es realmente el pasaje. Josef hace más que perdonar. Quiere asegurarse de que los hermanos, especialmente Judá, hayan cambiado. Ya no son personas capaces de vender a otros como esclavos. Porque habría sido absurdo que la víctima perdonara mientras el crimen aún se estaba cometiendo o mientras el criminal aún no se había arrepentido[4]. Considera un equivalente moderno, el proceso de "Verdad y Reconciliación" establecido en Sudáfrica por Nelson Mandela: solo podría ocurrir cuando el apartheid hubiera terminado.

Tampoco es Judá solo quien tiene que cambiar. Josef también. Tiene que repensar toda la secuencia de eventos. Ya no la ve en términos de un daño que le hicieron sus hermanos. La ve como parte de un plan providencial para llevarlo a donde Dios necesita que esté ("Entonces, no fuiste tú quien me envió aquí, sino Dios"). Piensa no solo en el momento de veintidós años antes cuando fue vendido como esclavo, sino en sus consecuencias a largo plazo. Antes de que pueda llegar a un acuerdo con sus hermanos, Josef tiene que llegar a un acuerdo consigo mismo y con sus experiencias. Es por eso que el perdón eleva al que perdona incluso más que al perdonado.

Pero el significado real de este pasaje va más allá de la historia de Josef y sus hermanos. Es el preludio esencial del libro de Éxodo y el nacimiento de Israel como nación. El libro del Génesis es, entre otras cosas, un conjunto de variaciones sobre el tema de la rivalidad entre hermanos: Caín y Abel, Isaac e Ismael, Jacob y Esaú, Josef y sus hermanos. El libro comienza con el fratricidio y termina con la reconciliación. Hay un patrón claro en la escena final de cada una de las cuatro narrativas:

1 Caín/Abel	Asesinato
2 Isaac/Ismael	Los dos se reúnen en el funeral de Abraham
3 Jacob/Esaú	Encuentro, abrazo, van por caminos separados
4 Josef/hermanos	Perdón, reconciliación, convivencia

4. Ver Richard Swinburne, *Responsibility and Atonement* (Oxford: Clarendon, 1989).

En el desarrollo de estas cuatro narrativas, la Torá está haciendo una declaración fundamental. Histórica y psicológicamente, las familias preceden a la sociedad y al estado. Si los hermanos no pueden vivir juntos en paz, entonces no pueden formar una sociedad estable o una nación cohesionada. Maimónides explica que el perdón y el mandamiento asociado de no guardar rencor (Levítico 19:18) son esenciales para la supervivencia de la sociedad: "Mientras uno alimente un agravio y lo tenga en cuenta, puede llegar a vengarse. La Torá nos advierte enfáticamente que no guardemos rencor, de modo que la impresión del mal sea completamente borrada y deje de ser recordada. Este es el principio correcto. Solo él hace posible la civilización y las relaciones humanas"[5].

El perdón no es meramente personal, también es político. Es esencial para la vida de una nación si quiere mantener su independencia por mucho tiempo. No hay mayor prueba de esto que la propia historia judía. Israel sufrió dos veces la derrota y el exilio. La primera, la conquista del Reino del Norte, seguida un siglo y medio después por la destrucción del Primer Templo y el exilio babilónico, fue una consecuencia directa de la división del reino en dos después de la muerte de Salomón. La segunda, la derrota a manos de los romanos y la destrucción del Segundo Templo, fue el resultado de un intenso fraccionamiento y luchas internas, *sinat jinam*.

Cuando las personas carecen de la capacidad de perdonar, no son capaces de resolver los conflictos. El resultado es la división y la fragmentación de una nación en grupos y sectas rivales. Por eso, el perdón de Josef es el puente entre Génesis y Éxodo. El primero trata sobre los hijos de Israel como familia, el segundo sobre ellos como nación. Para ambos es fundamental la experiencia de la esclavitud, primero la de Josef y luego la de todo el pueblo. El mensaje no podría ser más claro. Los que buscan la libertad deben aprender a perdonar.

---

5. Maimónides, *Mishné Torá, Hiljot Deot* 7:8.

Vayejí
ויחי

Con *Vayejí*, el libro del Génesis, colmado de conflictos familiares, llega a un final sosegado. Jacob, reunido con su querido Josef, ve a sus nietos, la única escena de este tipo en la Torá. Los bendice, y luego en su lecho de muerte bendice a sus doce hijos. Muere y es sepultado en la cueva de Majpelá con sus padres y abuelos. Josef perdona a sus hermanos por segunda vez, y él mismo muere, habiendo asegurado a sus hermanos que Dios finalmente traerá a la familia de regreso a la Tierra Prometida. La larga narrativa patriarcal ha llegado a su fin y está a punto de comenzar un nuevo período, el del nacimiento de Israel como nación.

El primero de los siguientes ensayos analiza los valores de la verdad y la paz en el judaísmo, y cuál tiene prioridad cuando colisionan. El segundo, analiza los nombres de los hijos de Josef y lo que nos dicen sobre su estado de ánimo cuando se los dio. El tercero analiza la idea paradójica de que, a través de la *teshuvá*, podemos cambiar el pasado. El cuarto muestra cómo el perdón es una parte esencial de la vida en libertad, ya que solo él nos libera de quedar cautivos de la memoria y el resentimiento. El tiempo judío, definido por el arrepentimiento y el perdón, es la derrota de la tragedia en nombre de la esperanza.

La Mentira Blanca

La Torá advierte en Éxodo (23:7), "aléjate de causas mentirosas" y a lo largo de los siglos, el conjunto de cuestiones alrededor de la verdad y la falsedad ha planteado importantes cuestiones éticas. ¿Está permitido decir una mentira piadosa? Si un asesino anda suelto, blandiendo un arma, y su víctima prevista se refugia en tu casa, estás obligado a decir la verdad cuando el asesino golpea tu puerta y te pregunta: "¿está aquí?". Immanuel Kant, el más grande filósofo de los tiempos modernos, dijo que sí. Siempre debemos decir la verdad, sean cuales sean las consecuencias[1]. Para Kant, la moralidad es una cuestión de reglas universales que se aplican en todas las circunstancias, por lo que permitir una mentira en un caso implicaría permitirla en todos los casos, lo que privaría de integridad a toda comunicación. El judaísmo dice que no. No solo está permitido decir una mentira piadosa para salvar una vida, también está permitido hacerlo por el bien de la paz.

1. Immanuel Kant, *"On a supposed right to lie from altruistic motives"*, Berliner Blätter, septiembre de 1778; Traducción al inglés en Sissela Bok, *Lying: Moral Choice in Public and Private Life* (Nueva York: Pantheon, 1978), 267–72. Ver también Immanuel Kant, Benjamin Constant ¿Hay derecho a mentir? Editores: Gabriel Albiac, Eloy García, Editorial Tecnos, España 2012.

Los sabios infirieron esto de dos episodios, uno en *Parashat Vayejí*.

Jacob ha muerto. Los hermanos ahora temen que Josef se vengará por el hecho de que lo vendieron como esclavo. Idean una estratagema:

> Y enviaron a decir a Josef: Tu padre mandó antes de su muerte, diciendo: Así diréis a Josef: Te ruego que perdones ahora la maldad de tus hermanos y su pecado, porque mal te trataron; por tanto, ahora te rogamos que perdones la maldad de los siervos del Dios de tu padre. Y Josef lloró mientras hablaban (50:16–17).

No hay evidencia de que Jacob haya dicho alguna vez estas palabras atribuidas a él. Por lo tanto, los sabios suponen que lo que dijeron los hermanos fue en realidad una mentira. Concluyen: "Está permitido cambiar [es decir, decir una mentira piadosa] por el bien de la paz"[2].

También encuentran evidencia de este principio en una segunda fuente. Cuando tres visitantes llegan a Abraham en su vejez y le anuncian que dentro de un año Sara tendrá un hijo, Sara se ríe y se dice a sí misma: "Después de que estoy desgastada, ¿tendré placer ahora, y mi esposo es viejo?" (18:12). Dios le dice a Abraham que Sara no cree, pero con mucho tacto deja fuera parte de su razonamiento: "Por qué Sara se rio y dijo: '¿De verdad tendré un hijo, ahora que soy mayor?'" (18:13) no hay ninguna referencia al comentario de Sara sobre la edad de su marido. Por lo tanto, los sabios concluyen que incluso Dios mismo puede "variar [la verdad]" por el bien de la paz.

Ambas fuentes son necesarias. Si solo tuviéramos la evidencia de los hermanos de Josef, no podríamos inferir que lo que hicieron fue correcto: tal vez se equivocaron al mentir. Y si solo tuviéramos la evidencia de las palabras de Dios a Abraham, solo podríamos inferir que se permite una verdad a medias, no una mentira real: Dios no dice nada falso; simplemente omite algunas de las palabras de Sara. Juntos, ambos, sirven para establecer la regla. La paz prevalece sobre la verdad.

Para comprender una civilización, es necesario no solo conocer los valores y virtudes que abraza, sino también el orden de prioridad entre ellos. Muchas culturas valoran la libertad y la igualdad. La pregunta

2. *Yevamot* 65b.

difícil es: ¿cuál tiene prioridad? El comunismo valora la igualdad más que la libertad. El capitalismo de laissez-faire valora la libertad más que la igualdad. Comparten los mismos ideales, pero debido a que les asignan lugares diferentes en la jerarquía ética, dan por resultado sociedades completamente diferentes.

La verdad y la veracidad son valores fundamentales en el judaísmo. Llamamos a la Torá "la ley de la verdad" (Malaquías 2:6). Los sabios definen la verdad como la firma de Dios[3]. Sin embargo, la verdad no es el valor más alto en el judaísmo. La paz lo es.

Las razones son dobles. Primero está el valor extraordinario que el judaísmo atribuye a la paz. Sir Henry Sumner Maine el historiador del siglo XIX, dijo: "La guerra es tan antigua como la humanidad. La paz es una invención moderna"[4]. Tenía muchas pruebas que lo respaldaban. Prácticamente todas las culturas hasta los tiempos modernos fueron militaristas. Los héroes eran hombres valientes que luchaban y, a menudo, morían en el campo de batalla. Las leyendas trataban de grandes victorias en la guerra. El conflicto estaba inscripto en el guion humano, ya sea entre los dioses, los elementos o los hijos de la luz contra los hijos de las tinieblas.

En este contexto, los profetas del antiguo Israel fueron los primeros en la historia en ver la paz como un ideal. Por eso, las palabras de Isaías, repetidas por Miqueas, nunca han perdido fuerza:

> Y juzgará entre las naciones, y reprenderá a muchos pueblos; y volverán sus espadas en rejas de arado, y sus lanzas en hoces; no alzará espada nación contra nación, ni se adiestrarán más para la guerra (Isaías 2: 2–4).

Esta visión de un mundo en paz no fue siglos sino milenios antes de su tiempo.

Al mismo tiempo, el judaísmo adoptó una visión más sutil de la verdad que los filósofos de la antigüedad. En lógica, una oración

3. *Shabat* 55a.
4. Citado al comienzo de Michael Howard, *The Invention of Peace: Reflections on War and International Order* (Londres: Profile, 2001).

es verdadera o falsa. No existe una tercera alternativa. En el judaísmo, por el contrario, la verdad es polifacética y escurridiza. El Talmud dice, acerca de las disputas entre las escuelas de Hilel y Shamai "estas y esas son las palabras del Dios viviente"[5]. De hecho, algunos creen que, aunque actualmente la ley está de acuerdo con la escuela de Hilel, en la Era Mesiánica seguirá el punto de vista de Shamai[6]. La verdad última siempre nos elude. Dios, la realidad última, está "más allá de nuestro entendimiento"[7]. Maimónides sostuvo que solo podemos saber lo que Dios no es; no lo que es.

Existe algo así como la verdad al ojo del espectador. La escuela de Hilel sostenía que siempre se debe decir en una boda: "la novia es hermosa y amable". Pero, ¿y si no lo es?, preguntó Shamai. ¿Dirás una mentira? A los ojos de su esposo, ella es hermosa, respondió Hilel.[8]

Hay un midrash notable que habla de la creación de la humanidad:

> Rabí Shimón dijo: Cuando el Santo, bendito sea, vino a crear a Adán, los ángeles ministradores se formaron en grupos y partidos, algunos de ellos diciendo: "Sea creado", mientras que otros instaban, "no sea creado" así está escrito, *"Amor y Verdad se han dado cita, Justicia y Paz se abrazan"* (Salmos 85:11). El amor dijo: sea creado, porque dispensará actos de amor; la verdad dijo: no sea creado, porque es compuesto de falsedad; la justicia dijo: sea creado, porque hará obras de justicia; la paz dijo: no sea creado, porque está lleno de contienda. ¿Qué hizo el Señor? Tomó la Verdad y la arrojó al suelo. Dijeron los ángeles ministrantes ante el Santo: ¡Bendito sea Él, Soberano del Universo! ¿Por qué desprecias tu sello? ¡Que la Verdad surja de la tierra! Por eso está

---

5. *Eruvin* 13b.
6. Esta idea fue mantenida generalmente por los exponentes de la Cábala luriánica del siglo XVI. Las reglas de la escuela de Shamai fueron generalmente más estrictas que las de la escuela de Hilel. Por lo tanto, la ley sigue a Hilel en la época actual cuando la espiritualidad es débil; pero seguirá las reglas más exigentes de Shamai cuando el espíritu haya ganado su victoria sobre los instintos físicos en la Era Mesiánica.
7. Job 36:26.
8. *Ketuvot* 17a.

escrito: "la Verdad brotará de la tierra, y de los cielos se asomará la Justicia" (Ibíd. 85:12)[9].

Los seres humanos, dijeron los ángeles, son una mezcla de defectos y virtudes. Hacen obras de amorosa bondad y justicia. Pero también son propensos a los conflictos y a la violencia, y con demasiada frecuencia dicen mentiras. Así, los ángeles estaban divididos, dos contra dos, en cuanto a si los seres humanos deberían ser creados o no. Dios, según el midrash, decidió la cuestión haciendo caso omiso de la objeción del ángel de la verdad: "lo arrojó por tierra". No obstante, Dios no abandonó la afirmación de la verdad. Dijo: "Que la verdad brote de la tierra".

El midrash, de la manera engañosamente simple en que enseña sus percepciones más profundas y sutiles, sugiere que la verdad en la tierra nunca puede aspirar a la prístina claridad de la verdad en el cielo. Vemos "como a través de un espejo, en la oscuridad"[10]. Vemos desde una perspectiva, no desde todas. A menudo, nuestros juicios se ven empañados por la emoción. A veces, nuestra comprensión limitada nos lleva a pensar que hemos entendido todo lo que hay que entender. Se necesita valentía e imaginación, así como humildad, para admitir lo poco que sabemos. Entonces, al arrojar la verdad al suelo, Dios en efecto estaba diciendo: No juzguemos a los seres humanos como si fueran ángeles. Basta que aspiren a la verdad y la busquen. Eso es lo que significa que la verdad "brote de la tierra".

Quizás, sin embargo, el midrash también sugiere algo más profundo, porque habla de Dios derribando la verdad, no la paz. Sin embargo, el ángel de la paz, como el ángel de la verdad, se opuso a la creación de la humanidad. Entonces, ¿cómo se respondió al reclamo de paz? Quizás la respuesta divina a la verdad también constituyó una respuesta a la queja de la paz. Cuando los seres humanos creen que poseen la verdad absoluta -la verdad celestial- libran sus guerras más salvajes. Se emprendieron cruzadas y yihads en nombre de la verdad. Así también, el terror que siguió a la Revolución Francesa y las brutalidades de la Rusia

---

9. *Génesis Raba* 8:5.
10. En arameo, *Beispaklaria sheeiná meirá*: *Yevamot* 49b, *Sanedrín* 97b. Esta parece ser la fuente de la famosa frase usada por Pablo en I Corintios 13:12.

estalinista. Isaiah Berlin dedicó gran parte de su energía intelectual a argumentar que "Pocas cosas han hecho más daño que la creencia por parte de individuos o grupos... que él o ella o ellos están en posesión exclusiva de la verdad"[11].

El camino hacia la paz es darnos cuenta de que nuestra comprensión de la verdad es parcial, fragmentaria, incompleta. Esa es la condición humana. La verdad importa, pero la paz importa más. Ese es el juicio meditado del judaísmo. Muchos de los mayores crímenes de la historia fueron cometidos por quienes creían poseer la verdad, mientras que sus oponentes estaban hundidos en el error. Para hacer las paces entre marido y mujer (Abraham y Sara) y entre hermanos (los otros hijos de Josef y Jacob), la Torá sanciona una declaración que es menos que toda la verdad. ¿Deshonestidad? No. ¿Tacto, sensibilidad, discreción? Si. Esa es una idea eminentemente sensata y humana.

11. Isaiah Berlin *Liberty*, (Oxford: University Press, 2002), 345.

Olvido y Fecundidad

El drama de los hermanos menores y mayores, que hechiza el libro del Génesis desde Caín y Abel en adelante, alcanza un extraño clímax en la historia de los hijos de Josef. Jacob/Israel se acerca al final de su vida. En la única escena que involucra a abuelos y nietos en todo el libro, Josef lo visita, trayendo consigo a sus dos hijos, Manasés y Efraín. Jacob le pide a Josef que los acerque para poder bendecirlos. La Torá describe con minucioso detalle lo que sigue a continuación:

> Luego tomó Josef a ambos: a Efraín a su derecha (a la izquierda de Israel), y a Manasés a su izquierda (a la derecha de Israel); y los acercó a él. Luego Israel extendió su mano derecha y la puso sobre la cabeza de Efraín, que era el menor, y su izquierda la puso sobre la cabeza de Manasés, cruzando sus manos a propósito, a pesar de que el primogénito era Manasés... Al ver Josef que su padre ponía su mano derecha sobre la cabeza de Efraín, le pareció mal, y tomó la mano de su padre para pasarla de la cabeza de Efraín a la cabeza de Manasés. Josef dijo a su padre: "Así no, padre mío, porque este es el primogénito. Pon tu diestra sobre su cabeza". Pero su padre rehusó y dijo: "También él llegará a ser un pueblo y también será engrandecido. Pero su hermano

> menor será más grande que él, y sus descendientes llegarán a ser una multitud de naciones". Los bendijo ese día, diciendo: "En tu nombre Israel pronunciará esta bendición: "Dios te haga como a Efraín y como a Manasés". Así que puso a Efraín a la cabeza de Manasés (48:13–14, 17–20).

No es difícil entender el cuidado que Josef tuvo para asegurarse de que Jacob bendijera primero al primogénito. Tres veces a lo largo de su vida, su padre había puesto al menor antes que al mayor, y cada vez resultó en una tragedia. Jacob, el menor, había tratado de suplantar a Esaú su hermano mayor. Al elegir esposa, había favorecido a Raquel, la hermana menor antes que a Lea. Y favoreció a sus hijos menores, Josef y Benjamín, sobre los mayores Rubén, Simón y Levi.

Las consecuencias fueron catastróficas: el alejamiento de Esaú, la tensión entre las dos hermanas y la rivalidad entre sus hijos. Josef mismo llevó las cicatrices: arrojado a un pozo por sus hermanos, quienes inicialmente planearon matarlo y finalmente lo vendieron a Egipto como esclavo. ¿Su padre no había aprendido? ¿O pensó que Efraín, a quien Josef sostenía en su mano derecha, era el mayor? ¿Jacob sabía lo que estaba haciendo? ¿No se dio cuenta de que corría el riesgo de extender las disputas familiares a la siguiente generación?

En todo caso ¿Por qué Jacob favoreció a Efraín sobre Manasés? No había visto a sus dos nietos antes. No sabía nada de ellos. Ninguno de los factores que condujeron a los episodios anteriores fue operativo aquí.

No podemos estar seguros de la explicación. Aquí, como tantas veces en la Torá, la narrativa es indeterminada, dejándonos a nosotros, el lector, desarrollar los detalles. En la maravillosa frase de los rabinos: "el texto mismo clama: ¡Expóngame!"[1]. En este caso, estamos al tanto que Jacob solo sabía los nombres de sus nietos: Manasés y Efraín. Esto fue suficiente para persuadirlo de que bendijera a Efraín antes que a Manasés. Porque la historia de sus años de exilio lejos de Jacob, quedó codificada en los nombres de los hijos de Josef. Cuando Josef finalmente

1. Solomon Buber, comp., *Tanjuma Vayeshev* 13; ver Rashí a Génesis 1:1; 37: 20.

salió de la prisión para convertirse en el primer ministro de Egipto, se casó y tuvo dos hijos:

> Antes del primer año de hambre, le nacieron a Josef dos hijos, que le dio a luz Osnat hija de Potifera, sacerdote de On. Josef llamó el nombre del primogénito Manasés, porque dijo: "Dios me ha hecho olvidar [*nashé*] todo mi sufrimiento y toda la casa de mi padre". Al segundo lo llamó Efraín, porque dijo: "Dios me ha hecho fecundo [*fara*] en la tierra de mi aflicción" (41:50–52).

La Torá insinúa de manera escueta una experiencia de exilio que se iba a repetir muchas veces a lo largo de los siglos. Al principio, Josef sintió alivio. Había pasado los años como esclavo y luego como prisionero. Se había elevado a la grandeza. En Canaán, había sido el menor de once hermanos en una familia nómada de pastores. Ahora, en Egipto, estaba en el centro de la mayor civilización del mundo antiguo, solo superado por el faraón en rango y poder. Nadie le recordó su origen. Con su túnica real, su anillo y su carro, era un príncipe egipcio (como lo sería más tarde Moisés). El pasado era un recuerdo amargo que buscaba borrar de su mente. Manasés significa "olvidar".

Pero a medida que pasaba el tiempo, Josef comenzó a sentir emociones muy diferentes. Sí, había llegado; había alcanzado el poder y la grandeza con los que había soñado en su juventud. Pero ese pueblo no era suyo; tampoco su cultura. Sin duda, su familia era, según los términos mundanos, poco distinguida, poco sofisticada. Sin embargo, siguieron siendo su familia. Eran la matriz de quién era él. Aunque no eran más que pastores (una clase que los egipcios despreciaban), Dios les había hablado, y no los dioses del sol, el río y la muerte, del panteón egipcio, sino Dios, el Creador del cielo y la tierra, quien no hizo Su hogar en templos y pirámides y panoplias de poder, sino que habló en el corazón humano como una voz, elevando a una familia sencilla a la grandeza moral.

Para cuando nació su segundo hijo, Josef había experimentado un profundo cambio de opinión. Sin duda, sufría de todos los timos del éxito terrenal: "Dios me ha hecho fecundo", pero Egipto se había convertido en "la tierra de mi aflicción". ¿Por qué? Porque estaba en el exilio. Hay una observación sociológica sobre los grupos de inmigrantes, conocida como la Ley de Hansen: "la segunda generación busca recordar lo que la primera generación procuraba olvidar"[2]. Josef pasó por esta transformación muy rápidamente. Ya estaba completo cuando nació su segundo hijo. Al llamar a este niño Efraín, estaba recordando lo que, cuando nació Manasés, estaba tratando de olvidar: quién era, de dónde venía, a dónde pertenecía. En esta lectura, la bendición de Jacob a Efraín sobre Manasés no tuvo nada que ver con sus edades y todo que ver con sus nombres. Sabía que la estancia de su familia en Egipto no sería corta. Antes de salir de Canaán para ver a Josef, Dios se le apareció en una visión:

> Le dijo: – Yo soy Dios, el Dios de tu padre. No temas descender a Egipto, porque allí yo haré de ti una gran nación. Yo descenderé contigo a Egipto y ciertamente yo también te haré subir de allí. Y la mano de Josef cerrará tus ojos (46:3–4).

Él sabía, en otras palabras, que este era el comienzo del largo exilio que Dios le había dicho a Abraham sería el destino de sus hijos, una visión que la Torá describe como acompañada de "una profunda y espantosa oscuridad" (15:12). Sabiendo que estos eran los dos primeros hijos de su familia en nacer en el exilio, sabiendo también que el exilio sería prolongado y en ocasiones difícil y oscuro, Jacob buscó dar una señal para todas las generaciones futuras que habría una tensión constante entre el deseo de olvidar (asimilarse, aculturarse, anestesiar la esperanza de un regreso) y los impulsos de la memoria (el conocimiento de que esto es un "exilio", que somos parte de otra historia, que el hogar decisivo está en otra parte). El hijo del olvido (Manasés) puede tener bendiciones. Pero mayores son las bendiciones a un niño (Efraín) que recuerda el pasado y el futuro de los que forma parte.

---

2. Marcus Lee Hansen, *The Problem of the Third Generation Immigrant* (Rock Island, IL., Augustana Historical Society, 1938), 9.

El Futuro del Pasado

La escena que cierra el libro de Génesis es intensamente significativa. Años antes, Josef había perdonado a sus hermanos por venderlo como esclavo, diciéndoles "Ahora, pues, no os entristezcáis, ni os pese haberme vendido acá; porque para preservación de vida me envió Dios delante de vosotros" (45:5). Sin embargo, evidentemente, solo le creyeron a medias. ¿Realmente podría perdonar un acto de crueldad que había alterado el curso de su vida? Sus sentimientos de culpa no habían desaparecido, y regresan para perseguirlos cuando muere Jacob.

Parece claro por la historia anterior de Esaú, que no se les permitió a los hijos vengarse de sus hermanos durante la vida de su padre. Esaú dice, "Llegarán los días del luto de mi padre, y yo mataré a mi hermano Jacob" (27:41). Esa es la posibilidad que contemplan los hermanos en el caso de Josef. Temen que él quiera vengarse, pero han esperado hasta la muerte de Jacob. Están ansiosos de que sus palabras de perdón en el pasado no hayan sido sinceras. Es posible que simplemente haya estado esperando su oportunidad, esperando el momento apropiado (como sucedió más tarde, por ejemplo, en el caso de Amnón y Absalón).

Después de la muerte de Jacob, los hermanos se acercan a Josef y le dicen: "Tu padre dejó estas instrucciones antes de morir: 'Esto es lo que debéis decirle a Josef: Te pido que perdones a tus hermanos los pecados y las injusticias que cometieron al tratarte tan mal. Así diréis a Josef: "Y ahora, te rogamos que perdones la maldad de los siervos del Dios de tu padre. Y Josef lloró cuando le hablaron "Ahora, por favor, perdona los pecados de los siervos del Dios de tu padre" (50:17). Los sabios se dieron cuenta de que este testamento de Jacob nunca había tenido lugar; si hubiera sido cierto, habría alguna referencia a él en la narración[1]. Sin embargo, Josef toma en serio las palabras de sus hermanos, no porque él las crea, sino porque el mismo hecho que digan esto indica que todavía se sienten angustiados y culpables. Su respuesta es majestuosa en su generosidad:

> "Pero Josef les respondió: – No teman. ¿Estoy yo acaso en el lugar de Dios? Ustedes pensaron hacerme mal, pero Dios lo encaminó para bien, para hacer lo que vemos hoy: mantener con vida a un pueblo numeroso" (50:19–20).

Como ya hemos comentado, esta escena final es la resolución de uno de los problemas centrales del libro de Génesis: el tema continuo de la rivalidad entre hermanos. Un libro repleto de tensiones, odio y competición termina con el perdón.

Este cierre es esencial para el drama bíblico de la redención, porque si los hermanos no pueden vivir juntos, ¿cómo pueden hacerlo las naciones? Y si las naciones no pueden vivir juntas, ¿cómo puede sobrevivir el mundo humano? Solo ahora, con la reconciliación de Josef y sus hermanos, la historia puede avanzar hacia el nacimiento de Israel como nación, pasando del crisol de la esclavitud a la constitución de la libertad como pueblo bajo la soberanía de Dios.

Sin embargo, hay algo más, y diferente, en juego en el comentario de Josef, y es esto lo que deseo explorar aquí. Se trata de la más paradójica de todas las declaraciones rabínicas sobre *teshuvá.*

Uno de los personajes más coloridos del Talmud fue el sabio conocido como Resh Lakish del siglo III. Resh Lakish fue originalmente un ladrón de caminos y gladiador. La tradición informa que se encontró con el gran erudito, Rabí Yojanán, bañándose en las aguas del Jordán.

---

1. Ver el ensayo "*La Mentira Blanca*", pág. 333.

Rabí Yojanán lo persuadió de que abandonara sus caminos sin ley y se uniera a él en la casa de estudios. Resh Lakish se arrepintió y se convirtió en discípulo y colega de Rabí Yojanán (y también en su cuñado: se casó con la hermana de Yojanán).

El Talmud informa que, a pesar de renunciar a su vida anterior, Resh Lakish ocasionalmente usó su fuerza física para buenos fines. En una ocasión rescató a un colega rabínico Rav Imi, que estaba cautivo de un grupo de secuestradores. En otra ocasión, fue a un pueblo donde habían robado a Rabí Yojanán y se llevó sus pertenencias robadas. Pero es más conocido como uno de los más famosos *baalei teshuvá*, penitentes, de la era talmúdica. Quizás hablando de su propia experiencia, acuñó varios aforismos sobre *teshuvá*, dos de los cuales se relatan en el tratado de *Yoma* (86b):

> Resh Lakish dijo: Grande es el arrepentimiento, porque a través de él los pecados premeditados se contabilizan como no deliberados, como se dice: "Volved al Señor, y decidle: Quita toda iniquidad, y acepta el bien" (Oseas 14:2). "Iniquidad" significa un pecado deliberado, pero el profeta lo llama "tropiezo" [en otras palabras, un acto involuntario]. Resh Lakish también dijo: Grande es el arrepentimiento, porque a través de él los pecados deliberados se contabilizan como si fueran méritos, como está escrito, "Y cuando el impío se apartare de su impiedad, e hiciere según el derecho y la justicia, vivirá por ello" (Ezequiel 33:19).

Las dos declaraciones, la segunda más fuerte que la primera, se reconcilian en el Talmud: la primera se aplica al arrepentimiento por temor (al castigo), la segunda al arrepentimiento por amor (de Dios y del bien). Pero a pesar de sus similitudes, son sorprendentemente diferentes. La primera tiene sentido. Cuando reconocemos nuestros errores, indicamos que nos arrepentimos por haberlos cometido. Nos disociamos retrospectivamente de ellos. Los actos permanecen, pero la intención no. En esa medida, los convertimos de pecados deliberados a acciones que ahora desearíamos no haber hecho. Se vuelven, por así decirlo, involuntarios.

La segunda afirmación, por el contrario, es prácticamente ininteligible. Al señalar nuestro remordimiento, en el mejor de los casos lo declaramos ahora, reflexionando; no pretendíamos hacer lo que hicimos. Cancelamos la intención. Lo que no podemos hacer es cancelar la acción. Se ha hecho. Es parte del pasado. No puede ser cambiada. Entonces, ¿cómo se pueden transformar los pecados deliberados en sus antípodas, en méritos, en buenas obras?

Tampoco la cita de Resh Lakish de Ezequiel prueba su punto. En todo caso, demuestra lo contrario. El profeta está hablando de una persona que, habiendo pasado por *teshuvá*, ahora hace el bien en lugar del mal, y es por sus buenas obras, no por las malas anteriores, que "vivirá". Lo que muestra el versículo es que las buenas acciones pueden superar una historia previa de maldad, pero no pueden convertir lo errado en correcto, lo malo en bueno, los pecados deliberados en méritos.

Sin embargo, he insinuado en ensayos anteriores que la fuente de muchos de los principios de *teshuvá* de los sabios, no se derivan de los textos de prueba citados por el Talmud mismo, sino de la historia de Josef y sus hermanos, la narrativa bíblica clave del arrepentimiento. La razón por la que los sabios no citaron esto como su fuente es doble: primero, la historia de Josef es narrativa, no ley; segundo, precede al pacto en el monte Sinaí y, por lo tanto, solo sirve como un precedente válido si se puede encontrar alguna confirmación en la literatura post-mosaica.

La declaración de Resh Lakish sobre pecados y méritos es un caso de este tipo. Es casi seguro que su origen se encuentra en las palabras que Josef les dice a sus hermanos en el capítulo final del Génesis: "Tenías la intención de dañarme, pero Dios lo hizo para bien". Este es el paradigma que se encuentra en la base del argumento de Resh Lakish. Los hermanos habían cometido un pecado deliberado al vender a Josef como esclavo; ellos (o al menos Judá, el instigador de la decisión de vender a Josef) habían hecho *teshuvá*. El resultado es que, a través de la providencia divina ("Dios lo propuso"), su acción ahora se considera "para bien".

Esta no solo es la fuente del principio de Resh Lakish, sino que también nos permite comprender lo que significa. Cualquier acto que realicemos tiene múltiples consecuencias, algunas buenas, otras malas. Cuando pretendemos el mal, las malas consecuencias se nos atribuyen porque son lo que buscamos lograr. Las buenas consecuencias no lo son: son meros subproductos, casualidades, resultados no deseados.

Así, en el caso de Josef, sucedieron muchas cosas positivas cuando lo llevaron a Egipto. Se convirtió en amo de la casa de Potifar, administrador de la prisión, intérprete de sueños. Más tarde se convirtió en el segundo al mando de Egipto, supervisor de su economía, y el hombre que salvó al país de la ruina durante los años de hambre. Ninguna de estas consecuencias podría atribuirse a sus hermanos, aunque no habrían sucedido si los hermanos no hubieran hecho lo que hicieron. La razón es que los hermanos no previeron ni pretendieron este conjunto de resultados. Querían vender a Josef como esclavo, y eso fue lo que hicieron.

Sin embargo, cuando los hermanos se arrepintieron por completo, su intención original fue cancelada. Ahora era posible ver las consecuencias tanto buenas como malas de su acto, y atribuirles las primeras. Despojado de su objetivo inicial, el acto podría definirse por el papel que desempeñó en un drama providencial cuyo resultado solo ahora era completamente evidente en retrospectiva. Parafraseando a Marco Antonio de Shakespeare, el bien que hicieron viviría después de ellos; lo malo fue enterrado con el pasado (Julio César, acto III, escena 2). Así es como, a través del arrepentimiento, los pecados deliberados pueden ser contabilizados como méritos, o como dijo Josef: "Tenías la intención de dañarme, pero Dios lo hizo para bien". Esta es una idea tremendamente significativa, porque significa que con un cambio de corazón podemos redimir el pasado.

Esto todavía suena paradójico, porque tendemos a dar por sentada la idea de la asimetría del tiempo: el futuro está abierto, pero el pasado está cerrado. Ante nosotros hay una serie de caminos. Lo que tomamos depende de nuestra elección. Detrás de nosotros se encuentra la historia de nuestras decisiones anteriores, ninguna de las cuales podemos deshacer. No podemos retroceder en el tiempo. Eso es una imposibilidad lógica. Podemos afectar lo que está por suceder; pero, en palabras de los sabios, "Lo que ha sido, ha sido"[2] y no podemos alterarlo. Con o sin arrepentimiento, el pasado seguramente es inmutable. Todo esto es cierto, pero no es toda la verdad. La idea revolucionaria detrás de las palabras de Josef y Resh Lakish es que hay dos conceptos

2. *Pesajim* 108a.

del pasado. El primero es lo que pasó. El segundo es el significado, el significado de lo sucedido.

En el antiguo Israel nació un nuevo concepto del tiempo. Esto hizo más que cambiar la historia de Occidente; en cierto sentido, la creó. Hasta el Tanaj, el tiempo era generalmente concebido como una serie de recurrencias eternas, repitiendo sin cesar un patrón que pertenecía a la estructura inmutable del universo. Las estaciones (primavera, verano, otoño, e invierno) y el ciclo de vida (nacimiento, crecimiento, declive y muerte) eran una secuencia reiterada en la que nada cambiaba fundamentalmente. A esto se le llama tiempo cíclico, cosmológico o mítico. Hay un poderoso ejemplo de ello en el propio Tanaj, en el libro de Eclesiastés:

> Una generación va, otra generación viene;
> pero la tierra para siempre permanece.
> Sale el sol y el sol se pone;
> corre hacia su lugar y allí vuelve a salir...
> Todos los ríos van al mar y el mar nunca se llena;
> al lugar donde los ríos van, allá vuelven a fluir...
> Lo que fue, eso será; lo que se hizo, ese se hará.
> Nada nuevo hay bajo el sol (Eclesiastés 1:4–9).

Esta concepción del tiempo produce una filosofía de vida profundamente cautelosa. Justifica el statu quo. Las desigualdades se consideran inscriptas en la estructura del universo. Todos los intentos de cambiar la sociedad están destinados al fracaso. Las personas son lo que son y el mundo es lo que siempre ha sido. En el mejor de los casos, esta visión conduce a la resignación, en el peor de los casos, a la desesperación. No hay un significado último en la historia. Como dice el autor de *Eclesiastés*:

> "¡Vanidad de vanidades! – dice el Maestro -,
> ¡Vanidad de vanidades! ¡Todo vanidad!" (Eclesiastés 1:2).

La comprensión judía del tiempo que surge de Tanaj, en cambio, fue completamente revolucionaria. Por primera vez la gente empezó a concebir que Dios creo el universo en libertad y que, al hacer al hombre a Su imagen, también lo dotó de libertad. Siendo así, mañana podría ser diferente de lo que era hoy, y si pudiera cambiarse a sí mismo, podría empezar a cambiar el mundo. El tiempo se convirtió en un escenario del cambio. Con esto nació el concepto de historia (en contraposición al mito).

Muchos grandes pensadores han escrito sobre este tema, incluido el historiador Arnold Momigliano[3] y el antropólogo Mircea Eliade[4]. Así es como el historiador británico J.H. Plumb lo asienta en su libro, *La muerte del pasado*:

> El concepto de que dentro de la historia de la humanidad misma estaba operando un proceso que moldearía su futuro y conduciría al hombre a situaciones totalmente diferentes de su pasado, parece haber encontrado su primera expresión entre los judíos... Con los judíos, el pasado se convirtió... en una parte íntima del destino y una interpretación del futuro... la singularidad de este concepto radica en la idea de desarrollo. El pasado ya no era estático, un mero almacén de información, ejemplos y eventos, sino dinámico, una historia en desarrollo... este sentido de narrativa y de desarrollo de propósitos incidió profundamente en la conciencia europea.[5]

Y lo que se aplica a las naciones, se aplica también a los individuos. Vivimos la vida hacia adelante, pero la entendemos al revés. El ejemplo más simple de esto es la autobiografía. Al leer la historia de una vida, vemos cómo una infancia privada llevó a la mujer de ambición férrea, o cómo la temprana pérdida de un padre moldeó al hombre que pasó sus últimos años persiguiendo la fama en busca del amor que había perdido. Hay un aire de inevitabilidad en tales historias, pero es una ilusión. La niñez desfavorecida o la pérdida de un progenitor también podrían haber

---

3. Arnold Momigliano, *"History and the Concept of Time," in History and theory: Studies in the Philosophy of History, BEIHEFT 6* (Middletown, CT: Wesleyan University Press, 1966), 18–19.
4. Mircea Eliade, *Cosmos and History: the Myth of the Eternal Return* (Nueva York: Harper, 1959). Mircea Eliade, El mito del eterno retorno: Arquetipos y repetición, Alianza Editorial; 2011.
5. J.H. Plumb, *The Death of the Past* (Harmondsworth: Pelican, 1973), 56–57.

llevado a una sensación de derrota e insuficiencia. Depende de nuestras elecciones, en qué nos convertimos y (casi) siempre somos libres de elegir de una manera u otra. Pero lo que somos da forma a la historia de nuestra vida, y solo en retrospectiva, mirando hacia atrás, vemos el pasado en contexto, como parte de un cuento cuyo final conocemos solo ahora. En la vida considerada como narrativa, los acontecimientos posteriores cambian el significado de los anteriores. Fue un regalo del judaísmo al mundo descubrir el tiempo como narrativa.

Eso era lo que Resh Lakish sabía por experiencia propia. Él había sido un ladrón de caminos. Podría haber seguido siéndolo. En cambio, se convirtió en un *baal teshuvá*, y las mismas características que había adquirido en su vida anterior (fuerza física y coraje) las utilizó más tarde para fines virtuosos. Sabía que no podría haberlo hecho si hubiera tenido un pasado diferente, una vida de estudio y paz. Sus pecados se convirtieron en méritos porque, en retrospectiva, fueron una parte esencial del bien que finalmente hizo. Lo que había sucedido (el pasado como pasado) no cambió, pero su significado (el pasado como parte de una narrativa de transformación) sí.

Esa también fue la profunda verdad filosófico-espiritual que Josef transmitió a sus hermanos. Con vuestro arrepentimiento – les insinuó – han cambiado la historia de la que sois parte. El daño que pretendías hacer finalmente trajo el bien. Mientras permanecieras dispuestos a vender a un hermano como esclavo, nada de ese bien podría ser atribuido a vosotros, pero ahora se han transformado a sí mismos a través de la *teshuvá*, y así también habéis transformado la historia de vuestras vidas. Con vuestro cambio de opinión, se ganaron el derecho a ser incluidos en una narrativa cuyo resultado final fue benigno.

Ahora vemos la profunda estructura general del libro de Génesis. Comienza con Dios creando el universo en libertad. Termina con la familia de Jacob a punto de crear un nuevo universo social de libertad que comienza en la esclavitud, pero termina con la entrega y recepción de la Torá, la "constitución de la libertad" de Israel[6]. Israel tiene la tarea

6. La frase pertenece a F. A. Hayek, *The Constitution of Liberty* (Chicago: University of Chicago Press, 1960). Ver F. A. Hayek, Los Fundamentos de la Libertad, Unión Editorial, España.

de cambiar la visión moral de la humanidad, pero solamente puede hacerlo si los judíos individuales, de los cuales los precursores fueron los hijos de Jacob, son capaces de cambiarse a sí mismos a través de esa afirmación última de libertad que llamamos *teshuvá*. El tiempo se convierte entonces en un escenario de cambio en el que el futuro redime el pasado y nace un nuevo concepto: la idea que llamamos esperanza.

Tiempo Judío

Las diferentes culturas cuentan diferentes historias. Los grandes novelistas del siglo XIX, por ejemplo, escribieron ficción esencialmente ética. Jane Austen y George Eliot exploraron la conexión entre el carácter y la felicidad. En esto, fueron muy influenciados por la Biblia, y hay una continuidad palpable entre su trabajo y el libro de Rut. Charles Dickens, siguiendo la tradición de los profetas, escribió sobre la sociedad y sus instituciones, y las formas en que pueden fallar en honrar la dignidad humana y la justicia.

Por el contrario, la fascinación actual por historias como La Guerra de las Galaxias, *Batman,* Hombre Araña, y sus muchas variantes es notoriamente dualista. Hay una fuerza del mal, separada e independiente de Dios y del bien. El mal está "ahí fuera" en el universo, no sólo "aquí" dentro del corazón humano. Estas historias están más cerca del mito que del monoteísmo.

Jack Miles, en *God: A Biography,* delinea la distinción mediante una comparación entre *Edipo Rey* de Sófocles y *Hamlet* de Shakespeare[1]. Edipo está condenado desde el principio de la historia. El oráculo de

1. Jack Miles, *God: A Biography* (New York: Simon and Schuster, 1995), 397–98. Jack Miles, Dios – una biografia. Planeta, Editorial, España.

Delfos ha hablado; el destino de Edipo está sellado; cuanto más actúa para evitarlo más se enreda en él. Ver a Edipo es catártico. Somos purgados de nuestras emociones de miedo, tristeza y dolor y nos reconciliamos con nuestra mortalidad.

El drama de *Hamlet,* sin embargo, reside en la mente, el alma, del propio *Hamlet.* El conflicto no es entre la intención humana y el destino ciego, sino entre las dos fuerzas que operan en el carácter de *Hamlet,* "el tono nativo de la resolución" versus "el pálido tono del pensamiento". La batalla de *Hamlet,* como la lucha de Jacob con el ángel, es consigo mismo. El Tanaj, como concluye Miles, "está mucho más cerca en espíritu de *Hamlet* que de *Edipo Rey*". Es una literatura, no del destino sino de la libertad.

Sin embargo, hay un aspecto de Tanaj, sistemáticamente evidente en la narrativa del Génesis, que es raro hasta el punto de ser único. Es una historia sin final que mira hacia un futuro abierto en lugar de llegar a un cierre. Esto desafía las convenciones de la narrativa[2]. Normalmente, esperamos que una historia cree una tensión que se resuelve en la página final. Eso es lo que le da al arte una sensación de plenitud. No esperamos que una escultura esté incompleta, que un poema se rompa a la mitad, que una novela termine en el medio. La *Sinfonía inacabada de Schubert* es la excepción que confirma la regla.

Sin embargo, eso es lo que hace la Biblia repetidamente. Piensa en el *Jumash,* los cinco libros mosaicos. La historia judía comienza con una promesa repetida a Abraham de que heredará la tierra de Canaán. Sin embargo, incluso cuando llegamos al final del Deuteronomio, los israelitas todavía no han cruzado el Jordán. El *Jumash* termina con la conmovedora escena de Moisés en el monte Nevó (en la actual Jordania) viendo la tierra, a la que ha estado dirigiéndose durante cuarenta años pero que está destinada a no entrar, desde lejos.

Neviim, o *Profetas,* la segunda parte de Tanaj, termina con Malaquías previendo el futuro lejano, entendido por la tradición como la era mesiánica:

---

2. Ver Frank Kermode, *The Sense of an Ending: Studies in the theory of Fiction* (New York: Oxford University Press, 1967). Frank Kermode, El Sentido de un Final: Estudios Sobre la Teoría de la Ficción. Editores: Gedisa; España 1983.

> Estén atentos porque yo les enviaré al profeta Elías antes de que llegue el día del Señor, día grande y terrible, para que haga cambiar el corazón de los padres en favor de los hijos, y el corazón de los hijos en favor de sus padres..." (Malaquías 3:24).

Neviim, que incluye los grandes libros históricos y proféticos, no concluye ni en el presente ni en el pasado, sino mirando hacia un tiempo aún no alcanzado. *Ketuvim, Escritos,* la tercera y última sección, termina con el rey Ciro de Persia otorgando permiso a los judíos exiliados en Babilonia para regresar a su tierra y reconstruir el Templo. Después de treinta y nueve libros, y más de mil años en tiempo real, estamos casi de regreso donde comenzamos, con Abraham en Ur de los Caldeos a punto de comenzar su viaje a la Tierra Prometida.

Torá, Neviim, Ketuvim: ninguno concluye con un final en el sentido convencional. Cada uno nos deja con la sensación de una promesa aún no cumplida, una tarea aún no completada, un futuro visto desde lejos pero aún no alcanzado. El caso paradigmático – el modelo en el que se basan todos los demás – es el final del libro del Génesis en este *Parashat Vayejí.*

Recordemos que la historia del pueblo del pacto comienza con el llamado de Dios a Abraham para que dejara su tierra, lugar de nacimiento y la casa de su padre y viaje "a una tierra que yo te mostraré" (12:1). Sin embargo, tan pronto como llega Abraham, el hambre lo obliga a ir a Egipto. Ese es el destino repetido por Jacob y sus hijos. Génesis no termina con la vida en Israel, sino con la muerte en Egipto:

> Y Josef dijo a sus hermanos: Yo voy a morir; mas Dios ciertamente os visitará, y os hará subir de esta tierra a la tierra que juró a Abraham, a Isaac y a Jacob. E hizo jurar Josef a los hijos de Israel, diciendo: Dios ciertamente os visitará, y haréis llevar de aquí mis huesos. Y murió Josef a la edad de ciento diez años; y lo embalsamaron, y fue puesto en un ataúd en Egipto (40:24–26).

Una vez más, una esperanza aún no realizada, un viaje aún no terminado, un destino más allá del horizonte.

En las grandes obras, la forma y el contenido trabajan juntos, reforzándose cada uno al otro en un todo indisoluble. La naturaleza inacabada del Génesis se vincula con el tema, que finaliza la historia de Josef: *el perdón*. Hanna Arendt, en *La condición humana,* ofrece una visión profunda de la conexión entre el perdón y el tiempo. La acción humana, argumenta, es potencialmente trágica. Nunca podemos prever las consecuencias de nuestros actos, pero una vez realizados, no se pueden deshacer. Sabemos que:

> ... el que actúa nunca sabe muy bien lo que está haciendo, que siempre se vuelve "culpable" de consecuencias que nunca pretendió ni que incluso previó, que no importa cuán desastrosas sean las consecuencias de su acto, nunca podrá deshacerlo... Todo esto es razón suficiente apartarse con desesperación del ámbito de los asuntos humanos y despreciar la capacidad humana de la libertad[3].

Lo que transforma la situación humana de la tragedia a esperanza, argumenta Arendt, es la posibilidad del perdón:

> Sin ser perdonados, liberados de las consecuencias de lo que hemos hecho, nuestra capacidad de actuar estaría, por así decirlo, confinada a un solo acto de que nunca pudimos recuperar... Perdonar, en otras palabras, es la única reacción, que no se limita a reaccionar, sino que actúa de nuevo e inesperadamente, incondicionado por el acto que lo provocó y, por tanto, liberando de sus consecuencias tanto al que perdona como al que es perdonado.[4]

La expiación y el perdón son las expresiones supremas de la libertad humana: la libertad de actuar de manera diferente en el futuro de lo que se hizo en el pasado y la libertad de no quedar atrapado en un ciclo de venganza y represalias. Solo aquellos que pueden perdonar pueden ser libres. Solo una civilización basada en el perdón puede construir

---

3. Hanna Arendt, *The Human Condition* (Chicago: University of Chicago Press, 1958), 233. Hannah Arendt, La condición humana, Paidós, España, 1958.
4. Ibíd. 237, 241.

un futuro que no sea una repetición interminable del pasado. Por eso, sin duda, el judaísmo es la única civilización cuya edad de oro está en el futuro.

Fue este concepto revolucionario del tiempo basado en la libertad humana lo que el judaísmo contribuyó al mundo. Muchas culturas antiguas creían en el tiempo cíclico, en el que todas las cosas vuelven a su origen. Los griegos desarrollaron un sentido de tiempo trágico, en el que el barco de los sueños está destinado a hundirse en las duras rocas de la realidad. La Europa de la Ilustración introdujo la idea del tiempo lineal, con su primo cercano, el progreso.

El judaísmo cree en otra cosa, ni en la repetición interminable ni en el progreso inevitable, sino en el tiempo del pacto, la historia del viaje humano en respuesta al llamado divino, con todos sus retrocesos y falsos giros, sus regresiones y fracasos, pero nunca condenados a un destino trágico. Siempre con la posibilidad de arrepentimiento y retorno, siempre sostenidos por la visión con la que comenzó la historia, de la Tierra Prometida, la nueva sociedad, el lugar donde la justicia y la compasión triunfan sobre el mal que acecha en el corazón humano, donde la virtud humana y la bienaventuranza divina se encuentra en la consumación del pacto que llamamos redención. Como ha dicho Harold Fisch: "el pacto es una condición de nuestra existencia en el tiempo... Cooperamos con sus propósitos sin saber nunca a dónde nos llevará, porque 'la disposición lo es todo'". En una hermosa frase, él habla de la imaginación judía moldeada por "la memoria no apaciguada de un futuro aún por cumplirse".[5]

La tragedia da lugar al pesimismo. El tiempo cíclico conduce a la aceptación. El tiempo lineal engendra optimismo. El tiempo del pacto da a luz la esperanza. Estas no son solo emociones diferentes. Son formas radicalmente diferentes de relacionarse con la vida y el universo. Se expresan en los diferentes tipos de historias que cuenta la gente. El tiempo judío siempre se enfrenta a un futuro abierto. El último capítulo aún no está escrito. El Mesías aún no ha llegado. Hasta entonces, la historia continúa, y nosotros, junto con Dios, somos sus coautores.

---

5. Harold Fisch, *A Remembered Future: A Study in Literary Mythology* (Bloomington: Indiana University Press, 1984), 11, 19.

Sobre el Autor

El rabino Jonathan Sacks ha sido Gran Rabino de las Unión de Congregaciones Judías del Commonwealth desde el 1 de septiembre de 1991, el sexto titular desde 1845. Antes de convertirse en Gran Rabino, el Rabino Sacks se desempeñó como Director del Jewish College de Londres, el seminario rabínico más antiguo del mundo, así como rabino de las sinagogas Golders Green y Marble Arch en Londres. Obtuvo la ordenación rabínica en el Jewish College y en la Yeshivá Etz Chaim de Londres.

Su carrera académica secular también ha sido distinguida. Educado en Gonville and Caius College, Cambridge, donde obtuvo honores de primera clase en Filosofía, realizó estudios de posgrado en New College, Oxford y King's College, Londres. Fue profesor invitado de teología en el King's College de Londres. Recibió doctorados honorarios de las universidades de Bar Ilán, Cambridge, Glasgow, Haifa, Middlesex, Yeshiva University, New York, University of Liverpool, St. Andrews University y Leeds Metropolitan University, y fue miembro honorario de Gonville and Caius College, Cambridge y King's College, London. En septiembre de 2001, el arzobispo de Canterbury le confirió un

Doctorado en Divinidad en reconocimiento a sus primeros diez años en el Gran Rabinato.

En su incorporación como Gran Rabino en 1991, el Dr. Sacks expuso su visión de un anglo-judío revitalizado y la lanzó con una Década de Renovación Judía, seguida de una serie de proyectos comunitarios innovadores. En 1995, recibió el Premio Jerusalén por su contribución a la vida judía de la diáspora. Se le concedió el título de Caballero en la lista de honores del cumpleaños de la reina en junio de 2005.

Un comunicador notablemente talentoso, el Gran Rabino fue un colaborador frecuente de la radio, la televisión y la prensa nacional. Con frecuencia tuvo a su cargo el *Pensamiento del Día* de BBC Radio 4, escribió una columna de Credo mensual para el Times y entregó un mensaje anual de Rosh Hashaná en BBC 2.

Su obra *La Dignidad de la Diferencia* fue galardonada con el Premio Grawemeyer de Religión 2004, y *A Letter in the Scroll,* recibió el Premio Nacional de Libro Judío 2000.

Nacido en 1948 en Londres, contrajo matrimonio con Elaine en 1970.

Tuvo tres hijos, Joshua, Dina y Gila, y tres nietos.

Falleció el 7 de noviembre de 2020, a los 72 años de edad.

Maggid Books
Lo mejor del pensamiento judío contemporáneo de
Koren Publishers Jerusalem Ltd.